门 店 经 营 管 理 指 导 完 全 手 册

SHOUBASHOU JIAONI CHENGWEI
DINGJIAN DIANZHANG

手把手
教你成为
顶尖店长

开不开店看老板·赚不赚钱看店长

高效能店长的必修课

宋 珂◎编著

时事出版社

图书在版编目（CIP）数据

手把手教你成为顶尖店长 / 宋珂编著. -- 北京：时事出版社，2015.1
ISBN 978-7-80232-773-3

Ⅰ. ①手… Ⅱ. ①宋… Ⅲ. ①商店-商业管理 Ⅳ. ①F717

中国版本图书馆 CIP 数据核字(2014)第 254026 号

出版发行：时事出版社
地　　址：北京市海淀区万寿寺甲 2 号
邮　　编：100081
发行热线：(010)88547590　88547591
读者服务部：(010)88547595
传　　真：(010)88547592
电子邮箱：shishichubanshe@sina.com
网　　址：www.shishishe.com
印　　刷：北京市业和印务有限公司

开本：787×1092　1/16　印张：20　字数：280 千字
2015 年 1 月第 1 版　2015 年 1 月第 1 次印刷
定价：33.80 元

前言

preface

商业界流行着这样一句话:“开不开店看老板，赚不赚钱看店长。”店长相当于前线带兵作战的将军，如果想要在门店经营的战场上赢得最终的胜利，关键是要有一个顶尖的好店长。

你也许听说过，一个门店更换店长后，3个月内业绩就达到原来的3倍。产品一样，价格一样，店员一样，什么都一样，只是换了一个店长而已。

我们不得不承认，像上面这样的案例，几乎每天都在门店经营中发生。很多店因为一个优秀的店长而改变了命运，也有很多店因为有了一个不称职的店长，业绩一直无起色。店长在许多时候成为一个门店命运的最终决定者。

或许有些人会说，店长的重要性我知道，可是除了店长，其他因素难道就不重要了吗?一般来说，影响一个店业绩的因素有很多，店面形象、产品陈列、促销策略、员工销售技能、团队精神、货品结构等方面都能对店面业绩造成直接的影响。如业绩有变动，我们也都会从这些方面来找原因，进而有针对性地整改，提升业绩。不过这些提升业绩的行为，只有通过店长才能真正落实，所以店长是提升和改变业绩的关键人物。拥有一个好的店长，是门店产生良好业绩的首要条件。那么，怎样才能成为一个好店长呢?

以前，很多企业都认为，一个好的店长只要会卖货，能把货品销售出去就行。但现在衡量一个好店长的标准不仅仅局限在会卖货的层面，在产品同质化、价格差异化的情况下，想要吸引顾客光顾自己的门店，想要获得更多的顾客，还需要店长具备较高水平的服务能力和经营技巧。试想，终端产品销售为什么只是基本维持而不能够更有效地发展呢？市场和销售业务为什么总看不到起色？营销模式的执行总是虎头蛇尾？等等。出现这些问题的症结就在于此。

因此，作为一名好的顶尖店长，不仅要有创造业绩的能力，还要具备综合管理的能力、解决问题的能力、协调整合资源的技巧，同时还要重视门店运营的细节，有良好的服务理念、商品管控能力，懂得如何培养和激励员工以及具备出色的职业素养与非凡的人格魅力。如果仅仅掌握一定的经营技能，是不能称为顶尖店长的。

零售行业的竞争越来越激烈，想要保持品牌可持续性生长，仅依靠增加门店数量、增大门店面积，拼硬件装修、货品或者一些促销手段等是不够的，还需要顶尖的店长来提升销售业绩，扩大品牌影响力。

可以说，店长的能力就是门店的能力，没有好的店长就没有好的门店。然而，一个优秀的店长，也并非人人都可为之，他必须要具备一定的素质与能力。

本书讲解深入浅出，结合相关案例，从店长应具备的经营管理运作上的技术与能力及如何培养顶尖店长两方面入手，学以致用，从而达到打造顶尖店长的最终目的。

本书将为店长经营管理技能的系统提升提供全面解决方案，相信对从业人员在管理方面的系统学习与提升，以及实际操作执行都有一定的参考价值。衷心地祝愿更多的终端门店店长通过本书的学习和实践，成为一名出色的顶尖店长！

目录

contents

第三篇　成功激励，带出高绩效的团队

第一篇

成功转型，适应店长这个新角色

第一章　认清自己的角色定位，你就能成为一个有竞争力的好店长

※※※※※※※※※※※※※※※※※※※※※※※※※※※※※※※※※※

角色融入培训。如果说连锁店的一个分店就是一个独立作战的堡垒，那么店长则是这个堡垒的最高指挥官。如果他连自己所扮演的角色都不清楚，那么最后肯定会全军覆没。说得明白点，店长扮演着三种角色：赢利责任人，店务管理者，企业文化、制度的执行者和传达者。

※※※※※※※※※※※※※※※※※※※※※※※※※※※※※※※※※※

店长是门店的主角和灵魂

要做好店长，首先要搞清楚店长的职责是什么，要知道自己应该扮演什么样的角色。一个店就像是一个家，店长就是这个家的家长。家长要操心这个家的所有问题——人员、货品、卫生、陈列等方方面面都要照顾到。任何一个细节考虑

不到，都有可能给工作带来不良的影响。可以说，店长是门店最重要的灵魂，要带动团队，赋予门店生命力，以团队精神塑造门店特色。

店长作为一个管理者，要具备计划、决策、执行、总结的能力。对“管理”两个字最简单的解释就是如何让别人把你想做的事做好，而不是自己把所有的事做好。因此店长要懂得如何分配、指导、监督、鼓励店员做好店里的每一项工作。

店长要成为一个好的培训师。店长要想让店员把事情做好，首先要教会他们怎么做事。一个好的店长要教会店员成功销售的服务技巧，当然不仅限于此，店长还要对店员进行品牌文化、工作流程、规章制度、产品知识等方面的培训。

店长必须是一个称职的信息传递者。店长是品牌与消费者对话的窗口，是公司和员工沟通的桥梁。店长必须在第一时间将公司的文化、活动的信息传递给店员，店员才能及时让顾客了解；同时，店长也要以最快的速度将消费者的需求和建议反馈给公司。只有这条信息的通道一直保持通畅，公司才能更好地为消费者服务。

店长是一个指导者。作为一个管理者，他不仅需要提高销售额，而且要懂得如何进一步开发和维护顾客，如何使销售额达到最大的极限。这些是一个店长所要考虑的问题。如果因某种缘故没有达到预计销售额，那是店长的责任。

对于店长来说，首先要解决商品问题，如何把商品全面化，这是第一个职责。第二个职责就是如何表现这些商品，让它们呈现出最佳状态，让店面成为让顾客感到愉悦的场所。第三，他必须成为一个指导管理者，领导着部下，把他们的激情全部都调动起来，这是很重要也是必须要做到的。所谓能够调动积极性，就是说店长本身应具有非常强的人格魅力。如果店长不能够让部下感觉到他的魅力、他的吸引力、凝聚力和激情、面对困难时的积极态度，那么他将很难进行良好的管理和日常工作，销售业绩也将难以实现。

店长是门店的代表者。试想一下，如果我们在一间餐厅吃饭，突然发现菜里有半条青虫，会找谁？去找厨师吗？服务员吗？不会。我们一定怒气冲冲地说："让你们经理出来！"为什么让经理来，因为只有经理才能代表这家餐厅。同样在连锁店里，代表者不是这家公司的总经理，就是店长。同时，在员工面前，谁代表公司，同样还是店长，因为很多员工见到的公司最高层可能就是店长了。再有因为门店在销售前线，了解顾客对门店、对公司产品的意见，所以店长在公司营销部门的面前还是顾客的代表者。

店长是门店的责任者。在任何连锁店，店长必须承担销售任务，是业绩的责任者。还有一个关键责任，那就是门店的消防责任。几乎所有的连锁店长都是该店的消防责任者，这点很关键，但常常会被店长忽略，门店出了火灾，除了直接的责任人外，公司的法人代表、店长都是责任者。

店长是门店的控制者。检查是控制的最好手段。大多数员工不会做你期望他做的事情，只会做你检查的事情。门店的营运水平是做出来的，但要通过检查来保持。笔者在做营运总监的时候到门店巡店，会发现诸如地上有一摊水、收银台顾客"排长龙"等现象。询问原因的时候，有的店长一脸的委屈：刚刚经过的时候还不是这样的——好的时候领导看不见，一有问题领导就出现。其实，看似"不出彩"的事情，恰恰是店长控制力不够。

店长作为店铺的主角和灵魂，首先要认识到自己的角色定位，才会明确自己的工作范围和职责。

明确职责，全力发挥店长职能

店长是门店的经营者，是门店的灵魂人物。无论连锁店还是单体店，门店店长都必须将店铺的各项资源有效地加以运用，完成各项经营指标。店长还要服从公司总部的统一指挥，积极执行总部的各项营销策略。其主要作用与职责如下：

在店铺整体运作方面，店长应该遵守公司的各项规章制度，执行上级指示，完成公司的下达任务。了解品牌的经营方针，依据品牌的特色和风格执行销售策略。负责管理专柜的日常工作，监督考核导购的工作，及时反映员工动态，并对导购进行培训，激发导购工作热情，调节货场购物气氛。负责店铺内货品补齐、货品陈列，负责盘点、账簿制作、货品交接的准确无误，协助主管处理与改善货品专柜运作的问题，以及与所在商场的沟通与协调。定时按要求提供周围品牌在商场的公关推广活动。了解周围品牌销售情况，登记并提供每天店内客流量资料。

在货品方面，店长有权力对公司的配货提出意见和建议，有权力拒收有质量问题的货品，并对店内的货品调配有决定权。

在人事方面，店长有权力参与营业人员的招聘、录用的初选工作，有权力辞退不符合公司要求或表现恶劣的员工。根据员工表现提出调动、晋升、降级、辞退的意见，对员工给予奖励和处罚。有权力对员工的日常工作进行检查和评定，对店内的突发事件进行裁决。

在销售方面，店长执行总部下达的销售计划。店长应结合本店的实际，制定自己店铺的年度销售计划及分月销售计划，以保证完成各项经济指标。制定各部门的各项经济指标，将计划落实到各部门，与经济效益挂钩，调动全体员工的工作积极性。

在日常经营管理方面，负责商品的布置整理或陈列方式更新、清洁卫生、店内外的巡视、广告的制作、礼券和信息卡的发送等；根据市场情况制订经营管理计划，掌握门店的销售动态，处理与改善专柜运作的问题；引进新的商品及为滞销淘汰的商品提供建议；负责业绩的掌握和目标的管理，将各项目标分配下去，并实现目标。

在店员管理方面，根据商场（商店）的规模设置店员岗位，负责员工日常工作的安排、指导、监督、激励，评估店员的工作表现，及时反映店员动态，协调矛盾并对新员工进行培训；激发店员的工作热情，调节货场购物气氛。收集整理顾客意见和资料，为顾客开展服务活动。

在财务管理方面，负责监督和审核商场（商店）会计、收银员工作，账簿制作，保证商品交接的准确无误。严格控制门店的各项费用，对门店的盈亏负责；严格管理门店的收入、营业额。

从以上店长的工作职责来看，店长是一个店的领导者，是店铺的核心。因此，店长需要站在经营者的立场上，综合地、科学地分析店铺运营情况，全力贯彻执行公司的经营方针，执行公司的品牌策略，全力发挥店长的职能。

用心对待工作细节

作为一个有责任心的店长，对于每天的工作细节都要用心去对待。一般情况下，店铺的日常运营分为以下 3 个时段：

1. 营业前

（1）检查员工的出勤情况。

（2）开启电器及照明设备，做好营业准备。

（3）组织店员打扫店面卫生。整理好卖场货品及库存。

（4）组织全体店员参加晨会，会议内容主要包括以下几个方面：

A. 公布与传达总部政策及当天营业计划。

B. 分析前日营业情况、员工工作表现。

C. 培训新员工，交流成功售卖技巧。

D. 激发工作热情，鼓舞员工士气。

E. 清点货品，准备、清点备用金。

2. 营业中

（1）检查营业员仪容仪表，整理工服，佩带工牌。

（2）督导收银作业，掌握销售情况（专卖店）。

（3）控制卖场的电器及音箱设备（专卖店）。

（4）备齐包装纸、包装袋，以便随时使用。

（5）维护卖场、库房、试衣间的环境整洁。

(6) 及时更换橱窗、模特展示、商品陈列。

(7) 注意形迹可疑人员，防止货物丢失和意外事故的发生。

(8) 及时主动协助顾客解决消费过程中的问题。

(9) 收集市场信息，做好销售分析。

(10) 整理公司公文及通知，做好促销活动的开展前准备和结束后的收尾工作。

3. 营业后

(1) 召开总结会，会议包括以下内容：

A. 分析当日卖场情况

B. 解决当日问题

(2) 核对账物，检查当日销售报表，主要包括以下几方面：

A. 本日销售报表是否已统计，并填写准确。

B. 本日售后库存是否核对无误（盘点）。

C. 营业款核对并妥善保存，备用金核对并留好，准备好第二日一切事务。

D. 检查电器设备（如店内音响、空调、灯等）是否关闭，杜绝火灾隐患。

E.离店时，检查店铺门窗是否关好，店内是否还有其他人员。

(3) 撰写工作日志，主要包括以下内容：

A. 人员变化、请假、训练、顾客意见等。

B. 每日销售分析(主推款式、主推面料、主数量、断码货品、新款、畅与滞等)。

C. 目标完成情况分析。

作为团队的核心，店长的工作很重要

店长作为零售终端的管理者和运营者，应该对店面的运营管理有深入地了解，熟悉销售的各个环节，熟练掌握顾客心理，并且能够起到带头人的作用，成为团队的核心。那么在工作过程中店长应该重点关心这些问题：如营业额、商品、顾客、工作伙伴、营运目标、促销活动、培训、同业近况、档案管理等。

优秀的店长不仅是一家店铺的代表人，还是经营目标的实现者，是培训教导部下的领导者，是现场经营的指挥官。店长的工作内容包括很多方面：

(1) 店员管理——增强店员信任感。信任感主要来自店员对店长能力的肯定，因此，店长在平时的工作中应该表现出热忱、努力、责任感等。如果店长无法得到店员的信任，而仅仅是依靠权力，不但无法顺利指挥店员开展工作，反而会导致负面的结果。

(2) 增强自身说服力。说服力是衡量领导驾驭能力的重要标准之一。店员遇到困难时，店长如果能迅速帮其化解，将有利于增强自身说服力。

(3) 激发店员的工作欲望。店长对店员工作欲望的评价是一件不可忽视的事情。店长下达的命令是否得当，直接影响到店员的工作欲望。因此，店长平时下达工作要求，特别是安排工作任务时，要把握语言技巧，以激发店员的工作欲望为目标。

(4) 信息管理——情报收集者。所谓“知己知彼、百战百胜”，要收集足够的情报才可以做出正确的判断，从而制定出正确的策略。因此为总部站在一线上收集所有情报就是店长的一项重要工作。如果我们希望总部可以像医生一样对症下药，那么就必须把病症说清楚、检查报告写详细全面，协助医生做出正确地分析和判断，最后用药；而不是以“你是医生，所以你必须想办法帮助我……”这种态度来面对，否则，除了神仙之外，我相信谁都帮不了你了。

一般的情报收集分成几个方面来执行：

（1）市场上的商品情报。新商品上市、新品牌进入市场、其他商品的市场反应与销售状态、流行话题和焦点、商品性价比、商品价格与成分、商品流通方式、商品进货及退换货方式等。

（2）竞争对手的动态情报。新促销活动的展开、新服务活动的展开、定货会的时间安排、新策略的执行与新培训系统的建立、门市服务的满意度调查、新门市形象调整等。

（3）本区域的商圈情报。新住宅区入伙、新商场开幕活动、专业街的集市效应、人流动线的移转、区域内流行性商品、商圈的移转、商圈内的大型活动举办、新商业城招商等。

（4）客户情报。客户所有的反馈信息、本区域客户的重点需求、客户的平均消费水平、投诉报告、退换货报告、定期针对性的客户意见调查表、热销的商品种类等。在店长向总部提供的情报中，常常还会加上店长个人的抱怨与情绪，又或者只是单纯地把一大堆问题不断呈报上去，然后等着总部或是经销商给予解决方案，这样的情报收集虽然没有过错，但是不够积极和灵活。

一个积极灵活的店长会在报告中适当地加上自己思考之后的意见和解决方案。除了充分表达出与总部站在同一阵线上共同解决问题的立场之外，还可以通过市场上的种种变化来训练自己的应变能力和处理问题的能力。常言道，远水救不了近火，因此训练和培养自己处理问题的能力是有必要的，而且拥有这样的能力可以让我们在激烈的市场竞争中经得起风吹雨打并站得更稳。

（5）销售管理——掌握销售管理的重点。

A. 设定营业目标、毛利目标，制定营业费用预算。

B. 进一步按商品类别来设定营业目标，或按月、季、年分别做预算。

C. 比较销售实绩与预算目标，然后分析顾客的消费需求或竞争对手的动向。

D. 在拟订销售目标时，有关销售统计、采购统计乃至竞争对手的情报等方面的资料要整理齐全。

E. 依据消费倾向、景气指数、销售业绩等因素适当调整营业活动方向。

F. 制订促销活动计划以及费用和预算。

G. 指定专人负责销售计划。

H. 就销售活动的实施结果，与采购、促销、财务、人事等部门进行联系。

I. 在推进整个销售计划时，让店员事前做准备、事后进行分析。

J. 做好销售管理的检核。

K. 在设定实施目标时，事前必须制订完善的计划；同时，对于目标的实施情况不能只关注整体的数字而应该深入地对商品类别、时间等进行区分。

（6）业绩管理——目标的管理与调整。

A. 大目标设定。当业绩目标设定之后，店长必须对业绩的达成有正确的认知，业绩的达成一定是在检讨、检讨、再检讨，追求、追求、再追求之后的结果，要慎重其事才会有所成就，一点都马虎不得！

B. 随时调整策略。

其一，随时按目标的进度做出适当调整，尤其是当目标进度落后的时候，必须马上制订出相应的对策。举例来说：做出小的促销案去针对半流失的客户进行推广和联系，加强老客户的回访以缩短客户上门的周期，或是积极向外开拓新客户的市场，即使走上街头做问卷调查都没有关系。总之不管执行的方法是什么，有实际行动要比眼睁睁地看着进度不断落后好得多，所以只要能够多向目标推进一点，就应该加大力度去执行。

其二，针对个人目标不断地进行讨论，随时协助员工完成目标，包含在专业知识、沟通技巧、客户电话回访技巧上的指导，老客户名单的讨论等。店长必须认真面对这些工作内容，因为一个负责任的店长会将完成目标的责任和一线人员共同扛在肩上，而不只是天天盯着员工，甚至进行言语威胁。

(7) 人力资源管理——培训。员工培训是指一定组织为开展业务及培育人才的需要，采用各种方式对员工进行有目的、有计划地培养和训练的管理活动。其目标是使员工不断地更新知识、开拓技能、改进态度和行为，是企业适应新的要求，更好地胜任现职工作或担负更高级别的职务，从而促进组织效率的提高和组织目标的实现。

A. 新员工培训：员工手册，公司理念，公司发展。

B. 在职培训：

a. 定期组织员工进行岗位培训，培训由人力资源部组织安排；

b. 直接上级依据下属的工作问题，组织平时的岗位培训；

c. 聘请培训公司进行各项培训；

C. 潜力培训：依据个别管理人员的潜力进行单独业务培训。

正确履职，承担应尽职责

当店长意味着承担责任。一个优秀的管理者，不仅能够履行与自己岗位相应的责任、义务，而且为了企业的利益，还能够超越自己岗位，担负起更多的责任。

在某电器公司发展的早期阶段，有一次，分公司的一名员工在征得上司同意之后签订了一项销售业务合同，数目还很大。但是，货是顺利地送出去了，对方却因为资金周转困难而不能马上付款。这名员工觉得对方的信誉一向不错，又是多年的合作伙伴，这次出现状况也算是情有可原，就同意先交货。

没有想到的是，这家公司的经营出现了问题，导致债务缠身，随时可能宣布破产，根本拿不出钱来还清欠款。该员工十分着急，他多次前去催款，但都无果而终。随着时间的推移，这笔大额货款收回来的希望已经变得越来越渺茫了。最后，这笔货款还是没有收回来。

由于货款数目大，这个员工所在的部门是无法盈亏平衡了。部门经理也无可奈何，只好如实地向上司做了汇报。大家都想这个年轻人这下可惨了，肯定要被上司狠狠地骂一顿了，或许还要扣除奖金和工资。可出人意料的是，上司居然没有发作，也没有在会议上点名批评。这一下，公司员工们都纳闷了，大家都搞不明白为什么。

这名员工更是惴惴不安，害怕等待自己的会是更严重的后果——被公司辞退。可是，什么也没有发生。部门经理坐不住了，他跑去问上司，是不是应该让自己或者那名年轻人受点处罚，不然怎么向公司交代啊！结果，上司很认真地说："这笔业务是我决定签下的。我作为领导者，在对方的经营情况了解得不够的情况下，就做出了决策，出了问题就是我的责任。我觉得非常羞愧，已经反省过了。你说，我怎么会去责怪那个只是执行者的年轻人呢？"

部门经理听了之后非常感动，对上司不推诿责任、不盲目责怪员工的做法十分钦佩。从此之后，员工们更加敢于放手去干，做事也更加卖力、更加用心了。

无论是一个企业，还是一个门店，都需要一个好的领导者。他可以不懂得专业知识，但是一定要懂得承担责任。一旦出现问题，大胆地说"是我的错"，而不是说"都是你"，这一点对于一个团队来说是非常重要的。

作为一名店长，无论是员工还是自己犯下的错误，无论是出于哪一方面的原因，如果不肯承认，不肯承担，就会影响企业全局的发展。一个不勇于承认错误、承担责任的店长，很容易使员工越来越缺乏全局观念，导致工作效率降低、运营成本增加。当门店面临困境时，只有店长愿意走上前来，担起责任，问题才有可能圆满解决。

当然，谁都不愿意主动承认自己所犯的错误，主要原因有两个：一是顾及自己的面子；二是害怕承担责任。承认错误其实很简单，只要动一动嘴皮子就可以，而说出之后要面临的事情就不简单了。一名店长，即使经常承认错误，态度也很好，但永远只是说说，而不是真正承担起应负的责任，那么他也不能成为一名好店长。

门店需要能够正确履职的店长，更需要在关键时刻、关键场合能够为了企业的利益承担更大责任的优秀管理者。

当下属受领任务后，对能否实现任务要求、在执行中会出现什么意外的情况往往心中无底，他需要领导支持自己：“你大胆去干，出了成绩是你的，出了问题由我负责。”这样的领导，往往会受到下属的喜欢和爱戴。

经常有这样的店长：当某件麻烦棘手的事情发生时，不太愿意直接插手，甚至千方百计地将其推诿给下属去处理。尤其是需要低头赔礼道歉或宣布令人不悦的消息的时候，更是唯恐避之不及；而在接手体面光彩的事情时，却又恨不得自己冲锋在前。他们认为，店长的任务就是要指挥下属，通过他们的工作达到部门的目标，直接去做并不是领导者的本职，领导要做也只能限于处理重要的事情。

领导者是要做些重要的工作，但也不能把具体工作说成是令人讨厌的事或鸡毛蒜皮之类的事，更不能认为向客户赔礼道歉的事就不重要。作为领导，你把一切麻烦、琐碎的工作全都推给下属，也不管其能否胜任，都一概不管，这种做法，必然会给做具体工作的人造成一些困难，从而引起下属的不信任感。

这些店长认为，既然下属是在自己的工作中出现了问题，那么，善后工作当然应该由下属自己去做。凡是有这种想法的人所持的理由是，通过让他本人去做善后工作，对他既是一种实际教育，又可以警示他不要重蹈覆辙。然而，这种做法并不正确。要是依着这种逻辑行事，也许偶尔会收到一些成效，但必须知道，这会挫伤下属的积极性，使之对今后工作失去信心，产生恶性连锁反应。

店长把令人讨厌的麻烦事推给下属，至少可以说明他身上有种明哲保身、不负责任的思想在作怪。显然，这样的领导是不会受到下属拥戴的，而毫无威信的领导又怎么能对下属进行有效管理、培养人才呢？

主动为下属承担麻烦和风险，是在无形之中使下属受到你的“身体力行”式教育的极好的领导方法。它有助于你在团队中建立起一种相互关照、遇事互不推诿的良好工作氛围。勇于承担责任的店长，肯定能够带出一个负责任的团队。

火车跑得快，全靠车头带

要做一个优秀的店长要以身作则、严以律己。俗话说：火车跑得快，全靠车头带。店长的领导示范，起到很大的激励作用，大大振奋工作士气，提高工作效率和工作品质。严以律己，就是只有严格要求自己，才能更好地约束别人。

因此，作为店长要时刻牢记，领导者是一个团队的观点、力量、信心、忧虑和缺点的一面镜子。你必须在你所说和所做的所有事情中为你的下属树立起一个标准让他们参照，树立起一个榜样让他们学习，这是任何一个店长也逃避不了的义务。

人们常常会遇到这种场面：某家长下班回家，先喝上一杯酒，然后就躺在那里看电视，自己悠闲自在，却要求同他一起看电视的孩子去学习或早点睡觉。孩子磨磨蹭蹭不肯行动是正常的，因为父亲的行为等于在说“随便玩吧”，经不住诱惑的事是更易效仿的。做家长的如果下班之后，都是在读书或查阅资料，孩子也会自然变得与以前不同。

不管对自己的儿女也好，还是对下属也好，都是一个道理。所以，希望下属做到的，自己得首先做出个样子来，持之以恒的实际行动更甚于多余的说教。在领导不声不响努力工作的过程中，下属自然会被感化。

在门店中，如果店长能够率先示范、以身作则，那么这种激情和精神就会影响下属，让大家形成一种积极向上的态度，形成热情的工作氛围。

店长的榜样作用具有强大的感染力和影响力，是一种无声的命令，是一种最好的示范，对下属是一种极大的激励。相反，假如店长常常迟到，吃完午饭后迟迟不回到办公室，打起私人电话没完没了，不时因喝咖啡而中断工作，一天到晚眼睛直盯着墙上的挂钟，那么，他的下属大概也会成为这样的人。

从一定意义上来说，有什么样的领导，就有什么样的公司文化。比如，微软公司由于其创始人比尔·盖茨本人进取心很强，富有竞争与冒险精神，因而勇于进取、敢于冒险成为微软公司企业文化的鲜明特点；而 IBM 公司的情况恰恰相反，其创始人托马斯·沃森几乎为每一件事都制定了严格的规则，因而 IBM 公司的企业文化特征表现为稳健与保守。

可见，领导的所作所为，几乎全部都在下属效法的范围之内，并且还会对组织的文化有深刻的影响。所以，领导者一定要仔细检点自己的全部言行，不要做出不希望在下属身上看到的那些言行。管人先律己，如果自己都做不到，又用什么规矩去约束和管理别人呢?

只要店长能做好，员工也会做好，榜样的力量是无限的。群众看干部如何说，更重要的是看干部怎么做。上梁不正下梁歪。做领导的念歪了经，做歪了事，部下和百姓自然是以歪就歪。相反，做领导的要使部下听命于己，要取信于百姓，建立良好的领导者形象，应先自己规规矩矩、扎扎实实地做出个样子来。

“做官先做人，万事民为先。”职位高还须品德高，要常修为官之德。一是境界要高。要牢固树立正确的世界观、人生观、价值观和权力观、地位观、利益观。二是眼界要广。要有战略眼光和全局观念。三是胸怀要宽。古今中外，凡能成就大业者，多是心地坦荡、胸怀宽阔的人。

店长不能做到公正，原因是无法端正自己的内心。内心端正了，处事就没有偏私。端正自心，首先要端正自身，自身端正了，家庭就能端正，国家就能端正，天下就能端正。

孔子说，自己率先端正了，天下还有谁敢不端正？傅玄说，领导立德的根本没有比“正心”更重要了。心正而后才能身正，身正而后才能让左右的人正，左右正而后才朝廷正，朝廷正而后才国家正，国家正而后才天下正。反过来说，天下不正要从国家建设做起，国家不正要整顿朝纲，朝廷不正要整顿文武百官，百官不正，当领导的就要从加强自身修养做起，自身不正要从修心做起。修养的对象越贴近，所带来的影响、效果越久远。大禹、成汤肯责备自己，所以国家兴旺、生气勃勃。

《论语》中有：“其身正，不令而行；其身不正，虽令不从。”这句话也是告诫领导者必须品行端正，谨慎从事，以身示范。

店长是榜样，他的言谈举止、音容笑貌、喜怒哀乐，直接影响到部属和员工。如果店长自身的行为规范、得体，即使不制定任何规章制度，人们也能自然地效法他的行为，走正道，做正事。反之，如果店长自身的行为不正，胡作非为，即使制定严格的法令、法规，人们也不会执行。在台上说得振振有词，还不如身体力行来得有鼓动性，有号召力。嘴上说得天花乱坠，做起来又是另一套，倒不如不讲不做。这样言行不一，无异于在脸上刻下“伪君子”几个字，让人骤生反感之心。

店长必须严格要求自己，起带头表率作用，才能服众。更何况，“己欲立而立人，己欲达而达人。”只有自己愿意做的事，才能要求别人也去做；只有自己能够做到的事，才能要求别人也去做到。表率是最好的领导方法，店长的角色是教练，也是教师，更多的则是拉拉队长，处处以身作则，很好地兼顾自己、大家和公司利益，吃苦在前，享受分配在后。

此外，一个店长要想为下属做好榜样，还要随时随地地研究和注意管理的技巧，而且一定要研究得十分透彻。在这一方面，千万不能疏忽大意、不求甚解。有些事情可能看来微不足道，但也要仔细观察，有些事情虽然困难重重，但也要努力去探究清楚。如能做到这一点，则管理过程中的很多障碍，都可以一扫而光。

想要拥有非凡的能力，让自己充满魅力，从而成为下属的榜样，没有一股子倔劲，没有毅力是根本做不成的。能力并不是与生俱来的，它是通过后天锻炼、实践得来的。能力的提高并没有什么捷径可以走，它需要刻苦勤奋、百折不挠地去锻炼，也只有这样才能让自己起到真正意义上的榜样作用。

经常可以看到许多领导，做起事来总是喜欢避繁就简，对做事过程中的麻烦、困难、乏味的部分采取避而远之的态度。这好比要占领敌军阵地的士兵，不愿作出牺牲去破坏敌人的炮台堡垒，结果必定被敌人的炮火打得东躲西藏、溃不成军。所以，一个管理上的成功者、胜利者一定会事无巨细地去悉数解决、征服困难，不畏困难，勇往直前。

态度谦虚，言行谨慎

古语讲，纶言如汗，纶言为皇帝诏令的代称，汗指说出的话绝无挽回的余地，就像身体流出的汗一样，不可能再回到体内。正因如此，一个人实在不得不谨言慎行。

从前，当周公的儿子伯禽受封为鲁国国王时，周公曾告诫他："我身为宰相，碰到有人来访时，即使是正在进餐也得赶紧中断，尽量不要对客人太失礼。尽管如此，我仍然担心有不周到的地方，或是疏忽了优秀的人才。现在你到鲁国去，虽然身为一国之君，也绝不能有任何骄傲失礼的地方。"这种谦虚的态度对于一个领导者来说十分重要。

有一次，唐太宗告诉众臣："有人说当了皇帝就可以得到最崇高的地位，没有任何畏惧。事实上，我却是常怀着畏惧之心，倾听臣下的批评与建议，一向以谦虚的态度处理政事。倘若因为自己是一国之君，就不肯谦恭而以自大的态度来对待臣下，那么一旦行事偏离正道，恐怕就再没有能够指正过失的人了。""当我想说一句话、做一件事的时候，必定先想一想如此一来是否顺了天意？同时也要自问有没有违反了臣民的意向。为什么呢？因为天子是那样高高在上，对底下的事一目了然，而臣民们对君王的一举一动十分关注，所以我不仅要以谦虚的态度待人，更要时时反省自己的一言一行是否顺应天意与民心。"旁边的魏徵接着说："古人说过'靡不有初，鲜克有终。'有好的开始并不一定能有好的结束。但愿陛下常怀畏惧之心，畏惧上天及人民，且谦虚待人，严格地自我反省。如此一来，吾国必能长保社稷，而无倾覆之虞了。"谦虚的态度，也是唐太宗受后世景仰的原因之一。

唐太宗说过："与人交谈实在是一件十分困难的事情。即使是一般百姓，在与人交谈时若稍微得罪对方，对方因而牢记在心，便会报复自己。更何况是万乘国君，在和臣下交谈时绝不容许有一点失言。因为即使是微不足道的失言，也有可能导致极重大的影响，这种影响是庶民的失言所万万及不上的，我心中一直牢记着这一点。"他还说："昔日，隋炀帝第一次进入甘泉宫时，对宫中的庭园十分中意，但是认为有一美中不足之处，即庭园中看不到萤火虫。于是隋炀帝下令捉一些萤火虫来代替灯火。负责的官吏赶紧动员数千人去捕捉萤火虫，最后捕捉了五百车的萤火虫。连这样的一件小事都能演变到这般田地，又何况是天下大事，更不知道要受到多大的影响呢。为人君王的又怎能不谨言慎行呢?”

对于店长来说，更不能有戏言，因为他的每一句话都会对下属产生巨大的影响，甚至会影响一件事情的结局。态度谦虚，言行谨慎，不但是身为领导者修养的重要方面，也是个人修养的一方面。

勇于认错，让污点变作亮点

勇于认错不仅是一个店长应有的素质，也是一种难得的品德。其实，许多门店的店长都具备这样的优良品德。

一次，一位下属因经验欠缺而使一笔货款难以收回。上司勃然大怒，在大会上狠狠地批评了这位下属。气消之后，他为自己的过激行为深感不安。因为那笔货款发放单上自己也签了字，下属只是没把好审核关而已。既然自己也应负一定的责任，那么，就不应该这么严厉地批评下属了。想通之后，他马上打电话给那位下属，诚恳地道歉。恰巧那天下属乔迁新居，上司便登门祝贺，还亲自为下属搬家具，忙得满头大汗，令下属深受感动。然而，事情并未就此结束。一年后的这一天，这位下属又收到了上司的一张明信片，并在上面留下了一行亲笔字：让我们忘掉这可恶的一天吧，重新迎接新一天的到来。看了上司的亲笔信，该下属感动得热泪盈眶。从此以后，他再也未犯过错，对公司也忠心耿耿。上司向下属真诚认错，确实难能可贵。

作为店长，也难免会犯一些错误。犯了错误之后，如果诚恳地认错，依然能够给下属留下好印象。一旦失败，店长就应负起完全的责任，尽管是部属的失误，有时也要检讨是不是自己交代不清，或是监督不周。绝不可认为错误是别人的，完全没有自己的责任。如果说这一点小错是你的“丑”的话，那么你积极认错的态度则显示了作为领导者的风范，也能够提高你自身的威信，令下属们信服。

春秋战国时期，秦穆公是秦国的一代仁义之君。他曾经为向东扩张势力，派三员大将带兵偷袭郑国。由于郑国离秦国较远，当时秦国的一个谋士劝秦王说:“长途奔袭，士兵们肯定在未到郑国时就已疲惫不堪，况且，浩浩荡荡大军去偷袭，郑国又怎能没有准备呢?”

秦穆公不听谋士的意见，坚决进攻郑国。谋士于是嚎啕大哭，因为他已料到秦国必败，而他的儿子正是三员出征大将之中的一个。

果然，郑国大商人弦高在途中遇到秦军。当他得知秦军要攻打郑国时，一面派人急速报于郑国，一面犒劳秦军，并对他们说:“你们三路大军奔波这么远，浩浩荡荡，影响那么大，郑国早有准备了，你们恐怕不可能偷袭成功。”

秦军三员大将听后犹豫不决，弦高说得不错，以疲惫之师去攻打以逸待劳的郑国，肯定会损失惨重。于是，开始撤退。但是在归途中，却遭到晋军的偷袭，结果秦军全军覆没，三员大将也被俘虏了。

当秦国三员大将历经千难万险，逃命回到秦国时，秦穆公披着缟素（孝衣），到郊外30里迎接他们，哭着说:“委屈你们了，这一切都是我的过错啊！我不该不听谋士的话，而坚决让你们进攻。你们哪有罪啊?”

秦穆公勇于承认自己的错误，正是一代仁君风范的表现。他这样做丝毫无损于他的威信，相反却让他的将士们更加信服他，更加愿意为他效劳。

领导者也是人，肯定也会犯错的，而且有时是明显的、公开的，绝没有再掩盖起来的可能。一般来说，无论错误发生在谁身上，都是一件尴尬的事情。可是如果你想充耳不闻或垂头丧气，肯定会是欲盖弥彰，影响到你的威信和形象。请不要灰心，勇敢地承认错误，或者公开道个歉。

在很多时候，勇于认错，似乎会让更多的人知道你的过失，但这并不会把你的污点扩大，降低你的威信，相反适当地认错，恰恰可以把污点变作亮点，提高你的威信，所谓“小错不掩大德”就是这个道理。勇敢认错，实际上正是在显示你的“大德”，显示出你作为领导者的风范，下属们会这样想：“领导都有犯错的时候，但他能够勇于承认，那么我们犯错的时候，只要我们敢承认，领导肯定会宽容处理，比那些死要面子的领导强多了。”当然，勇于认错之后必然要改过，这是自不待言的。

不要死要面子，对就是对，错就是错。瑕不掩瑜，要敢于面对，敢于承认，并加以改正。

信心比金子还要贵重

信心和毅力是事业成功的保障。任何事情不是因为做不到而没有信心，而是因为没有信心所以才做不到。店长作为门店管理的最高组织者、门店经营的最高指挥者，需要时时刻刻充满自信，既要相信自己，也要在下属面前表现出这种信心。

约翰·比安奇是美国一家最大的制造皮套和皮带厂的创办人，他在这个行业有极大的吸引力。当他出现在皮套展览台时，展厅的人们排长队，只为一睹他的风采。那情景颇似西部乡村歌星会见他的歌迷们，他是那个行业的明星。比安奇除了在个人事业上取得成就外，还在国民警卫队后备队取得准将军衔。

他给别人讲过这样一个故事：“信不信由你，38 年前，我还年轻的时候，在咖啡厅干过活。我看见公司的店长进进出出。我观察他时就问自己：什么使他与众不同？他们在干些什么？我应当好好研究一下。

我发现一件非常重要的事情——他有一个重要的特点：这个人对自己充满信心。他无所畏惧，他是自信的。从那时起，我反复思考，后来发现，恐惧是许多问题的根源。你必须对自己有信心，如果你自己没有信心，任何人都无法相信你。"

比较完美的店长的特点是对自己充满信心。对任何想做好店长的人来说，自信心是清单上最重要的东西。

麦修·阿诺德说："一个人除非自己有信心，否则不可能带给别人信心；已经自信的人，方能使人信服。"因此，店长一定要对门店、对团队、对未来充满信心，才能让门店的管理团队有信心，从而进一步感染所有员工，让门店全员上下充满信心。可以想象一个充满消极思想、毫无自信的店长是不可能给他的部属、他的店员带来任何信心的。

只有自信的人才能带出自信的团队与自信的兵。员工有信心、顾客有信心才是经营成功的前提。一个缺乏信心的团队是不可能取得成功的。

"信心比金子还要贵重"。店长只有切实营造好门店的"信心"文化，才能使门店在残酷的市场竞争中立于不败之地并持续发展。

1. 店长要成为门店员工的主心骨

在门店遇到难以处理的困难时，店长要第一时间站出来并迅速解决困难；在员工不知所措时，店长要及时作出正确的决策并指导员工的工作。当店长成为了员工的主心骨，员工面对困难时自然会想到找店长，而不会恐惧，不会失去信心。

2. 克服员工心中"淡季的思想"

我们常常讲"只有淡季的思想，没有淡季的市场。"作为店长在面对难以完成业绩的困难时，要拿出达成门店经营目标的方法和思路，这样才能克服员工心中的“淡季的思想”，增强员工必胜的信心。有时员工对完成业绩没有信心，大多是出于对目标的达成没有方法，从而失去信心。店长应该在将门店总目标分配到各个大品类后，分别同各品类主管一起沟通，进而协助他们找到完成目标的方法和思路。下属一旦理解、认可了这些方法，他们自然就有了信心。

3. 在困难面前不抱怨

当门店遇到困难、阻碍时，有些店长在部属面前时常抱怨:“又有一家竞争店开业了，公司领导给我们店定的下月业绩指标如何达成呀。”“新进的员工怎么总是没有离职的多。”这是门店管理的大忌。因为面对困难，店长的抱怨是无法让员工树立信心的，只能是对其信心的打击。

面对激烈的竞争，店长的压力是最大的。正是这种压力，推动了门店的经营发展。作为店长，无论遇到什么困难和压力都不能在员工面前抱怨，因为自己的情绪会感染给门店全体员工。当店长满腹牢骚时，员工已经有了完不成目标的借口。

4. 不断增强目标意识

作为一个店长，要把门店经营搞好，关键是有明确的工作目标和对实现目标的信心。国际成功学研究表明，目标意识是成功人士最重要的特征之一。店长要负责，并不是说要把全部责任放在店长一个人身上，店长要学会把目标分解到每一个部门、每一个员工，要与员工达成共识，以激发员工实现目标的激情和信心，让员工体会到目标实现的成就感。

5. 相信解决问题的方法一定比困难多

作为店长，每当带领员工共同努力去完成了一个个起初他们认为不可能完成的任务时，就一起来回顾一下，取得成功的过程。不断地实践、不断地总结，逐步让员工形成遇到困难不是逃避、恐惧而是立足自身找原因、找办法的习惯。这样门店所有员工对工作的信心自然就树立起来了。

6. 以服务赢得顾客的信心

门店所有的经营活动其最终的目的就是为了赢得顾客的信心。试想如果顾客对门店没有信心，那门店还会有生意可言吗？实践证明一旦让顾客对门店失去了信心，也就是说一次失信于顾客，要想再重新获得顾客的信心是很难的。因此，必须凭借货真价实的商品、以客为尊的服务来赢得顾客对于门店的信心。

海信骄人的销售成绩以及对顾客服务的承诺，并不只是停留在数据和制度文件中。平板市场容量日益扩大，用户的整体文化水平越来越高，对于产品的质量及服务要求也更为严格，海信售后服务员工常挂在嘴边的一句话是，服务不是靠花样翻新取得用户赏心悦目的赞许，而是以踏踏实实的付出赢得用户的微笑。

在激烈的市场竞争中，海信不断为提供消费者服务环节的增值享受，致力于构建和谐的消费市场环境，取得了良好的企业与用户之间的关系，并积极推动家电下乡和以旧换新活动，履行了企业的社会责任，也赢得了消费者的青睐和社会的尊重。

好心态是成功的关键

人常说态度决定一切，好的态度产生好的驱动力。店长从事的是一项与顾客及店员接触广泛、频繁的工作,而店长所做的一切都是由他自己的心态决定的。想要做一个好店长，具备积极的心态是一个必不可少的条件。

销售员小王在IT公司上班，后来公司来了一个新上司，这个上司做人有点不够厚道，结果他们两个人闹得非常不愉快。有一次这个上司就趁公司做人员调整的时期，特意把他打发到上海那边开拓新市场。对一个销售人员来说，开拓新市场要比维护老市场的压力更大，更何况那是公司最难做的市场，难度可想而知。没想到，他去了以后只用了大概半年的时间，就把公司以前做得最差、最难做的一个市场做成了公司销售业绩最好、市场增长速度最快的市场，还在当地开了好几个门店。

董事长知道这件事情后非常高兴，就问他:“为什么你去了以后就把那个市场做起来了?”他说:“我到那边报到上班以后，发现公司在那边的品牌影响力和在商场中的地位都很差。我要做的事情就是每天进入一个商场去寻找一个对手。于是，我给自己定下一个目标，就是在5—10天的时间内，无论如何都要攻进一个商场，同时在商场里每天要找到一个对手，把我们的业绩和他们的业绩进行对比，然后每天再定一个新的目标。这样，每天找对手，每天比较业绩，每天定新目标，坚持不懈，业绩自然慢慢地就上来了，市场也逐步打开了。我认为，人做事的时候一定要有积极向上的心态。”的确，好心态是一个人成功的关键，情绪低落会导致创造力和生产率降低。

也许你在销售工作中会遇到很多困难，可是我们应该看到克服这些困难后的一片蓝天。同时，对于正确的、好的事情我们应该第一时间去投入，唯有第一时间去投入才会唤起你的激情，唯有第一时间投入才会使困难在你面前变得渺小。某种阴暗的现象、某种困难出现在你面前时，如果你去关注这种阴暗、这种困难，那你就会因此而消沉；但如果你更加关注这种阴暗的改变、这种困难的排除，你会感觉到自己的心中充满阳光，充满力量。同时，积极的心态不但使自己充满奋斗的动力，也会给下属带来正能量。

尽职尽责至关重要

美国巴顿将军说："任何人，不管从事何种职业，如果满足于碌碌无为，就是不忠于自己。"我们应该一丝不苟地做好我们所担负的工作，将自己的全部精力、全部知识、全部智慧都奉献给我们所从事的职业。有这样一则故事：

有一位小和尚在寺院担任撞钟之职。按照寺院的规定，他每天必须在早上和黄昏各撞一次钟。开始时，小和尚撞钟还比较认真。但半年之后，小和尚觉得撞钟的工作太单调，很无聊。于是，他就"做一天和尚撞一天钟"了。一天，寺院的住持忽然宣布要将他调到后院劈柴挑水，不用他再撞钟了。小和尚觉得奇怪，就问住持："难道我撞的钟不准时、不响亮？"住持告诉他："你的钟撞得很响，但钟声空泛、疲软，因为你心中没有理解撞钟的意义。钟声不仅仅是寺里作息的准绳，更为重要的是唤醒沉迷的众生。因此，钟声不仅要洪亮，还要圆润、浑厚、深沉、悠远。一个人心中无钟，即是无佛；如果不虔诚，怎能担当撞钟之职？"小和尚听后，面有愧色，此后，他潜心修炼，终成一代名僧。

小和尚被住持免除撞钟之职，是因为他对工作没有高度负责的精神。因为没有这种高度负责的精神，所以他撞出的钟声空泛、疲软。一个"做一天和尚撞一天钟"人，是不可能成为一名真正的好员工；同样，作为一名店长，也不可能成为一个优秀称职的店长。

在门店中，店长要解决店里面许多具体实际的问题，尤其是接待顾客、劳动用工、工资奖金分配等涉及服务对象和店员切身利益等具体问题。店长处于"兵头将尾”的特殊地位，一方面要懂业务，有吃苦精神，用模范行为来当好“兵”的带头人；另一方面，又要在工作一线指挥全队人员，解决好各种管理问题。店长要妥善处理好组员之间的矛盾纠纷、技术培训、利益分配等问题。总之，问题事无巨细，哪一件都得费心费力，只有尽职尽责才能把工作做好、做到位。

比尔做了一辈子的木匠工作，因对待工作尽职尽责而深得老板的信任。年老力衰时，比尔对老板说，自己想退休回家与妻子儿女共享天伦之乐。

老板十分舍不得比尔，再三挽留，但是他去意已决，不为所动。老板只好答应比尔的请辞，但提出希望他能再帮助自己盖一座房子，比尔自然无法推辞。

然而，比尔归心似箭，心思已全不在工作上了，用料也不如以前那么严格，做出的活也全无往日的水准。等到房子盖好后，比尔急匆匆地向老板请辞。这时，老板做出了一个让比尔意想不到的举动——老板将钥匙交给了比尔。

“这是你的房子，”老板说，“我送给你的礼物。”老木匠愣住了，悔恨和羞愧溢于言表。他一生盖了那么多豪华的住宅，最后却为自己建了这样一座粗制滥造的房子。

同样一个人，可以盖出豪华的住宅，也可以建造出质量低下的房子，不是因为技艺减退，而是因为没有尽职尽责地去对待工作。

可见，店长是否尽职尽责地做好本职工作就显得至关重要。那么，如何尽职尽责的工作呢?

1. 态度决定一切

无论做什么工作，首先要有一个端正的态度，从认识上提高，把我们目前所做的每一项工作，都上升到一个新的高度。它既是我们的工作，是我们每天必须面对、必须解决的问题，更是我们前进道路上的铺路石，达到我们人生目标的一个必要的过程。其次要有高度的责任感，无论在工作还是在生活中，责任感是对一个人的起码要求。如果一个人不具备这样的素质，那么他的工作将是毫无意义的。

2. 明确岗位职责、加强专业技能

尽职尽责体现在工作中，首先要明确自己的职责，它不是简简单单地了解或一知半解，而且不仅要知道是什么，还要知道怎么能做到更好。其次要始终如一，不能愿意干的就干，不愿意干的就不干，就找借口搪塞。第三要加强学习，更新知识，养成终生学习的好习惯。

3. 踏踏实实、注重细节

“天下大事，必做于细。”不管口号喊得多响亮，最终都要从点滴做起，只有做了才有结果，只有做了才能使现实得到改善。工作无小事，认真对待每一件事都算是做大事，固守自己的本分和岗位，就是做出了贡献。

从尽心尽力到尽职尽责，这是一个质的飞跃。一杯水烧到 99 度，仍然不算开水，其价值有限，若是再添一把火，再升高 1 度，就会产生大量水蒸气来开动机器，从而获得巨大的动力和经济价值。同样，在门店工作中，即便是工作完成了 99%，也不算成功。往往因为“差一点”而使整个工作不到位，唯有尽心尽力尽责，将工作做到十全十美，才能缔造完美工作。

首先要堂堂正正做人

诚实的品格是对店长最基本的素质要求，是一切能力的基础。

美国西点军校在培育领导力的过程中，特别强调领导者的品格教育。西点教官认为，人的个性特征受到先天因素的影响，但人的品格是可以通过后天培养和训练得到提升的。对于西点来讲，一个有品格的领导人要追求真理，评判是非，在行动中要表现出勇气。品格不仅涉及伦理道德的最高准则，同时包含坚定、决断、自我约束和判断力。实际上，雷蒙·卡特尔早在 1954 年就首创了“领导力潜在素质”方程式。这一方程式是基于对军中领导人品格所作的研究得出的。

曾担任过美国总统和西点军校校长的艾森豪威尔说过，一个人要想成为领袖，就必须要有跟从者；要有跟从者，领袖就必须赢得跟从者的信任。领袖的最高人格是拥有无可置疑的诚实正直的品格。无论是身处党派、体育界、军队还是职场，如果人们发现领袖缺乏坦率、诚实、正直的品格，这位领袖只会面对失败结局。他的言行必须一致，一名领袖最需要的是诚实正直的品格与远大的目标。

在西点军校，从军官到士官生，言必称“荣誉法则”：军校学员不说谎、不欺骗、不偷窃，也不容忍有此恶行的人。诚信、正直、讲真话，是每个学员必须遵守的原则和品格，是领导者取得追随者信任的重要素质。西点军校在 4 年中，对士官生反复灌输诚信理念，在生活中、课堂上、宿舍里、训练场上，以及在与同学、家人交往中严格监督，要求学生不说谎，不欺骗，讲真话，讲实话。

可以说，品格修养是为官立业之本。在某知名媒体一次关于“单位最忌讳员工哪一点”的访谈会上，许多著名企业家都旗帜鲜明地把人才观中的品格排在了第一位。可见，员工在品格方面所犯的错误是他们最不能容忍的。同样，对于每一家门店的店长来说，品格也容不得打折扣。能力弱，可以通过实践、师傅传帮带、培训来逐步提高，使自己的综合素质得以提升，磨练自己，先“修身”“齐家”后“治国”“平天下”。品格差的人，能力强，所做的事不一定对，不一定会有好的结果；品格好的人，无论在职场还是商场都会有好人缘、好机会。品格好，下属和员工愿意与你相处、与你打交道，也会帮你，会有好的工作“风水”，相应会有好结果。

在现实生活中，很多门店并不缺乏有才能的店长，但却面临着发展动力不足的困境乃至被淘汰的结局。究其原因，就在于这些企业、公司的店长普遍缺乏诸如忠诚、敬业、诚实、积极主动等优良品德，而这些正是一名店长品格优劣的重要体现。

某种意义上说，领导力就是品格。能够支撑领导力的必须具备三个要素：抱负、能力和诚信。如果三个要素失去平衡，出现了抱负与能力的可怕结合，就会出现个人权力高于组织愿景、把个人利益摆在整体利益前面、自私的领导者。而如果没有能力，出现诚信与抱负的结合，会制造出一个善良却没有实现能力的领导者。诚信与能力的结合可以促成善举，但却不会开辟新的天地。只有这三者平衡，才能让领导者忠于一个合乎道德的抱负，并为他人实现那个抱负。

对于店长来说，品格就像火车的路轨，而才能就像发动机。如果偏离了路轨，发动机的功率越大，造成的危害也就越大。良好的品格比一百种智慧都更有价值。每个人的潜力都是无限的，有什么样的品格，就会有什么样的工作业绩与生命质量。人与人之间并没有多大不同，成功者与失败者、卓越与平庸之间的迥异之处正在于品格的高下。优秀的品格是个人成功最重要的资本，是人最核心的竞争力。具有优秀品格的人，总是会时常从内心爆发出自我积极的力量，可以说，好的品格是推动一个人人生不断前进的动力。

无论是哪种类型的领导者，品格都非常重要。要想做一名优秀的店长，必须首先要堂堂正正做人。

我选择，我敬业

干工作、做事情一定要有敬业精神。有句广告词家喻户晓：我选择，我喜欢。我们不妨如法炮制一句：我选择，我敬业。

什么是敬业？通俗来讲，敬业就是敬重自己的工作，把工作当成自己的事情，具体的表现为忠于职守、尽职尽责、一丝不苟、全心全意、善始善终等职业道德，其中糅合了一种使命感和责任感。这种道德感在当今社会得以发扬光大，使敬业精神成为了一种最基本的做人之道，也是成就事业的重要条件。因此，无论我们做什么工作，有多么远大的理想，首先是要把我们的本职工作做好。

弗雷德虽然是美国邮政署的一名普通邮差，但他的事迹却闻名世界。

弗雷德负责为小区的住户收发邮件。他听说小区内有一位职业演说家，叫桑布恩。这位桑先生一年有 160 ~ 200 天在外出差，于是他向桑先生索要一份全年行程表。

桑先生很奇怪，问:“您有什么用?”

他回答说:“以便您不在家时，我暂时代为保管您的信件，等您回来再送过来。”

这让桑布恩很吃惊！因为他从来没有碰到过这样的邮差。

桑先生回答道:“没必要这么麻烦，把信放进信箱就好了，我回来再取也是一样的。”

弗雷德解释说:“窃贼经常会窥探住户的邮箱，如果发现是满的，就表明主人不在家，那住户就可能要身受其害了。”

弗雷德想了想，又接着说:“这样吧，只要邮箱的盖子还能盖上，我就把信放到里面。塞不进邮箱的邮件，则搁在房门和屏栅之间。如果那里也放满了，我把其他的信留着，等您回来。”弗雷德的建议无可挑剔，桑先生欣然同意了。

两周后，桑先生出差回来，发现门口的擦鞋垫跑到门廊的角落里，下面还遮着个什么东西。原来事情是这样的：在桑先生出差期间，美国联合包裹递送公司把他的包裹投到别人家里了。弗雷德看到桑先生的包裹送错了地方，就把他捡起来，送回桑先生的住处藏好，还在上面留了张纸条，解释事情的来龙去脉，并费心地用擦鞋垫把它遮住，以避人耳目。

不同的邮政公司之间竞争市场份额，比的就是服务，而因为有一批弗雷德式的职业化员工，他们所提供的人性化服务，创造了无形价值，使美国邮政署在众多竞争对手中脱颖而出。

弗雷德是职业化的典范，他身上体现了真正的敬业精神，他真正做到了“以此为生，精于此道”。如果我们能做到这一点，我们也会成为一名“弗雷德”。

要想成为一名优秀店长，首先要把我们的本职工作做好。如果店长没有正确的工作观，必然对工作不认真负责，工作松懈，得过且过，敷衍了事，不求进取，怨天尤人，斤斤计较报酬，因此很难干出个样子。干就干出个成绩，干就干出辉煌来。无论你从事哪种行业，都应该具备敬业精神：

第一，对待工作要有一种恭恭敬敬的态度，一定要重视自己的工作。

店长的工作态度，不仅是他自己的事，它更可能形成一种风气，感染着其他职员。走上店长这个岗位上，一定要培养一种兢兢业业、踏踏实实、认认真真的工作态度。这种工作态度，在工作单位中是广泛受欢迎的，是大家都需要的，也是让大家放心的一种工作态度。

第二，在工作中，你要具备责任感，具备主动的精神。

是否具备主动工作的精神，对于一个人走上社会之后，能不能承担更重要的工作，能不能承担起更重要的责任，起到至关重要的作用。主动精神在一个人事业发展过程中，能发挥巨大的力量。

第三，必须具备追求完美、勇于付出的精神。

追求完美是我们并不感到陌生的词，在报纸、杂志上我们经常看到这个词。世界上有相当多的企业把追求完美作为自己的企业精神。追求完美为什么如此重要呢？因为我们的社会是一个竞争的社会，竞争就意味着互相比赛，而这种互相比赛只能把大家的差距缩得越来越小，使大家的水平越来越近。所以，要比你那本来已经非常强大的对手再好一点点，而这一点点恰恰是你赢得市场、赢得消费者的关键。

第四，养成敬业的习惯。

店长要想取得下属的信任，必须把敬业精神作为一种具体的习惯贯彻到你的工作细节中去，养成一系列的良好的敬业习惯。比如，要守时，积极主动地完成自己手头的工作，在不影响工作效率的前提下，把工作的所有细节都处理得尽善尽美；多了解一些自己分内工作之外的工作情况，尽可能地了解公司或单位全局的工作，这样更有利于你做好本职工作，也更有利于得到提升；工作没有做好，造成了损失，能够主动承担责任，心里有愧疚的意识。只有如此严格要求自己，才能在企业中站稳脚跟。

第二章 能力是关键，一个优秀店长可以带活一个店

※※※※※※※※※※※※※※※※※※※※※※※※※※※※※※※※※※※

店长不仅是营业店的指挥者和业绩目标的实现者，还是公司营业店的代表人。店长代表了公司整体的形象，业绩目标的实现，50%是依赖店长的优异表现。

由于店长的能力高低对门店的经营业绩关系重大，一个合格的店长必须具备一定的能力。

※※※※※※※※※※※※※※※※※※※※※※※※※※※※※※※※※※※

有能力才能够承担起管理运营门店的职责

店长必须具备相应的管理能力，才能够承担起管理门店日常运营的职责，团结所有门店员工共同完成总部下达的各项经济指标。

通常，门店店长管理的事项非常烦琐，但其内容大部分是重复的例行性事

务，大约占总工作的70%～80%，仅有20%～30%是非例行性事务，由店长自行判断处理。作为店长，只要把握门店各作业环节的重点，就能基本保证门店的正常运营。店长管理的重点无非是人、财、物和现代商业企业所需要的信息，他必须有效地利用和管理门店的人、财、物和信息资源，做好日常销售服务工作，最大限度地使顾客满意，最终实现预定销售计划和利润目标。

店长的领导能力是一个店的核心所在。店长领导能力的高低会影响到店员的心情及工作态度，从而影响到工作的成果。

现在，在门店内工作的员工对工作的观念也发生了很大的变化。依据有关调查，可以得到这样的结论：每次调查时，回答“生活的意义在于工作”的人在逐渐减少，而回答“除了工作以外，生活的意义在家庭与兴趣当中”的人则在增加。

在店内工作的人员包括正式职员、钟点工等不同的人，店长必须将上述不同的人组织起来，善用他们的特长。店长不能以自己为中心，而要将公司的方针及门店的营业方针、目标向店员说明，让他们了解本店在地域社会中扮演的角色、所发挥的功能以及对顾客的服务态度等。此外，店长也要一面向他们强调本店存在的意义和营业活动的意义，一面促使他们同心协力从事店内的所有活动。总而言之，店长就是要推动店员主动地工作。

店长作为一个执行者，处在一个承上启下的层级，他的执行能力不仅反映在准确迅速地执行上级的命令上，还反映在对市场机遇的及时把握上。因为市场是瞬息万变的，门店的所有者往往只能从大方向上把握经营决策，而具体的经营策略、经营方针则需要店长自己把握。所以，店长应该在日常管理中主动去发现门店经营中存在的各种问题，并寻找市场中隐藏的各种商机，然后迅速地采取应对之策。

店长应具备学习的能力。作为店长，不管门店里员工人数多少、门店面积大小，拥有先进的管理知识是必不可少的。在这个信息极度膨胀的时代，知识更新的速度越来越快，店长要想与时俱进，必须提高自我学习的能力，在工作之余要不断地学习和更新专业知识，不断地充实、完善自己。

店长的学习并不是毫无章法的，只要从以下几个方面入手，就可以收到很好的效果：

第一，学习门店营业计划的制订。店长作为一店之长，要懂得对门店统筹把握，做好管理工作，学会制订计划是第一位的。

第二，门店顾客关系管理的学习。顾客是门店的首要资产，是门店的生命，因此做好顾客关系管理工作，就等于成功了一半。

第三，门店销售技巧的学习。虽然说店长的主要工作是门店的经营管理而不是销售，但店长对于员工而言就是榜样，店长卓越的销售技能，可以带动、培养一批优秀的销售人才，提高门店销售业绩。

第四，学习店务流程管理。这是作为一个店长应具备的基础知识，有效的店务流程管理，可以提高门店效率，提升门店服务层次。

第五，学习如何更高效地进行门店人员管理。从一般管理者到优秀的管理者，其中最为重要的一步，就是领导力的强弱，因此这是店长的必修课程。

店长应具备服务的能力。当门店出现问题时，店长往往会埋怨员工做得不够出色，没有服务意识，其实店长是员工的榜样，要说没有服务意识，首先应该反省的是一店之长。如果在要求员工做到的同时，店长却总是在他们的面前做出错误的示范，那么再多的要求和埋怨都将无法改变服务质量不高的现状。即使换了一批又一批的新员工，最后的结果还是大同小异，因为根源没有变，其他方面要变也就难如登天了。因此，店长的服务能力决定了门店店员的服务品质。

店长应具备较强的沟通能力。店长就像架构本公司与员工、顾客与公司之间的桥梁，他必须妥善地处理好对内对外和对上对下的种种关系。同时，他还要将自己的门店管理知识和经验毫无保留地传授给门店的其他员工，以提高门店员工的整体素质。为了保持与员工的良好沟通，店长应注意以下要点：

第一，注意员工的身心健康，注意观察每个人的表情。每天要保证和员工有一次交流，闭店前慰劳大家，这是获得员工信任的重要手段。

第二，对总部下达的各项通知、任务要传达清楚，并保证员工理解正确，以免因误解造成失误。

第三，对有不良情绪或困难的员工，要重视沟通、聆听意见，尽量帮助员工解决问题，避免他们的不良情绪影响整个团队的工作。

能力的发挥影响门店绩效

店长自身能力的发挥，无疑影响整个门店的绩效，但任何一位门店店长都不可能仅凭一己之力完成工作目标与任务。所以店长只有发挥领导驾驭的能力，有效地分配任务给每一位部属，使其同心协力，同时不断提高自身经营领导能力，提升门店经营的成果。

1. 提升领导部属的能力

店长在发挥领导驾驭能力时，必须具备下列三项要素：

(1) 正确判断部属员工的工作能力。店长必须正确判断部属的工作能力，由于专卖店中每位部属的工作能力各有差别，如果把工作能力最高定为100，其中如果有70、50、30等能力差别，店长必须能够做到观察细微，准确判断。当部属完成一项工作时，店长若判断部属已尽力而为，自然会赞美部属的工作表现很好。而身为下级部属在受到店长的称赞后，就会认识到工作有意义，努力有代价，而更会认真地工作，同时由于工作符合自身能力而感到特别得心应手。

(2) 发挥部属的工作能力。店长对店内每位部属的专长应做到有效掌握，使他们在工作上发挥最大的效率，从而可以增强他们的工作意愿，提升他们的精神状态。

(3) 提升部属的工作能力。店长还应培养并提升下级部属的工作能力，这同时也是一项义务。因为当部属经指导与教育后，必然能提高其工作能力，进而可以带动专卖店业务的顺利开展。所以一位店长不管工作能力有多强，如果不能恰当地教育部属，必然难以成为一位卓越的管理者。

2. 提升协调能力

由于门店营销战略和管理制度的实施，都必须在店长的经营领导下加以展开，所以店长经营领导能力体现在以下几个方面：

(1) 要调动店内每个员工个人分散的力量，通过沟通与教育统一其工作意向。

(2) 要依据其专长与特性分别赋予其工作任务，进一步通过有效的组织机能将其有系统地组织起来，使其具备完成相应工作的能力。

(3) 要交待各项任务，同时具体制定目标与实施办法，使每个人能按照预定的目标向前推进。并通过使员工人尽其才，使个人的能力得以有效发挥，进而达到预期目标。

(4) 必须能够充分运用个人的权限与责任之间的联系，以及上级机构与下属机构的相互关系，使得组织、人力与任务形成有效组合，实现预期的经营目标。

(5) 通过组织系统、人力因素以及各项任务的分工与协调，发挥员工与部属整体的团队精神，推动专卖店店长的经营领导能力。

3. 处理好与下级的关系

这是领导实现其职能的重要条件。那么，如何处理与下级的关系呢？应遵循以下原则：

(1) 尊重下属。对下级尊重是提升领导能力最重要的一个方面。尊重是一种巨大的力量。上级与下级、领导者与下级是一律平等的，没有高低贵贱之分。有些领导者由于修养比较差，加之性格方面的原因，遇上不合自己心意的下级，常常说出一些有伤下级自尊心的话。在这种情况下，即使领导者的话是正确的，也不会产生好的效果。

（2）信任下属。凡下属职权范围内的事情，要充分信任，放手让他们大胆去工作。对下级最忌半信半疑，让他干了，还总不放心。这会影响下级积极性的有效发挥。

（3）体谅下属。遇有下级工作失误时，要给予体谅，主动为下级承担责任，推功揽过，多给下属挡驾、撑腰、壮胆。如果有了成绩是自己的，有了错误是下级的，这样的领导者，不仅不被信任，而且会受人防范。

（4）支持下属。对下级提出的意见和设想要重视。只要对事业和工作有利，即便与自己的想法相悖，也要做好说服解释工作，以免挫伤下级的积极性。

（5）鼓励下属。对下级应多进行表扬，即便很小的成绩，也应及时地肯定，使下级感到上级对他的注意和赞赏，从而增强工作的积极性。

（6）要经常商量。给下级布置工作，一般要采取商量的口气。不要以为自己是领导者，就采取下命令的方式。商量，可以调动下级的积极性，引导他们谈出自己的想法和意见；命令，意味着只有服从和执行，不利于集思广益。

（7）帮助下属。对下级的工作要以诚恳的态度给予帮助。下级工作出现失误，要帮助分析具体原因，总结经验教训，并找出解决问题的办法；需要对下级批评时，也要有分寸，如本人已经认识到，就不要抓住不放。

（8）要头脑冷静。与下属发生争执时，作为领导者头脑一定要冷静，要用理智控制感情，先让下属把话讲完，然后再根据具体情况，心平气和地妥善处理。

（9）要体贴入微。情感是一种巨大的力量，领导者对下级的工作、学习和生活关心体贴，要经常了解下属的思想：他目前在想什么？最关心的问题是什么？他有什么困难需要解决等。如果领导者真正这样做了，上下级之间的关系，一定会更加亲密。

（10）要带头做表率。领导者要严以律己，处处起表率作用。要求下级做到的事情，自己首先必须做到；自己必须做到的事情，不一定要求下级都做到。不能完全用衡量自己工作好坏的标准去衡量下级的工作，也不能用领导者应达到的标准去衡量群众的行为，在这方面不注意，也会影响上下级关系。

（11）维持建设性的人际互动。

用赞美代替批评，用教育代替指责，用沟通代替命令，这些都是现代化店长应该做到的工作，而且是店长必须接受的考验和调整。而赞美、教育、沟通这三者的焦点都集中在店长的语言表达能力上。在销售中，促销员的一句话可以决定生意是否成交，而店长对于员工的一句话也可以决定“创意”的去留。

因此当建议提出时，“这行不通，这样做只是徒然浪费时间而已”，“这样做连想都别想，店长一定不会同意的”，“这以前就试过了，做不到……”，如果这些语言在刹那间出现，那么在这一两秒钟的时间里，其实就已经足够决定创意的命运了。

因此建议将这些语言柔化一点，延伸的空间加大一点，除了保留创意的积极性之外，也提出建议，协助让他继续做完整性的思考。

例如：

A. 这建议很好，表示你很用心，只是你有没有想过，如果……你应该如何处理？我可以听听你的想法吗？

B. 你的假设很有创意，只是我对你的假设还有一些个人的看法……我们一起来讨论看看可行性好吗？

C. 我这里刚好有一些资料可以提供给你作为参考，或许对于你所提建议的完整性会有帮助……等你看完之后，我们一起讨论好吗？我很想听你的看法。

做好这十一点将有效地提升领导能力。

精通业务才能组织得当、指挥有方

现在是知识经济时代，工作的开展，越来越要求专业化、现代化和具有前瞻性、创新性，店长“以其昏昏，使人昭昭”是不行的。只有精通了业务，这才能组织得当，指挥有方，才能用最小的成本取得最大的效益，才能赢得员工从内心深处的尊重、理解和拥戴，从而产生向心力和凝聚力。

店长如果不精通业务，不了解下属的工作，那他就无法有效地管理他们。这是因为：首先，对不懂行的店长，做具体工作的下属不会表现出太多的尊重。无论对错，人们都不可能重视外行的观点。

其次，如果店长不会做具体工作的话，不能制定出最富有成效的决策。决策自然应该来自最精通的人。同样，他往往也应该是对问题抓得最准确的那个人。外行人制定的决策往往是事倍功半，最终会受到抵制。

第三，如果店长不懂行的话，就不会了解下属的工作状况。

在很多门店中，由于店长不懂技术，或者不是技术专家，造成管理意见缺乏权威而不被认可，技术人才与管理人员之间的关系紧张，结果造成优秀的技术人才流失。为了避免外行领导内行的现象发生，有两条解决途径：

一是业务娴熟。俗话说“卖啥招呼啥”。倘若店长对自己所分管的专业不懂、不熟悉，对自己的本职工作一知半解，没有掌握本专业的理论知识和业务技能，又如何去指挥身边的员工开展工作？如何去检查和指导基层的工作？因此，店长必须通晓本职业务，只有对自己分管的“一摊”的来龙去脉做到心中有数、了如指掌，工作中才不至于出现偏差，才能提高工作效率，达到事半功倍的效果。

二是使自己成为专家。专家的意思是，你要在对公司极为重要的一两个领域内，如金融、营销、法律、工程技术方面，极其精通业务。如果你不知道哪些方面对你的公司至关重要，你要把它们找出来。如果可能的话，选择一个你喜欢，而又是公司所需要的专业，钻进去，学深学透。“如果你不钻透一门专业，你就会在商海里迷失方向。”

三是成为通才。就是说，你既要了解自己的专业，又要对别的多种专业也有所了解。作为一个店长，你每天所做的许多决定都涉及你专业以外的事情。如果你不对各种事情都有一点了解，那么，你连提问题都不知道怎么提。

在很多企业中，常常有人从领导的位置上被赶下来。其中的大部分人都是因为没有进一步提高自己的能力，驻足不前而被人超越，最后丢失了原有的位置。这些人本来就没有深厚的根基，后来又没有决心去积累经验、提高才能，对待工作也是马马虎虎、敷衍了事。试问，有谁愿意受这种人管理呢？他能做好哪一件事呢？

反之，有些领导时时注意身边的事务，随时随地提高能力，处处在意积累经验，他们能把自己的工作当做一种不断地学习。由于他们总是肯努力钻研、刻苦磨炼，因此，进步神速，成绩斐然。

一个明智的店长随时随地都注意磨炼自己的工作能力，任何事情他都想做得高人一筹；对于一切接触到的事物，他都能细心观察、留意研究，对重要的东西务必弄得一清二楚方肯罢休。他也随时随地能把握机会来学习、研究，他更是看重与自己前途有关的学习机会，在他看来，积累知识要远胜于积累金钱。他时刻都注意提高管理的方法和技巧；有些极小的事物，他也认为有学好的必要；对于任何做事的方法，他都要详细考察，探求其中获得成功的诀窍。如果他把所有这许多事情都学会了，他所获得的内在财富要比那有限的薪水和现有职位的价值高出数倍。而他的工作兴趣也完全在于学习知识、积累经验与磨炼能力。

这些店长都很明白，由工作所积累的能力正是他将来成功的基础，是他一生最有价值的财富。作为店长，毫无疑问，业务能力是最应具备的工作实力。只有练好了这项绝活，才能在门店中表现得非常出色。

学习工作必需的专业知识

作为店长，没有一技之长是难以立足的，仅靠一些管理技巧和知识，是难以让员工从内心信服的。这就像那些技术半生不熟的泥瓦工和木匠，将砖石和木料拼凑在一起建造房屋，在这些房屋还没有售出去之前，就已经在暴风雨中坍塌了；律师在读书时不注意培养能力，办起案件来，让当事人白白花费金钱；术业不精的医科学生不愿花更多的时间学好技术，结果做起手术来笨手笨脚，导致病人生命垂危……这些都是由于缺乏一技之长所造成的，这些人注定不能成为一个好领导，因为这种专业水平无法让更多的人“服”他。

店长要想取得事业上的成功，就不能在所从事的事业上能力平平，而必须通过学习掌握一技之长。

首先，理清自己的能力菜单，确定自己能力提升的目标。提升能力的第一步是要弄清楚四个问题：

(1) 我最突出的能力有哪些？

(2) 目前工作最急需的能力是什么？

(3) 对比工作急需的能力我最欠缺的是什么？

(4) 我应该如何提升这些欠缺的能力？

店长可以列一个表单，逐一回答上述问题，这样就能对自己所欠缺的能力以及今后努力的方向有个清楚的了解。

其次，制订自己提升能力的行动计划。制订行动计划时，要注意几点：

(1) 知识结构上的合理、优化与提升。一个店长的知识结构，大体上有三种类型：专业知识、管理知识和相关知识。只有建立和完善科学合理的知识结构，才能有效地支撑和提升自己的专业能力。

专业知识——即仅有某一专业知识的结构。这是单一的知识结构。这种知识结构已远远不能适应形势对领导者的要求。

管理知识——这就要求你不仅要深入了解某一专业知识，还要了解与某一领域相关的知识。

相关知识——这类知识结构的主要测定指标有三个：深度、广度和时间度。只有这样的知识结构，才是领导者理想的知识结构。

(2) 结合职业和工作需要去“补短板”。一般来说，不主张“补短板”，但如果店长眼前的工作职位确实需要这种能力，那就必须补上这个缺少的“短板”。否则，你就不称职，就无法更好地发展。

如果店长有了一技之长，再谋求全面发展，就有了动人的魅力。所以，店长要下决心掌握自己职业领域的相关知识，使自己变得比他人更精通。如果领导者是工作方面的行家里手，精通自己的全部业务，就有可能赢得良好的声誉，也就拥有了一种潜在的获得成功的秘密武器。这时就能不断地将专长传授给员工，“授之以渔”并能在关键时刻起到关键作用，那么接受者必然将“报之以李”。

店长不但要勤于学习、善于学习，而且还要大力改善自己的知识结构，使自己的知识在不断丰富的同时，又根据自己的业务特点有一定的侧重。这就是说，为了使自己的事业能够达到一个较高的境界，店长必须下工夫学习工作必需的专业知识，不能仅仅停留在一知半解上。

把握大局，掌握工作的主动权

店长必须要有大局观，不顾全大局不将门店的工作与系统结合就无法掌控正确的大局方向。

在很多门店，我们看到很多人际关系恶化，很多事情没有按标准完成，很多应急事务协调不了，门店目标无法达成，都是因为店长没有大局观造成的。

比如公司规定代理商当天的订单第二天发货，而有时会今天的单子今天就会发货，而如果仓库主管拒绝当天备完发货，那我们的客户就会有想法，损坏了公司与客户之间的关系，销售部门与仓库的沟通也会蒙上阴影。

再比如部门主管，有的主管在车间里不去看流水线顺不顺，不去看不良产品多不多，自己却躲在车间角落和员工一起折彩盒，和员工一起干得满头大汗，但这不是一个有大局观念的管理者应该做的事，他做得越多，车间里就越乱。

大局思维对管理者协调部门间的工作，对管理者管理本部门的工作实现本部门的目标，是非常重要的。我们从理论上都知道这个，但是在实际工作中总会低头拉车，没有去看我们做的事是大局的还是细微的。

一个优秀的店长，一定是能够控制大局的人，而能够控制大局不是随便说说的，他得有内力，我们说：运筹于帷幄之中，决策于千里之外，说的就是能把握大局的帅才，能把握大局就能掌握工作的主动。因此，我们要学会把握大局，而大局观和方向控制能力是可以通过训练达到的。

首先，必须识别什么是店内最正确的事，找到后坚持去做。评价目标是否正确的标准是在你带领员工做了某些工作后是否可以产生如下结果：在长期范围内，保持店内纯收益达到或超过预期目标；在总体成本费用相对低的前提下，质量和标准不断提升；员工能力成熟、士气高昂，保持高生产力水平等指标。比如以最近公司正在抓工时控制为例，作为店长在接受公司这样的政策后，正确的做法是：

首先，思考公司推行这项政策的原因是什么？工时控制的根本目的是提高人均生产率，从而提升单店的赢利能力和竞争力。

其次，需要考虑工时控制给店里员工带来的好处和负面的影响是什么？对经理和主管的好处是学会用最少的人力做出最大的价值；对员工的好处是通过高效率的工作提高工作能力与丰富工作经验，提升个人的市场价值；负面的影响会让员工猜测是公司资金紧张，要省钱，要裁员，要降低工资。

第三，店长需要与经理和员工进行有效的沟通，强调工时控制对他们的好处和利益，打消他们的顾虑。

第四，店长与经理和员工一起分析和寻找工时控制的解决办法，包括：员工的能力是否胜任；工作方法是否简单高效；人员是否存在浪费；工作积极性是否饱满；沟通是否有效；各岗位间是否存在不同时间段的劳动量不同；设备、资源是否影响效率；制度、规范是否合理等都是影响生产率的因素，根据以上因素找到有针对性的解决办法，自然会全面提升人均生产率，达到工时控制的根本目的。如果把工时控制的注意力仅放在裁员和降薪上，那么会导致员工士气下降，人员流失而不能及时替补，员工素质降低，没有充足的“老人”开新店等现象，这样的结果与工时控制的目的是背道而驰的。如果在你带领员工用尽各种办法，仍然无法实现公司的控制指标时，作为店长有责任向公司陈述理由，提出更合理的指标。总之，正确的事是符合长远目标、符合公司和员工的利益的。

做出正确的计划和应变措施

现实社会中，一切都处在变的状态下。店长作为门店直接负责人，每天需要思考如何做好经营外，还要应对很多突发事件，这个时候最能考验店长的应变能力和综合处理问题的能力。

在问题和危机面前，店长要学会山崩于前而面不改色，以不变应万变。店长具备良好的应变能力，不仅是个人领导魅力的体现，而且会给门店带来直接的经济效益。

麦考梅克公司是美国的一家企业，由 W.麦考梅克先生创办。W.麦考梅克先生个性豪放、重义气。公司成立之初，发展速度很快，但是后来，业绩下降。他吸取很多大型公司裁员减薪的经验，企图使公司重获生机，然而努力失效，企业面临破产倒闭的严重情形。W.麦考梅克先生不久因病去世，由 C.麦考梅克担当总裁。新总裁下定决心使企业重振雄风。他深入研究后发现，公司之所以陷入危机，是因为员工缺乏积极性，他们对公司的前途缺乏信心，他们认为无论自己如何努力，公司也是要破产的。这种失败感被裁员减薪的做法所强化。C.麦考梅克认为当下最重要的工作就是让员工振作起来，为自己和公司的前途奋斗。

于是，他向全体员工宣布：自本月起，每位员工的薪金都增加 10%，并且缩短工时。这个决定让员工觉得既惊喜又不可思议。新总裁解释道，现在公司的生死存亡都落到诸位肩上了，希望大家协力渡过难关。一年后，公司扭亏为盈，成为国际有名的大公司。

在危机面前，面不改色，镇定从容，认清形势，是一个管理者应具备的基本品质。认清形势，才能作出正确的计划和应变措施，这对接下来的情形逆转都有着不可估量的作用。

良好的应变能力包括：

(1) 敏锐的洞察能力。正确地发现和提出问题，是成功解决问题的一半。管理者要拥有高于常人的洞察力，看到别人看不到的地方。

(2) 准确的判断能力。准确的判断能力是应变能力的基础，需要管理者掌握大量的信息、积累丰富的知识，在准确理解问题的基础上，把握事件发展的趋势。

(3) 敏捷的反应能力。敏捷的反应能力是指人在思维过程中，当机立断和及时解决问题的能力，这种能力是应变的基本功。敏捷的反应不仅讲时间，也要讲适时和时机。

(4) 科学的思维能力。科学的思维能力是指管理者运用现代科学思维方法和手段，正确认识领导活动的特征和规律，形成科学的领导决策，合理高效地实现领导目标的过程。

(5) 超强的决断能力。优柔寡断、患得患失、瞻前顾后、举棋不定等都会导致决策的失误，而超前的决断能力能杜绝这些现象的发生。

(6) 巧妙地借“势”能力。顺应时势，就是管理者依据客观情况的发展和变化，顺乎客观规律和时代的发展趋势。认清现实中的有利条件和不利条件，明确企业位置、机会和威胁等要素。

店长不一定要有多高的文化水平，但如果脑子里面没有一些经营门店的基本概念，恐怕在以后的管理和经营竞争当中，就可能感到很吃力。因为现在的竞争手段五花八门，而且变化极快，如果店长的反应能力不能相应改变就有可能吃亏，所以应变能力是一个优秀店长必须具备的。

智商、情商和逆商不可或缺

店长要具备承受挫折能力，所谓承受挫折能力，实际就是指店长对自我的情感、情绪的自我调节能力。

心理学家说，所有成功的故事都伴随着一些失败的故事，两者唯一的不同在于，那些最终成功的人们能在每次失败之后都重新站起来。这就验证了“失败是成功之母”那句俗话，既说明了承受挫折的必然性，又说明了具备承受挫折能力的必要性及其重要性。

科学研究认为，当成功到来的时候，人的心理承受力呈现出正向发展趋势；而当挫折到来的时候，人的心理承受力呈现出负向发展趋势。因此，作为现代社会领导者的心理，承受成功是没有太大问题的，其承受能力体现也不会太充分；而承受挫折，才真正是对店长心理承受能力的考验。

挫折程度越深，考验就越大，其能力强弱的反映也就越明显，承受挫折能力是店长诸多实际能力的重要基础。

有时候，命运会故意让人接受困境的磨难，只有具备坚忍不拔的精神，经历住严峻考验的人，才能够被委以重任。而一个时刻哀叹时运不济、命运不公的店长，面对逆境的态度，一定是退缩和放弃。

1967 年，美国篮球协会宣布：扣篮被视为犯规动作（若干年后，该规则被取消）。这对伍顿教练手下的刘易斯·小奥辛道尔（即后来的美国 NBA 传奇球星贾巴尔）来说，影响非同小可。因为扣篮可以说是他的一项致胜武器，这项规定的宣布，确实对洛杉矶分校队造成了一大损失。但伍顿教练对刘易斯说：“正是因为禁止扣篮，就要求你去继续学习新的技巧，掌握新的致胜武器。这样，反而有助你成为一个更加优秀的球员。相信我，当你参加美国职业篮球联赛的时候，你仍然不会忘记扣篮的技巧。”这话一点没错。后来，刘易斯逐渐创造出了一招无人能敌的勾手投篮技能，刘易斯也被称为“天钩”，并在美国职业篮球联赛中取得了令人瞩目的成就。他把不利条件化解为有利因素，把劣势变成了优势。

伍顿教练说：“当事情变得困难，更大的困难也随之而来。面对困难逆境，乞求、哭泣、托辞、愤怒、情绪失控都无济于事；而应该保持镇定、平静、机敏、自信、勤奋、热情、斗志和渴望。”

虽然我们无法左右命运，但我们至少能够控制自己对它的态度和反应。面对命运的安排，我们应该坦然地接受它，不带丝毫的犹豫、抱怨、借口和哀叹。这种平和的心态是一个店长成功与否的关键，因为店长的态度直接决定和影响着整个门店。智商、情商和逆商都是一个优秀店长不可或缺的，而在现今的激烈竞争中，店长逆商的高低直接决定了企业的抗打击能力。在充满竞争的环境中，面对厄运、挫折、困难和坎坷的态度如何，直接决定着谁将是胜利者，谁又将保持平庸。一个没有能力抵抗危难打击的企业是无法在竞争中生存的。

一个店长要这样教育自己和整个团队：坦然接受命运，而不怨天尤人，逆境只会使你和团队变得更强大。全力以赴做好每一件事的人，就能够赢得命运之神的眷顾。

当机立断，正确决策

不论在什么行业，也不管门店规模或营业状况如何，一个缺乏决策力的领导，即使这个人的品德再好，企业也无法接纳。因为店长的决策力好坏，关系到门店的存亡与发展。

有这样一则经典的寓言故事：有一头驴子在面对两堆一模一样的干草时，由于不知道先吃哪一堆好而犹豫不决，最终活活饿死在干草堆前。

从这则故事中我们可以得出这样的结论：店长可以做错决策，但不能不做决策；可以独断专行，但不能犹豫不决。

一个有决策力的店长应该做到：自信、勇敢、当机立断。你是否明白：当断不断，错失最佳决断时机，可能会使企业遭受严重的损失？你是否想过：企业里下属、同事等全体成员，会如何看待一个优柔寡断、犹豫不决的领导？身为店长，在领导下属时，你是否有自信能通过对形势的正确分析，对即将来临的形势变化，做好周全的准备，并具备呼风唤雨的能力？你是否对“决断意味着责任”有深刻的理解，并且有能力担负这样的责任，不会因为害怕压力导致决断延迟？

店长个人的决策力十分重要。一个无法当机立断的店长，不仅会被下属轻视，还可能使下属背信弃义。因此，要想保持在公司组织中的地位，店长有必要多加磨炼，培养以综合性见解决断事情的能力。

那么店长要如何培养决策力呢？首要步骤是先深思熟虑，再作出最切实与明智的决断。要想达到这种境界，只能依靠平时不断地练习与培养，此外别无他法。以下就是几个能让你简单入手的方法：

吃得苦中苦，方为人上人。要多尝试困难的工作，越是敢于面对困难的挑战，越能培养出判断力与决断力。

学习先进经验。分析自己或其他公司领导的决断实例，并加以学习。

培养信息分析能力。要作出精确判断，正确而多元化的信息不可或缺。因此平时就应不断收集信息，并训练自己取舍与分析信息的能力。

养成深思熟虑的习惯。平时就应仔细思索与工作有关的各种问题及将来可能发生的状况，并事先想好应对的对策。

除此之外，还有一个值得把握的重点，就是尽量在工作中发挥创意，提出能出奇制胜的积极策略。这样一来，将使事情进行得更加顺利。领导绝对不可后知后觉，而应该经常思考事情的先机，才能随时掌握最新的状况与形势。

提升团队建设的能力

很多优秀的领导者不但不够聪明，甚至显得无能。众所周知的刘邦，就是沛县的一个小地痞，既无文韬更没有武略，但他却实实在在是一个成功的领导者。相反的是楚霸王项羽，是力拔山兮气盖世的大将军，但最终却被一个地痞逼得自刎乌江。领导者的个人能力再强，也不能代表整个团队的能力；领导者的个人能力再弱，也不一定会降低团队的能力。作为一名店长，至少应该具备以下团队建设能力：

1. 团队文化建设能力

大部分人会觉得领导的职责就是分配工作，自己不动手只会指手画脚。不排除有这样的人存在，但一个好的领导绝对不是这样的。他应该是对团队影响最大的人。

培养团队文化的好处在于，员工可以在没有任何人督促的情况下完成自己的工作。好的团队文化可以让一个消极工作的员工努力工作，同样，不好的团队文化也可以让一个原本积极工作的人消极工作。所以小团队靠管理，大团队靠文化。而一个团队拥有什么样的文化，关键在于这个团队的一把手，他的性格决定了整个团队的文化。所以我们想了解一个团队的文化可以先了解这个团队的领导者，同样，通过团队的领导者可以看出这个团队的文化。

2. 对整个团队的责任

如果一个员工有问题，是他自己的问题，而如果所有员工都有问题，那肯定是店长的问题，店长对一个团队有不可推卸的责任。一个团队的执行力强不强，团结不团结，是不是积极向上，员工把主要精力是用在了努力工作完成目标上还是用在聊天、互相推诿上，取决于有没有一个好的领导者。

3. 领导者是楷模

“其身正，不令而行；其身不正，虽令不从。”影响往往要比教育更让人容易接受，一个好的领导者要懂得如何利用自己的行为去影响其他员工。要知道所有人都在看着你，一言一行都会有人注意并模仿。领导者性格上的缺陷都会无情地被下属学习并放大。

4. 领导者要有胸怀

不管一个人的经验和智慧多么丰富，总会有不足之处。作为店长，必须把想法落实到真正的工作中去，这不是一个人可以完成的。一个成功的领导者必须取得很多人的支持，就像在军队里，将领都需要有参谋，不仅是出主意，还得把理论落实到每一项细微的工作中去。

店长一定要有宽阔的胸襟，只有这样别人才肯说出自己的心里话。一个店长的容人之量决定了这个人发展和提升的空间，同时也决定了这个门店的提升空间。

5. 大局观

领导者看问题的角度必须高于普通员工。一个团队所有人都在埋头苦干时，必须得有一个人抬起头来辨别方向。这个方向决定了整个团队的努力会不会有成果，会有多大成果。领导者站得越高看得越远，团队就可能有更大的发展，员工各方面能力就可能有更大的提高。

6. 足够心细

通常在向公司领导汇报时，会有这样一种情况：职位每高一级，问题就会更多一些，同样也会更细一些。本以为自己准备得很全面，却还有很多问题回答不出来。对于一个领导者来说，这个时候就需要细心。要对自己负责的事情做到心中有数。

7. 数据分析能力

看数据看报表对于店长来说是再正常不过的事情了，除了分析师提出的建议，还要从数据中读出自己想要的信息和潜在的信息。用数据指导行为是当前比较理智的做法，仅仅靠经验处理问题的时代已经过去了。

8. 工作分配能力

店长要做的并不仅仅是把工作完成，而是如何调动整个团队把工作完成。如果只是自己在做而其他人闲着，即使完成了工作，也不能算是一个好领导，充其量只能算是一个好员工。

合理分配工作是每个店长必备的能力，并不是说店长把所有工作都分配下去，自己闲着没事做就是好事，但也不能绝对地说这就是坏事。店长与员工做的事，肯定是不同的。

9. 总结能力

店长也要向自己的领导汇报工作，越往高层走，这些汇报就越重要。要学会从日常繁杂的工作中总结阶段性进展，总结经验教训。不仅是总结自己的，还要总结团队的，定期的或不定期的，经验是总结出来的。总结能力和工作分配能力是相对的，把上面的意思分解后分配下去，把下面的工作总结后汇报上去，这些能力都是必不可少的。其实这里也包括一些制度的制定。合理地制定制度，这也是总结能力一个很好的体现。

10. 业务拓展和维护能力

员工只要做好自己分内的工作就算是一名好员工，但对店长来说，并不仅仅是这样，店长要在熟练掌握自身业务的前提下不断拓展新的业务，并能很好地维护这些关系。所以，级别越高，业务的拓展和维护的能力就要越强。这需要有很敏锐的洞察力，机会到来的时候它不会告诉你“我是机会，要抓住我”。这种能力在平时可能看不出来，但在关键时刻是直接决定团队命运的。

11. 观察人的能力

观察人的能力也是一个领导者需要具备的能力，要做到通过观察一个人的相貌，或者是做事风格了解他。一个领导者如果没有这样敏锐的观察力，是不能带好一个团队的。

12. 接受新事物的能力

特别是对于高科技领域，如果不能接受新事物，还抱着以前所谓的经验，几年之内也许没问题，时间一长可能就会被淘汰。

例如，网易从新闻转到游戏，盛大也从单一的游戏运营转到运营平台，它们都得到了长远的发展。可能我们做不到这么高级别的领导者，但一个小团队的领导者也同样需要不断地去接受新事物。

领导者应具备的能力，并不是与生俱来的，很多东西都是经过后天的培养学到的，每个人都有成为领导者的可能，需要的可能只是一个机会。当然大多数情况下机会不会突然降临到某个人头上，要在平时努力才行，这样当机会降临时才能抓得住。

要创造英雄业绩，就必须依靠创造力

零售业不是一个普通的行业，是随时可以产生“英雄业绩”的行业。宜家最先采用组装家居的销售模式，最后这种销售模式成为主流。要创造英雄业绩，就必须依靠创造力。创造力是指产生新思想、发现和创造新事物的能力。它是成功地完成某种创造性活动所必需的心理品质。创造力与一般能力的区别在于它的新颖性和独创性。它主要依靠发散思维，即无定向、无约束地由已知探索未知的思维方式。美国心理学家吉尔福德认为，当发散思维表现为外部行为时，就代表了个人的创造能力。其行为表现有 3 个特征：

(1) 变通性。思维能随机应变，举一反三，不易受功能固定等心理定势的干扰，因此能产生超常的构想，提出新观念。

(2) 流畅性。反应既快又多，能够在较短的时间内表达出较多的观念。

(3) 独特性。对事物具有不寻常的独特见解。

员工的创造力决定企业的未来，决定企业未来生存的潜力。所以说，创造力是企业的最大财富与第一资源，而企业创造力的核心是每个员工是否具备创造性地开展工作的能力。它综合体现了员工的智慧、才干、胆识、事业心和责任感。创造性地开展工作就必须有想干事、干实事、干成事的勇气，具有永不满足的创新精神。正确的执行力与创造性地开展工作二者相辅相成。执行是企业员工的天职，创造性地开展工作是主观能动性的发挥，是自身能力的体现，执行的效果是对其发挥主观能动性的检验。企业员工中有三种人，第一种是不执行或执行一部分，更谈不上创造性地开展工作了，也就是不想事，更干不成事；第二种是只能教条地执行，完成工作目标；第三种是在执行中创造性地开展工作，有开拓精神，负有责任感。

激发全体员工的创造力，就是要不断营造激发员工创造力、鼓励员工开拓创新、倡导自由探索的氛围；建立正确的评价和激励机制，重奖重用有突出业绩的开拓创新者；强化企业内的竞争机制，激励人们去研究新动向、新问题，并明确规定适应时代要求的技术创新和管理创新的具体目标；组织员工不断学习以更新知识，并引导他们面对现实去研究市场的新变化、技术的新动向，研究现实经济生活所面临的种种挑战。创造性的研究结果显示，虽然个人的创造性很重要，但创造性的激发环境可能更为重要。

如果企业文化不鼓励创新，个人的创造性得不到承认，企业文化的创造基因也会消失。那么，店长如何培养自己的创造力呢？

（1）用更好的办法做原来做的事。它意味着我们可以提高效率、降低成本、减少浪费、提高质量、简化方法。提高效率需要新的想法，我们可以从新想法中获益。

（2）做更好的事。这就意味着要不断推出新产品和服务，或者为现有产品和服务增加新的价值。

（3）能够敏锐地、独到地发现问题，并且能够准确地抓住关系着全局发展的重大问题。

（4）解决问题具有独创性。在面对各种具体问题时，能打破常规，决不照抄照搬，找到解决问题的最佳方案。

（5）处理问题灵活、多变。面对复杂多变的客观事物，不是从僵死不变的模式出发，而是从实际出发，灵活多变以达到出奇制胜的效果。对待上级的指示，不搞“本本主义”，而能善于从本地区、本单位实际情况出发，主动灵活、富有创造性地加以贯彻和执行。

（6）善于对丰富的实践经验进行综合概括，提出对领导实践具有普遍意义的理论创见。这是店长创造力的最高层次。

门店管理的核心在于业绩管理

企业靠利润运转，老板看业绩评价店长。这在哪家公司都是客观不变的事实。作为一名店长，如果不能提交优秀的业绩，位置自然做不安稳，这点每位店长都必须清醒地认识到。然而，店面管理是很细的工作，其中的人员管理、商品管理、服务管理，再加上市场管理，试问哪一项不是费时费力？现在的终端大多实行"走动式管理"，即"现场管理"，店长在巡视中，既要监控员工的服务，又要处理突发的顾客投诉，接待到访的大客户，还要报送公司规定的各项表格、资料等，这些具体工作使店长"深陷其中，不能自拔"，很难有时间和精力站在旁观者的角度上静下心来分析一下自己的业绩。但店长一心扑在上述工作上，其回报率并不高，因为门店管理的核心在于业绩管理。就店长而言，即使有开拓创新的远大志向，有较高的决策指挥才能，但如果不在实际操作上下工夫，业绩上不去，任何良好的愿望都会化为泡影。

店长应该知道：业绩在哪里？它不在天上，不在遥远的未来，更不在别人的手中；业绩，就在自己的脚下！

店长肩负着企业发展的重任，可谓担子重，责任大。要尽好责任，挑好担子，因此每一个店长必须要按以下尺度自觉地要求自己：

（1）要勤奋做事，不断创造业绩。作为一名店长，不能总想轰轰烈烈、波澜壮阔，要珍惜自己的岗位，从小事做起，从基础抓起，勿以事小而不谋，勿以事琐而不为。

（2）要树立自加压力、奋发有为的进取精神。俗话说："人无压力飘飘然"。在店长的成长过程中，组织施压是助动力，而自我加压才是原动力。"不用扬鞭自奋蹄"，这样创造出来的业绩才能更上一层楼。

（3）要形成锐意改革、不断开拓的创新意识。在新的创业时期，勤奋的内涵，更包括勤于思考、勤于探索、勤于寻找和发现新规律、大胆地付诸实践。这种意义上的业绩，才是更具有时代精神的、更高层次的业绩。

（4）要置身于下属和员工之中，倾听群众呼声，与群众同甘苦、共患难，把个体融入整体。这样，便能上下一心创造新的业绩。

（5）要在企业经营活动的实践中锻炼自己，为政勤勉，廉洁奉公，洁身自爱，时时、处处、事事、全心全意为企业及员工的利益服务。只有这样，才能获得最大的领导效能，争创一流的业绩。

一个能够尽职尽责的店长，才是一个合格的领导者。因此我们可以这样定义：领导的别名就是责任。

没有好的沟通能力，一切都无从谈起

店长在工作中，时常会听到员工这样那样的抱怨：认为个人的工作成绩没有得到应有的承认和肯定；其合理化建议没有得到应有的重视和采纳；工作环境压抑、人际关系紧张，甚至一个办公室内的同事彼此间不相往来……其实，这些抱怨都会严重影响员工的工作积极性和工作热情，从而影响到企业的效率和效益。这些抱怨究其根源均在于沟通不够、沟通无效或沟通存在障碍。

诺基亚公司董事长兼首席执行官沙玛·奥里拉在自己的管理箴言中这样写道："我觉得有两个技能很重要。第一是沟通能力，第二是人才管理的能力。但没有好的沟通能力，一切都无从谈起。"

沟通是信息交流的重要手段，是管理的生命线。对于店长来说，沟通能力极为重要。店长每天所做的大部分决策事务，都是围绕沟通这一核心问题展开的。店长必须经常依赖员工的大力支持和合作，才能完成任务。有两个数字可以很直观地反映沟通在门店管理中的重要性，就是两个70%。

第一个70%是指店长有70%的时间用在沟通上。开会、谈话、做报告是最常见的沟通形式，撰写报告实际上是一种书面沟通的方式，对外各种拜访、约见也都是沟通的表现形式，店长大约有70%的时间花在此类沟通上。

第二个70%是指门店中70%的问题是由于沟通障碍引起的。比如，门店常见的效率低下的问题，往往是有了问题后，大家没有沟通或不懂得沟通引起的。另外，门店执行力差，领导力不强的问题，归根到底，都与沟通能力的欠缺有关。比如说店长在绩效管理的问题上，经常对下属恨铁不成钢，年初设立的目标没有达到，工作过程中的一些期望也没有达到等。为什么下属达不到目标的情况会经常出现？在很多调研中都发现，下属对店长的目的或者期望事先并不清楚，当然无法使其满意，也导致对年度的绩效评估不能接受。无论是店长表达的问题，还是下属倾听领会的问题，都是沟通不够造成的问题。

卓越的沟通能力是店长必备的素质之一。但是，现实中却有很多店长不重视沟通管理，他们认为，管理者与被管理者之间不能有太多的平等，没有必要告之自己做事的理由。"民可使由之，不可使知之。"他们片面强调被管理者应无条件地服从，理解的执行，不理解的也必须执行，从而认为除了告之对方做什么、做到什么程度之外，再告之其他相关信息都是多余的，更不用说通过沟通使对方理解和认同。

没有充分有效的沟通，员工不知道做事的意义，也不明白做事的价值，因而做事的积极性也不可能高，创造性也无法发挥出来。由于不知道要做这件事的原因，所以员工也不敢在做事的方式上进行创新，墨守成规，按习惯行事，必然效率低下。优秀的店长会巧妙地利用沟通来增进对员工的了解，让人与人之间的沟通变得畅通无阻。

1. 增强员工对沟通行为的理解

沟通的最大障碍在于员工误解或者对你的意图理解得不够准确。为了避免这种问题发生，你可以让员工对你的意图做出反馈。比如，当你向员工布置了一项任务后，就可以接着向员工询问:“你明白我的意思了吗?”同时要求员工把任务复述一遍。如果复述的内容与你的意图一致，说明沟通是有效的；如果员工对你的意图的领会出现偏差，可以及时进行纠正。或者，你可以观察他们的眼神和其他体态举动，了解他们是否正在接收你的信息。

2. 对不同的人使用不同的用语

在同一个组织中，不同的员工往往因为不同的年龄以及教育和文化背景，使他们对相同的话产生不同的理解。另外，由于专业化分工不断深化，不同的员工都有不同的“行话”和技术用语。而你往往注意不到这种差别，以为自己说的话都能被其他人恰当地理解，从而造成沟通障碍。

店长应该选择员工易于理解的词汇，使信息更加清楚明确。在传达重要信息时，为了消除语言障碍带来的负面影响，可以先把信息告诉不熟悉相关内容的人。比如，在正式分配任务之前，让有可能产生误解的员工阅读书面讲话稿，对他们产生疑问的地方先进行解答。

3. 注意恰当地使用肢体语言

在倾听别人的发言时，还应当注意通过非语言信号来表示你对对方讲话的关注。这需要我们做两件事情：一是理解别人的身体语言，二是恰当地使用自己的身体语言。

第二篇

卖场是个大舞台，店长要做个好导演

手 把 手 教 你 成 为 顶 尖 店 长

第三章　好的店面形象是吸引顾客的法宝之一

※※※※※※※※※※※※※※※※※※※※※※※※※※※※※※※※※※

尽管促销行为能吸引顾客短期来访，但要提升顾客的认同度和忠诚度，应该加强门店形象的建设。当然，门店形象的建设，不是简单地在门店硬件上投入不菲的费用，也不仅是对门店进行装点打扮，而是基于顾客购买心理和行为，在市场上建立起明确、清晰的门店形象，拉大与竞争对手的形象差距，建立起顾客“首选”意识。

※※※※※※※※※※※※※※※※※※※※※※※※※※※※※※※※※※

注重门店外观，树立商业形象

在终端管理中，门店的外观十分重要。门店外观好似一个人的脸面，容易让消费者产生第一印象，关系顾客的购买心理，直接影响店铺效益。

有的门店虽然产品一般，但因为门店外观形象非常到位，同样创造出了良好的销售业绩；相反，很多门店拥有优秀的产品，可在外观形象方面不尽如人意，从而导致公司效益日渐衰退。

从商品营销的角度说，门店的外观造型想要达到树立商业形象的目的，就必须使这个外观造型具有鲜明的独特性，即要注重造就门店外观的特色，通过运用门店外观造型的独特性，宣传自己，招引顾客。作为经商活动的店铺多密集于繁华热闹的街市，拥有众多门店的繁华街市，是一个商品经营活动竞争十分激烈的区域。要想在这个竞争区域里，取得商品营销活动的成功，首先就要从门店的外观造型上着手，要使门店的外观造型在商家角逐之地独树一帜，从而先声夺人。

可以想象，一个外观造型平庸的门店，或者是一个门店的外观造型与他邻近门店保持一个格调，这个门店要取得超出他人的营业效益是很难。因为，这个门店没能在门店林立的街市上，将自己突出地显露在顾客面前，因此，也就很难在商品买卖激烈竞争的舞台上，赢得有利于优先发展的地位。所以，将门店外观造型设计得有特色，这不仅仅是吸引顾客的一个做法，更重要的还是商品营销的一个谋略。

北京著名的赛特购物中心是这样进行卖场的立体设计的：在赛特购物中心，确定了以“人”为中心的设计思想，明确了卖场明朗通透的风格。为确保这一风格，在寸土寸金的黄金销售区域，坚持通道的宽敞，主通道不少于 2.3 米，自选区设施间的距离亦在 1.3 米以上；为形成视野宽敞的商品展示，所有陈列设施高度在 1.4 米左右；柱面采用简单喷白处理。整个卖场宽阔异常，具有强烈的通透感。赛特还采用多层次的立体照明，组合光线柔和明亮，进一步确保了店堂明亮的格调。

在这种环境下，顾客能从卖场内任一位置综观卖场整体布局。宽阔的视野令顾客精神振奋，多了一份自信。顾客在某种理想精神状态的支配引导下，不知不觉地就产生了购买行为。

注重门店外观造型的特点，就如同注意商品包装的特色一样。一件商品在市场上能否畅销，除了讲求门店的商品质量可靠和性能的优质外，还要讲求对商品进行具有特色的包装。因为，包装是展示在商品外表的一层装饰，顾客在柜台上选购商品时，首先看到的就是商品外表的一层装饰。商品的营销者要通过这一层装饰来抓住顾客，新颖、美观、别致的包装能吸引顾客的目光。

同样，门店能否吸引顾客，除了讲求经营商品的质量和优良的服务态度之外，门店外观造型的特色也是重要的。据不完全的调查，一个经营效益好的门店，大多都是外观造型具有特色的门店；一个善于经营的门店，在他们的商品营销的对策中，总有一条是关于商店的外观造型设计的原则，因为，他们把门店的外观造型看成是一个展示商店的包装，相信具有特色的包装才能够占领商品的经营市场。

让门店形象靓起来

好的形象设计，可以加深门店在消费者中的印象，带来更多的潜在顾客。

1. 形象塑造的基本原则——差异性原则

塑造企业形象必须突出连锁企业的个性特征，这样才能为在众多企业中被公众所记忆、识别，并产生良好的评价。

不同行业、不同企业都有与众不同之处，企业的顾客对企业也有不同的期望与要求。企业形象塑造要突出行业特点，特别是体现本企业鲜明的个性和过人之处，形成与同行业的明显区别，这样才能在市场中独树一帜。总之，贯彻差异化原则，可以确保企业形象的塑造与传播收到十分圆满的效果。

2. 塑造门店形象的方法

（1）把握社会公众需求。门店形象的构成非常复杂，表现在门店形象各因素的全方位、多层次性，既包合其内部影响因素，又包含了影响门店的外部因素。内部影响因素可以控制，而外部因素是无法直接控制的。因此在塑造门店形象过程中，需了解社会公众的需求并把握消费者的需求。

（2）以亲民为经营核心。以便利店为例，便利店区别于其他商业形态的一个重要特色就是亲民。便利店向消费者和社会公众所展示的形象就是为消费者日常繁忙的生活提供便利、多样、快捷的商品和亲切的服务，这些因素是便利店区别于其他零售店的根本，是在便利店形象塑造时必须要建立的。

（3）品牌共建。如果是连锁店，那么其企业形象的塑造并不只是总部或个别分店的责任，而是需要所有分店和所有员工共同努力。个别分店的参差好坏都会影响消费者对全体连锁店的认可程度，因此所有分店的努力和工作都需要在同一个层次上。

招牌怎样做才更醒目

在繁华的商业区里，消费者往往首先浏览的是大大小小、各式各样的门店招牌，寻找实现自己购买目标或值得逛游的商业服务场所。因此，具有高度概括力和强烈吸引力的招牌对消费者的视觉刺激和心理影响是很重要的。

1. 招牌的色彩

门店招牌的色彩运用一定要温馨明亮、醒目突出。色彩在客观上起到吸引消费者的作用，因为人们总是先从视觉上感受色彩，再过渡到内容上的。在图案、字体的选择上，也应充分考虑所从事的行业特性和目标消费群体的审美习惯。

2. 招牌内容的表达要做到简洁突出

简明扼要的招牌不但令消费者过目不忘，还能达到良好的交流目的。为达到最有效的传播效果，招牌上字的大小应适度，使其具有良好的可视性和传播效果。

3. 招牌的装饰

门店招牌在导入功能中起着不可缺少的作用与价值，它应是最引人注目的地方，所以，要采用各种装饰方法使其突出。手法很多，如用霓虹灯、射灯、彩灯、反光灯、灯箱等来加强效果，或用彩带、旗帜、鲜花等来衬托。总之，格调高雅、清新，手法奇特、怪诞往往是成功的关键之一。

4. 招牌文字设计

门店招牌文字设计日益为经商者所重视，一些艺术化、立体化的商店招牌不断涌现。商店招牌文字设计应注意以下几点：

(1) 文字的字形、大小、凸凹、色彩、位置应突显行业特色和个性特征。

(2) 美术字和书写字要注意大众化，中文和外文美术字的变形不要太花、太乱、太做作，书写字不要太潦草，否则，不易辨认，在制作上也会造成麻烦。

5. 招牌文字材质

门店招牌文字使用的材料因店而异，店铺规模较大，而且要求考究的店面，可使用铜质、凸出空心字，闪闪发光，有富丽、豪华之感，效果是相当好的。定烧瓷质字永不生锈，反光强度好，作为招牌效果尤佳。塑料字有华丽的光泽，制作也简便，但时间一长，光泽退掉，塑料老化，受冷受热受晒又要变形，因此不能长久使用。木质字制作也方便，但长久的日晒雨淋易裂开，需要经常维修上漆。

6. 门店命名

除了在招牌的形式、用料、构图、造型、色彩等方面给消费者以良好的心理感受外，还应在门店的命名上多下工夫，使之具有较强的吸引力，促进消费者的思维活动，达到理想的心理要求。

（1）文字内容必须与本店所销售的商品相吻合。

（2）文字尽可能精简，内容立意要深，要顺口，易记易认，使消费者一目了然。

吸引过往行人的橱窗

在现代商业活动中，橱窗既是一种重要的广告形式，也是装饰门店店面的重要手段。橱窗设计体现了商店独特的品位，构思新颖、主题鲜明、风格独特、手法脱俗、装饰美观的店饰橱窗与整个店的建筑结构和内外部环境构成的立体画面，就是一道吸引过往行人的亮丽风景。

1. 橱窗设计要点

（1）橱窗的设计应别出心裁，要向消费者展现动感和艺术，避免平面化。

（2）贴近生活，橱窗的设计应使消费者感到亲切自然，若能产生共鸣效果更好。

（3）以反映商店和商品的特色为主，给顾客留下深刻的印象，并且产生过目不忘的效果。

一般来讲，橱窗的宽度要与卖场的整体协调，深度和高度要利于商品的陈列、符合消费者的视觉习惯。另外，橱窗底部要高出人行道30~60厘米，以行人的平视线角度为基准，结合卖场的实际规模而定。

2. 橱窗布置方法

一个布置精良的橱窗，不但能引来顾客关注的目光，而且能使顾客产生某种心理联想，激发其购买的欲望。

3. 综合式橱窗布置

即将许多不相关的商品综合陈列在一个橱窗内，以组成一个完整的橱窗广告。这种橱窗布置由于所陈列商品间的差异较大，设计时一定要谨慎。

综合式橱窗布置主要有三种形式：横向陈列，多为同类商品的展示；纵向陈列，一般用于配套商品的展示；单元陈列，多用于小商品的展示。

4. 系统式橱窗布置

店铺橱窗面积较大时，可以按照商品的类别、性能、材料和用途等不同标准组合陈列在一个橱窗内。其布置方式又可具体分为四种：同质同类商品橱窗、同质不同类商品橱窗、同类不同质商品橱窗和不同质不同类商品橱窗。

5. 专题式橱窗布置

即以一个广告专题为中心，围绕某一特定事件，组织不同类型的商品进行陈列，达到向顾客传输一个诉求主题的目的。专题式橱窗布置多以某个特定环境、特定事件为中心，把有关商品陈列在一个橱窗内。

合理的店内布局

门店的内部布局必须根据店铺的类型、员工数量、商品的数量、季节和业务发展变化等不同情况，因时因地制宜地进行合理布置。

1. 合理布局的要点

合理的门店内部布局设计应按照以下几点进行：

（1）体现本店经营特点。不管何种门店都要合理分布商品，尤其靠店门一侧是顾客出入最频繁的地方，应把商品布置得丰富多彩，使之可以激发顾客的潜在需要。

（2）便于顾客选购。门店在设计布局时应把销售量大、大众化、价格较低、绚丽多彩的商品布置在靠门的柜台；把品种复杂、需要顾客仔细选择的商品及贵重商品，布置在店内较深入的区域；把在消费上具有相关性的商品设在邻近位置，互相衔接，从而给顾客提供选购商品的便利条件。

（3）便于分散客流。经营者应根据专卖店规模、交易次数及季节变化和业务规律，合理分配商品摆放位置，以便使顾客进店后，能平均分散开来，避免出现忙闲不均现象。

（4）适应商品特性。需要观察外观的商品，尽量放在自然光线充足的地点。需要当场试用的商品，其出售位置需要与服务设施相邻，以便于顾客试用或安装，并要有足够的顾客活动空间，以方便进行实地表演和操作示范。

2. 店内布局方式的选择

门店的内部布局一般有以下几种方式：

（1）线条式。即将陈列商品的货架、出售商品的柜台，依墙布置，呈线条状。这种形式不受营业场所大小或墙角弯度的限制，能够陈列展示较多的商品，便于售货人员拿取商品，顾客也可一目了然地选购商品。线条可随营业场所的墙角、弯度变化呈弧线式、平行式、直角式、三角式和四角式等形式。采用这种形式陈列的商品大多挑选性较小，颜色对比比较明显，如服装、鞋帽、文具等。因为线条式柜台货架靠墙，光线欠缺，所以最好不要陈列色泽鲜艳、花样多、选择性强的商品。

（2）岛屿式。在营业场所中间布置成各不相连的岛屿形式，在岛屿中间设置货架陈列商品，形成“店中店”的形式。这种布局应随地形摆设成圆形、长方形、三角形等形状。这种形式可以充分利用自然光线，显示花色品种，便于选购。还可以环绕支柱等建筑障碍，扩展营业场所，美化商店布局。这种布局多用于陈列钟表、眼镜、化妆品、玩具等。

（3）陈列式。即在营业场所中央，设置若干陈列柜、陈列架，展示各种商品，前边摆设若干柜台销售，一般适于服装、衣料等。

以上三种形式主要适用于百货、副食、糖烟酒、纺织等商品的经营。另外，水产商店的鲜活鱼池，食品店的肉架等，应视商店规模的大小和营业场地的条件，另行布局。

3. 店铺内装潢

门店的装潢效果应该突出商品特色。装潢不宜采用丰富、鲜艳的色彩，不要让装潢的色调来分散顾客对商品的视觉注意力，最好是天、地、墙都采用反光性、衬托性强的纯白色。而且纯白色给人的感觉就是整洁、干净，同时天、地、墙统一色调，会给人造成较大空间的视觉偏差。便利店对店铺层高的要求一般在

3 米以上，但由于所选择的店面多数处于底层，天花板下多数有下水管、电线管、消防管等管道，这时不要安装吊顶天棚，只要这些管道粉刷成纯白色，并将光源置于管道之下即可。这样既可以保证商店的空间，又可以节省费用。

4. 色彩感觉

色彩的冷暖是人们对色彩最基本的心理感觉。在掺入了人们复杂的思想感情和各种生活体验之后，色彩也就变得十分富有人性和人情味了。

一般说来，暖色给人以温暖、快活的感觉；冷色给人以清凉、寒冷和沉静的感觉。如果将冷暖两色并列，给人的感觉是：暖色向外扩张，前移；冷色向内收敛，后退。了解这些规律，对商店购物环境设计中的色彩处理是很有帮助的。

商品形象色。在人们的印象中，不同商品具有不同的色彩形象。对此在设计商店购物环境时一定要考虑到，并给予正确处理。

店堂各部位的色调。首先，色彩运用要与商品本身色彩相协调。店内的货架、陈列台必须为商品的销售提供色调的支持，以衬托商品，吸引顾客。例如，化妆品、服装等应使用淡雅、洁净的色调，音像制品、玩具、礼品等应使用浓艳、对比强烈的色调。其次，色彩运用要与楼层、铺位相适应，创造不同的气氛。例如，多层建筑的一层营业厅或入口处对顾客的第一印象影响大，应使用暖色调，形成热烈的迎宾氛围；地下营业厅沉闷、阴暗，用浅色调装饰，能给人以赏心悦目的清新感受。

色彩运用要在统一中求变化。商店为了确定统一的视觉形象，应设定商店的标准色，以显示商店的独特个性。但在商店不同的楼层或铺位，色调的使用又必须有所区别，形成不同的风格，以唤起顾客的新鲜感，减少视觉与心理疲劳。

5. 货位布局

现代商业竞争日趋激烈，商场销售情况的好坏，在一定程度上依赖于顾客流量，商场的柜位布局已不单纯是商品货架、柜台的组合形式，它还承担着重要的促销宣传作用。合理独到的商场柜位布局，能够吸引更多的顾客前来购物，并能引导他们增加购买数量，提高顾客对于商场的认同感和归属感。

商场柜位布置的要点。在规划商场铺位分割时，一定应注意品类搭界问题：

（1）交易次数频繁、挑选性不强、色彩造型艳丽美观的商品，适宜设在出入口处。如化妆品、日用品等商品放在出入口，使顾客进门便能购买。某些特色商品布置在入口处，也能起到吸引顾客、促进销售的作用。

（2）贵重商品、技术构造复杂的商品，以及交易次数少、选择性强的商品，适宜设置在多层建筑的高层或单层建筑的深处。

（3）关联商品可邻近摆布，相互衔接，便利于购，刺激连带销售。如将妇女用品和儿童用品邻近摆放，将西服与领带邻近摆放。

（4）按照商品性能和特点来设置货位，如把互有影响的商品分开摆放，将异味商品、试音试像商品单独隔离成相对封闭的售货单元，有效减少营业厅内的噪音，集中顾客的注意力。

（5）将冲动性购买的商品摆放在明显部位以吸引顾客，或在收款台附近摆放些小商品或时令商品，顾客在等待结算时可随机购买一二件。

（6）可将客流量大的商品部组与客流量较少的商品部组相邻摆放，借以缓解客流量过于集中，并可引导顾客对后者的联带购买。

（7）按照顾客的行走规律摆放商品。我国消费者习惯于逆时针方向行走，即进商场后，自右方向左观看浏览，可将连带商品按价格由高至低的顺序排列，以方便顾客购买。

（8）选择柜位还应考虑是否方便搬运卸货，如体积笨重、销售量大、续货频繁的商品应尽量设置在储存场所附近。

打动顾客的广告设计

店面广告设计的关键在于是否能简洁鲜明地传播信息。设计时应认真地研究店铺、商品的性质及顾客的需求心理，有的放矢地展现最能打动顾客的广告内容。

1. 广告设计原则

（1）造型简练、效果醒目。要想在琳琅满目的商品中引起顾客的注意，POP广告必须以简洁的形式、新颖的格调、和谐的色彩突出广告的主题文字、动人图片与品牌形象。广告的图文应有针对性地、简明扼要地反映出商品的优点、特点以及购物的额外收获，以及赠送、抽奖等内容。

（2）重视展示设计。店面广告的设计要与商品陈列以及货架的结构等相协调，加强和渲染购物场所的文化艺术气氛。

（3）强调现场的整体效果。由于店面广告具有直销的特点，因此设计者必须深入实地了解店铺的内外经营环境及商品特色，以求简洁明了、准确地传递商品与服务的信息。要突出现场广告的作用，通过新颖的创意、图形、文字、色彩、形式手法去引人关注。要制造及时购买与达成交易的意愿，同时激发顾客后继性关注购买的潜意识，充分地发挥广告的功能作用。

2. 店面广告的类型

（1）悬挂式广告：从天花板梁柱上垂吊下来，易引起注意，而且从各个角度，都能看清楚。

（2）柜台广告：柜台上的店面广告陈列，最能吸引消费者注意力，因而最易让消费者产生购买冲动。

（3）壁面广告：以海报、装饰旗为主，除具有商品告知的功能外，亦能美化商店的壁面。

（4）落地式广告：放置在商店内、外的地板上，材料可使用纸、厚纸板、塑胶、亚克力、金属等。

（5）吊旗广告：装饰在商店内、外，短期内使用，最适合用在促销广告活动的高潮，以及塑造节庆的气氛。以布、塑胶布为材料。

（6）动态广告：依靠店面广告里面隐藏的马达产生动作，例如上下、回转等运动，显示有趣的动作、充满乐趣。

（7）光源广告：在广告内部放入荧光灯，利用其光源将商品的文字、图形照亮。

（8）价目表及展示卡：价目表上写明标价，展示卡上说明商品的特性。此种属于小型的 POP 广告，放置在商品旁、橱窗内或是直接与商品附着一起视觉效果极佳。

（9）贴纸：粘贴在商品壁面、橱窗玻璃、车辆玻璃上的小型印刷物。大多以平面印刷或以合成纸压成凸型。小巧、不占空间、价格便宜，极具广告效果。

（10）橱窗式广告：放置在橱窗内的广告。

第四章　提高门店盈利能力，提升门店竞争优势

门店资源的优化组合需要建立在以顾客为中心的服务理念基础上，表现形式就是通过门店资源的合理使用和布局，提升与消费者的互动性，再通过消费者的积极参与，充分发挥其市场营销的功能。只有做到这一点才能有效实现门店资源的最大释放和优化组合，才能将它变成资本，并通过上游供应商实现门店资源的价值转化，最终实现门店经营的利润获取。

提高门店盈利能力

通过有效的途径可以提高门店的盈利能力，使门店在竞争中处于优势。一般可以通过以下几种不同的途径来提高门店的盈利能力：

1. 通过增加现有顾客忠诚度增加盈利

提高顾客满意度可以提高现有顾客的忠诚度，这意味着有更多的顾客在将来会重复购买该门店的产品。如果一个门店有着很高的顾客忠诚度，它必然会体现在门店的经济回报中，即保证了门店具有一个稳定的现金流。同时，顾客的忠诚度越高，他们可能继续从同一个门店购买产品的持续时间就越长，门店就可以获得更高的累计价值。顾客忠诚度的提高会增加一个门店顾客资产的价值，从而提高门店的盈利性。

2. 通过降低现有顾客的价格弹性来增加盈利

许多研究表明，对产品或服务满意度高的顾客更愿意为他们得到的产品或服务支付成本，并且更有可能容忍价格的上涨，这意味着企业可以获得较高的毛利率。与此相对应，在行业内出现激烈价格竞争的情况下，高的顾客满意度可以保持较低的降价幅度，减少利润损失。相反，低的顾客满意度将导致高的价格弹性，致使企业顾客追求低的价格，顾客流失率会很高，而要吸引竞争企业的老顾客作为本企业的新顾客将会付出高昂的成本。

3. 通过降低交易成本增加盈利

任何企业要保持和吸引顾客都是有交易成本的。最典型的交易成本是花费在广告、促销、公共关系、人员推销等领域。

研究表明，高顾客满意度可以降低交易成本，主要体现在三个方面：

第一，保持一个老顾客的成本仅仅是吸引一个新顾客成本的 1/4 左右。如果一个企业拥有很高的顾客满意度，它就拥有固定的老顾客群，不需要花费更多的钱来吸引新的顾客，从而节省交易成本。

第二，满意度高的顾客很可能以更高的频率购买更多的产品，并且有可能直接购买这个企业提供的其他产品或服务。

第三，满意度高的顾客传播正面口碑的可能性更高，而传播负面口碑的可能性更低；各种媒体也更有可能传递该企业正面的信息；企业所做的广告和促销活动将会更加有效。

4. 通过减少失败成本来增加盈利

一个持续提供高满意度产品或服务的企业在处理产品退货、更换、修理、返工，以及处理顾客投诉上所花费的资源更少。

5. 通过提升门店声誉来增加盈利

高的顾客满意度会给门店带来良好的声誉。对顾客来说，试用一个具有良好声誉门店的新产品，风险较小，这使门店在推介新产品时更易吸引消费者的注意。好的声誉对于门店还有“光环效应”，从而有力地帮助门店获得其他重要资产，例如，增加品牌无形资产等。

总之，通过提高顾客满意度，门店可以在许多方面增加盈利，从而更有效地实现企业生存和发展的目标。

快速提高门店信誉

市场竞争是产品的竞争、质量的竞争、价格的竞争、服务的竞争、人才的竞争。然而这种种竞争，最终归结于信誉的竞争。信誉是门店的经营之本，要确保门店的长期信誉，就要在顾客的心中树立良好的形象，门店就必须对顾客、对商品负责到底。

1. 杜绝假冒商品

商品质量是门店的生命，只有严格保证商品质量，才有可能得到顾客的信赖，在本行业获得成功。门店有义务保证商品的质量，处处为顾客着想，反过来顾客也会为门店着想，不仅仅成为门店的常客，还会为门店带来新的客源。

2. 包退包换

当顾客要求退货或者要求换货时，门店工作人员要用销售时的热情来对待。现实的情况是，有的门店虽然会给顾客退货或者换货，但是态度却是冷冰冰的，这就会给顾客留下不好的印象，从而减少来店铺购买的次数。所以，门店要改变这种服务态度，建立良好的店誉，为以后的发展铺平道路。

3. 赔偿顾客的损失

聪明的经营者在给顾客造成损失时，不仅道歉和退换货，还会赔偿顾客的损失。他们不怕赔偿，赔偿顾客的损失并不可怕，只怕没机会。这种“顾客第一”的服务态度，自然而然地就将其他竞争者比下去了。当赔偿金额下降的时候，也就证明了服务质量在上升。这时候不仅顾客满意，而且门店又赚钱，口碑也好，一举多得。

4. 加强售后服务

服务质量越来越被人们看重，尤其是售后服务。许多同类商店在其他方面都不相上下，竞争的胜负就决定于售后服务。

提升竞争力的四要素

门店要提升自己的竞争力，主要从商品、价格、服务、环境这四个要素入手，去改进提升。

商品要素主要包括商品组合、商品结构、新品引进的快慢、滞销品的淘汰、商品的陈列、商品的补货及缺品缺货控制、商品周转等因素，每一因素都会影响门店商品力的发挥。商品结构要站在所覆盖商圈的消费者角度来考虑，要深入地去思考这些消费者（关键是给门店带来主要利润的目标消费群体）想要什么，哪些在我们这里和别处已经被满足了，哪些还是空白，整体的消费量还有多少，经过这样的思考，我们去调整商品结构也就不会盲目跟风了。

价格就是门店的价格策略，门店的惊爆价商品、低价商品、较低价商品以及正价商品的组合结构是怎样的？你是如何在门店之外向顾客传递这些价格信息的？你又是如何在门店内向顾客传递价格信息的？这些问题如果都把握得比较适度，那么在价格策略方面就有一定的影响力了。

服务是我们能否站在顾客的角度为顾客提供他所期望的服务，服务的境界就是能够不断超越顾客的期望，在每一个细节上为顾客着想。当我们一直以来都把目光聚焦在门店的氛围营造、货品管理和导购员销售能力提升的时候，我们忽视了一个很重要的因素，销售人员的服务意识和服务技能。为什么门店服务现在变得越来越重要呢？从海底捞的成功经验中，我们可以发现门店的很多内容都可以复制，唯一无法复制的就是员工的服务意识。如何把标准化的服务转变成人性化、个性化的服务，让每一名顾客都觉得受到了尊贵的接待，从而在情感上得到最大的满足，正成为很多门店管理者关注和思考的事情。

环境包括门店的购物通道，门店的灯光、色彩、声音、气味等门店的整洁卫生程度等，这些因素会影响顾客对门店的感知，是决定顾客对门店印象好坏的一个很重要的因素。在一个好的购物环境中购物，会让人身心愉悦，产生更高的购物欲望。简单说就是“来了不想走，走了还想再来”。因此，近几年许多大卖场都在想方设法提高自己的购物舒适度，尽量扩大内部空间，加宽购物通道，增加照明，提供优美的音乐，增加内部通风设施等，其目的就是希望顾客在购物时得到一种享受，将购物休闲化。

总之，门店与门店相竞争的话，首先就是从商品的质量下手，然后再从价格着手。从各方面出发，在各项服务上都最大程度地满足顾客的需求才是上策。

提高顾客满意度的要点

随着零售市场竞争的日趋白热化，门店之间的竞争已开始从基于商品价格的竞争转向基于顾客资源的竞争，顾客资源正在逐渐成为企业最为重要的资源。关注顾客、研究顾客、探讨如何使顾客满意已经成为门店取得竞争优势不可或缺的要素。提高顾客满意度，已经成为成功门店最基本的战略目标和竞争手段之一。

1. 顾客满意度的基本特性

（1）主观性。顾客的满意程度是建立在其对产品和服务的使用体验上，感受的对象是客观的，而结论却是主观的。它与顾客自身条件如知识、经验、收入状况、生活习惯、价值观念等有关。

（2）层次性。心理学家马斯洛指出人的需要有五个层次，处于不同需求层次的人对产品和服务的评价标准不同，因而不同地区、不同阶层的人或同一个人在不同条件下对某个产品或某项服务的评价可能不尽相同。

（3）相对性。顾客对产品的技术指标和成本等经济指标通常不熟悉，他们习惯于把购买的产品和同类型的其他产品，或和以往的消费经验相比较，由此得到的满意度具有相对性。

（4）阶段性。任何产品都有生命周期，顾客对产品的满意程度来自过去的使用体验，是在过去的多次购买和服务中逐渐形成的，因而呈现出阶段性。

2. 提高顾客满意度的要点

（1）发挥销售人员的聪明才智和主动精神。店铺要取得发展固然要有“硬件”，要逐步改善物质条件，增加设施。不过关键还在于“软件”，主要是销售队伍的素质和管理水平。这一点绝不可忽视，因为它可以在某种程度上弥补物质条件的不足，是增强店铺竞争力的主要因素。

（2）平等对待所有顾客。店铺必须平等对待所有顾客。我国从古代流传至今的经商谚语“童叟无欺”也包含了这个意思，即不应该使顾客感到他受到了歧视。例如，要是让小孩感到被歧视了，就会影响家长对店铺的看法，孩子们也会对店铺进行评论。特别要注意的是有的店铺对老顾客倍加照顾，频频招呼，而对第一次来的顾客却不理不睬，这是极端错误的。有些顾客是一次也得罪不得的，虽然不一定是消费的主体，但是是宣传的主体。

（3）重视分别接待。对顾客分别接待是搞好服务的基本课题。分别接待就是有针对性地提供服务，尽可能地满足不同层次顾客的实际需求和心理需要，就是把每一个顾客都当做“个人”来接待。如店铺可以对老顾客实行联谊制，通过联谊活动、优惠活动加强与他们的联系，了解他们消费需求的变化。

（4）恰当使用营销用语。

在提供服务中，一个很大的问题是营销用语常常与顾客使用的语言存在差异，这是销售人员把自己的语言即营销惯用语强加给顾客造成的。店铺销售人员应尽量使用销售的基本礼貌用语，同时，在与顾客交流中要吐字清晰，说话速度适中，便于顾客理解。

（5）树立销售人员的服务观。从事销售工作的人不应是被动地承担所赋予的工作，而是通过自己的工作积极地发挥参与社会的作用。销售人员也是一种专业人员，有的国家或地区在服务业的一些工种中采用许可证制度，只有达到一定的条件才能从事某一服务工作。另外，国外的零售企业对其成员明确提出具体的服务标准和守则，以统一销售人员的服务观，并且要求销售人员持证上岗。

第五章　不同类型门店的经营技巧

有这样一个现象，一个高利润行业的企业与一个低利润行业的企业年收益相差不大，甚至前者的收益还不如后者，这是因为高利润行业就像一块诱人的蛋糕，大家都拥进这个行业，造成行业竞争激烈、利润率高但成交率却很低，而低利润行业则相反。

化妆品店经营技巧

化妆品店是指以销售各类日化产品为主营业务的零售店，通常有日化商店、日化超市、化妆品品牌或品类专卖店、兼做基础皮肤护理但以销售化妆品为主的美容店。

经营化妆品店，看上去很容易，但做好却不是一件容易的事。每个成功的店面都有自己的成功之道，提高营业额是每一个店长的目的，但如果急于快速把钱赚到手，就忽视了很多重要环节：

1. 经营模式的确定

化妆品行业销售渠道未来的发展，应该是专卖店与大型百货商场、大型超市三足鼎立的局面。百货商场的专柜走的是高端的路线，吸引一些高消费的群体；超市是大而全的发展思路，产品包罗万象，以出售产品换取利润；而化妆品专卖店要想成功经营，必须走差异化路线，要有特色化的经营思路，做到小而精。除了销售特色化的产品外，还能为顾客提供更贴心的服务，这样在激烈的市场竞争中才会有一席之地。

如果确定要开一家化妆品专卖店，那么首先就要把专卖店的经营模式确定下来，你是要经营一个品牌的化妆品，还是要经营多个品牌的化妆品。除了护肤品外，是否还要在店铺中销售一些生活护理用品（比如洗发水、香水、沐浴露等）、营养食品等。

2. 品牌的选择（或选择进货渠道）

其一，单一品牌的化妆品专卖店，一般采用的都是连锁加盟的形式，由品牌主授权加盟商在当地销售他们的产品或者为顾客提供相应的服务。比如一些知名品牌的专卖店，加盟这样的店一般安全系数比较高，由品牌主直接给加盟商供货，省去了中间环节，不用担心假货、水货以及货源不足等问题。只是可能品牌主对加盟商要求比较高，投资要稍微高一点。此外，一定要选择合格正规的品牌。首先是合法的，证照齐全，否则是不值得考虑的，然后是它的产品文化、品牌背景、包装设计、价格定位、理念诉求及营销通路的选定都是完整而协调一致的，不混乱不矛盾。例如有些产品打着洋品牌的旗号又同时宣称自己为汉方品牌，这样的品牌往往不伦不类，自相矛盾，从而很难被消费者所接受。

其二，选有大规模市场投入的或知名企业重点开拓的品牌或者新品。因为与这样的品牌合作，会在市场运作和支持方面得到较大力度的支持。因为他们毕竟有着相对成熟的市场推广经验和承担市场责任的能力，可以降低风险，尤其对刚入行的经销商比较合适。俗话说，背靠大树好乘凉。

其三，要掌握其他区域市场对你所选择品牌的反映。这里包括经销商即同行们对厂家及产品的反映和消费者对于产品质量的反映。要选择一个品牌，最好是到该产品销售的地方去了解一下，全面地听取其他各地的老板们和消费者的意见，就会对品牌有客观的认识。这也需要有自己的分析，毕竟不是同一个地方，会有一定的地域差异。但不管怎么说，一个品牌运作了一段时间，连一个像样的市场都没有做起来，那么这个品牌做好的希望就很渺茫，接手之后会很累，也很难做好。

其四，一般的厂家不会跟专卖店直接合作，都是由代理商来操作的。这就需要我们充分了解代理商的销售政策和营销思路，研究他的整个的市场运作方案是否详尽完整、客观实用、可操作性强；有没有较强的市场支持（人员、策划方案、物料、广告等）；做终端的品牌有没有严格的区域保护和良好的服务（及时的货物配送和调换）。

3. 创立知名品牌

创立知名品牌、建设百年名店是宏图大略的经营者梦寐以求的目标。当然，打造品牌名店绝非一日之功。经营者首先需慎重选择合作伙伴，严把进货关；其次要在提升店面形象的同时，加强员工素质养成与顾客服务；其三应善于利用社区客情优势，促进专营店与忠诚顾客之间的双向互动；最后要酌情进行广告投入，扩大专营店的知名度和美誉度。

4. 在“专”字上下工夫

正如专营店店名所显示，经营中要在“专”字上下工夫，一方面以专业的美容咨询、专业的疑难诊断、专业的皮肤护理形成差异化经营特色，抗衡商超卖场的冲击；另一方面，可考虑形成精细化的品类专卖店，如香水专卖店、彩妆产品专卖店、男士化妆品专卖店等。

5. 推行连锁经营

立足长远来看，成本领先将是建立竞争优势的主要手段之一。因此推行连锁经营，不但可统一店面形象，有助于形成并提升自有品牌，而且更可通过规模采购大幅降低销售成本，并凭借销售网络分布广泛、大批走量的资源优势，赢得厂商更大的支持，从而迅速壮大专营店综合实力。

儿童玩具专卖店经营技巧

外国人说，条条大路通罗马。中国人说，只要做的精，行行都能出状元。玩具行业也不例外，新手比起老手需要更大的勇气、毅力和努力。经营儿童玩具店有哪些方法技巧呢?

1. 先了解市场行情

儿童玩具专卖店经营者要对市场流行敏感。目前动漫业涉及面极广，周边产品多，因此开店前，一定要先了解市场行情，如当前最流行的动漫游戏和游戏机机型等，再根据自己的专长和市场走向，确定以哪种类型产品为自己的主营点，一开始不能什么都做，要慢慢积累才能形成规模。

2. 注意店址选择

儿童玩具专卖店选址要跟着年轻人走，动漫是年轻人的“玩意儿”，特别是20世纪80年代后的青少年，他们这一代人身上深深地烙有动漫情结，而这群消费者中又以学生为主。在儿童玩具专卖店里，经常可发现穿着校服的学生们，一般来说，有一半顾客都是学生，因此店面最好选择在学校、地铁站附近或者大型居民区、商业街，一定要选择人流通频繁的地段。

3. 装修要醒目

儿童玩具专卖店的目标客户多数为白领一族和学生。白领一族的消费能力较强，而且消费的随意性比较大，通常是走到哪里就买到哪里，故店面装修一定要醒目，并配以海报、招贴画、宣传彩页等。

4. 规划好进货

在进货时，应注意价值千元以上的儿童玩具不要进太多，每种准备三四套，等货卖得差不多了再去进。如果存货太多，则会占用大量资金，使得小店有很大的存货压力。在百元以内的儿童玩具，特别是价位更低的儿童玩具，则应保持流畅的进货渠道，以备随时补充。

5. 注重产品品质

儿童玩具专卖店进货要注重品质，坚持卖正版，不要只图眼前利益。有些商家为了降低经营成本，到劣质产品生产商那里进货。从短期经营来看，盈利比卖正版要多，但从长远的经营来看，这种做法是在自断财路。

6. 营造氛围

为了增加真实性，强化产品特色的生产工艺，可以在墙上张贴该品牌宣传海报，电视里滚动播放产品的宣传片，让消费者能直观地看到和感受到。

7. 服务是关键

无论是对待顺路进来逛逛的路人，还是对待处于信息收集状态的消费者，销售人员都要保持一致的服务态度，作到热情、周到、耐心、细心。

8. 适当做促销活动

在专卖店的经营过程中，适当地做做促销活动，不仅能够解决库存，提高销量，同时还能够吸引更多的顾客，提高知名度。但是需要注意的是儿童玩具专卖店做促销活动不宜太频繁，以免对品牌造成很大的伤害。

想要成功经营一家儿童玩具专卖店，店长在实际操作的时候，就应该把理论知识付诸实践。只有这样才能获得较大的发展空间，赢得儿童玩具行业的同行竞争。

服装店经营技巧

经营服装店要经过多方面的努力，环环相扣、步步为营，同时还需要众多技巧。

1. 服装店店内效果

人们进店看到的首先是一种效果，这种效果并非仅仅靠服装款式本身能够形成，其他的很多相关因素都会影响到整体效果。这些不仅与服装购买者的心情有关，也与商店的品位、可信度有关。不妨在服装店里安装一大幅面镜子，不仅在视觉上扩大了店铺的空间，也方便了顾客试衣。

2. 货柜布置合理

想要经营的服装店生意好，合理的货柜布置是不可少的经营技巧。服装店的货柜布置必须要有利于顾客的行走，并不断走下去，给人以引人入胜的感觉。对于纵深型的店铺，不妨将通道设计成 S 形，并向内延伸。对于方矩形场地的店铺，可以通过货架的安排，使顾客多转几圈，不至于进店后一览无余，掉头便归。

3. 服装类别

选择服装店经营的品种也很重要，可以经营的服装类别有很多种。有婚纱、商业服装、休闲装、街头服装、童装、时装、礼服、内衣、孕产妇服装、特别尺寸运动服等。

商店的名称也很重要，选择一个可以完美匹配所经营服装类别的名称，适当的名字可以让过路人和顾客更容易记住。当考虑到竞争时，要让自己的服装类别独一无二。人们也更容易区分你的服装店。选择高质量的服装批发行和批发市场也会让你的服装店与众不同。

4. 变换服装的摆放

时常合理变换服装的摆放位置，使客人产生一种焕然一新的感觉，这也是吸引顾客的一大法宝。有些服装样式放在某一位置时间太长，由于光线和周围款式的影响等原因而无人问津，这时可以将它们调换位置，与其他款式的服装重新组合，这样会产生一种新的艺术主题，增加了售出的机会。

5. 使用模特展示

在对服装进行合理的分类摆放后，不妨使用一些假人模特进行展示，通常人们都会有这样的一种错觉，认为看到的展示漂亮，自己穿着也会漂亮。

6. 确定好目标消费群体

如今什么个性的服装都有人会穿，其中关键在于，销售的服装目标消费群体是哪类人，这类人群在店铺的人流量是多少，他们的购买力如何，他们有怎么样的消费习惯，根据这些来选择店铺经营主线才是关键，也是根据这些来挑选你销售服装的款式与质量。

7. 促销活动

新开业的店，最好做一下促销活动，可以根据店铺的大小购买礼品。很多消费者都喜欢小礼品，可以抓住这样一部分人的心理，帮店铺做好促销。开业的时候，可以进一些塑料盆、洗脸盆，看起来很大，很有诱惑力。还要进一些气球，要带字的那种，有很多小朋友喜欢，大人会带孩子来领气球。记住质量一定要好。开业当天，对提前来到店前排队的顾客赠送礼品。买东西的人都有礼品，商品开业还要打折，把气氛弄得火火的……这样，店铺的生意就会好，很多人都会知道你的店，给人留下一个好的印象。

餐饮店经营技巧

经营餐馆表面上看起来就是找个店面支起炉灶，把菜炒了端给客人。实际上，即使经营一家很小的餐馆，都有很多环节、很多琐碎的事情。原料如何采购最省钱省心？设备怎样配置最合理……有时候，一些环节是否做到位，直接影响着这个餐馆的成败。下面介绍一些经营诀窍。

1. 快餐店

(1) 快餐品种的选择。品种选择是快餐经营的首要环节，它在一定程度上决定着快餐店经营的成败。适合中式快餐经营的品种主要可分为三大类：

第一是米饭类。如炒饭、烩饭、盖浇饭等。

第二是面条类。如汤面（包含炸酱面、煎蛋面、牛肉面等）、炒面及类似于面条的肥肠粉、桂林米粉、云南米线等。

第三是面点类。如包子、蒸饺、烧麦、煎饼等。

以上这些都是方便快捷的食品，如饭食、面条或米粉，顾客下单以后能够快速制作，而面点则能够事先成批制作好，如果顾客需要即刻上桌。这样既可使顾客快速就餐而不致久等，同时也提高了快餐店的餐桌利用率，客观上增加餐馆的营业额。

但需要留意的是，任何快餐店经营的品种都不可过多过杂，否则既会使你的快餐店显得没有特色，也无形中加大厨房的工作量，并使整个快餐店变得难以运作。

（2）市场定位准。快餐历来以方便快捷、物美价廉为主要特点，以社会大众为主要服务对象，故任何中式快餐的定位都一定是大众化的、中低档的。档次高的快餐富人不来吃，穷人又吃不起，即人们常说的“高不成，低不就”。以目前成都市的餐饮市场为例，中式快餐除了品种大众化以外，其价位也大都定在 5 元左右，即一个消费者只需花上 5 元，就能够吃上一顿快餐。

目前的中式快餐最受工薪阶层，特别是工薪阶层中的白领、学生及流动人口的欢迎，所以，快餐店的位置应选择在工厂、写字楼、商业繁华区、学校及车站、码头、交通要道等附近，这样才能保证有充足的客源。

（3）合理的人员分工。以一家店堂面积为 30 平方米的快餐店为例，厨房估计需要 3 个人，即一个人负责制作饭食，一个人负责制作面条，另一个人负责制作面点（如果同时经营三类快餐品种的话）。前堂也估计需要 3 个服务员。另外，最好再配一个厨房的机动人员，专门负责洗盘子、洗碗，以保证营业时间内碗盘的需求。

（4）注重卫生。快餐店除了物美价廉之外，方便快捷和整洁卫生算是其另一个主要特点。无论是厨房的厨师，还是前堂的服务员，动作都一定要熟练快速，以满足顾客来了就吃、吃完就走的需求。快餐店的全体人员既要分工明确，又要相互配合，那样才能达到整体快捷的效果。快餐店的店堂、桌椅、餐具、厨具等都要勤于打扫，工作人员还应该留意个人卫生，总之要随时保持快餐店整洁舒适的形象。

2. 小吃店

小吃能满足食客的口福，而且价格适中，花钱不多，特别适合于工薪消费者。特色，最容易引起食客的购买欲望。因此，不管在什么地方，特色小吃店都很受欢迎，生意兴隆。

经营特色小吃店应注意以下问题：

(1) 店址选择至关重要，一般应选在商业区或者文化娱乐区。

(2) 突出“特色”二字，食物重在精美味奇而不在数量多少。引进外地的小吃品种宜尽量与本地小吃风味迥异。

(3) 特色小吃特点在小，品种则以多为佳，配成系列套餐更有吸引力。

3. 甜品店

甜品店应迎合孩子和恋爱中青年男女的需求，甜品是老人和小孩都喜爱的食品，只要不是粗制滥造，极容易被食客接受。甜似乎只有一种味道，其实不然，配以桂花、冰橘、果仁、果脯、奶油等材料，或选用红豆、莲子等为原料，则可做出五花八门的风味甜食。

经营者注意以下方面，方可保证不赔。

第一，目标顾客。

有人说，做小本生意跟做大生意一样；要做女性的生意，一定大有作为。所以开设甜品店前途看好。有人误认为女性比男性更喜爱甜食，其实是个错误。事实上，口味的喜好并无性别之分，许多男性也喜爱甜品。不少年轻女子为了保持苗条身段（或为了减肥），往往视甜食为洪水猛兽，所以经营甜品店不能将宝押在年轻女性身上，要做大众生意。

第二，地点选择。

人流量大的地点即可。最好设在商业区、大型市场附近、电影院旁、工业区宿舍群、办公楼集中地等。客运站、码头和大酒楼附近则不宜，因这些地段店租高，且人们来去匆匆、腹中不饥，无意光顾甜食店。

第三，店面布置。

最基本要做到清洁光亮，窗明几净。用大笔金钱装修店面绝对没有必要，顾客食用甜品时，很少关注门面是否豪华，他们更关心食物的口味、营养与卫生。只要甜品质量过关，店面整洁美观，就不愁没生意。甜品店比其他小店更应该注意选购高雅脱俗的碗碟，使顾客一看餐具就产生舒心感觉，认为这个店够品位，值得再次捧场。

第四，价格方面。

最好是大众化的价位，每碗甜食的价格约在2~5元之间，加不加糕点、鸡蛋、饼子由顾客自行决定，不要搞“拉郎配”，否则容易引起不满。品种方面，不可贪大求全，如果你一个人既当老板又当伙计，那么七八个品种就够你忙得团团转；如果有一人帮忙收款、做杂务，则十几个品种就已经足够；如果有帮工三四人，那么品种应在20种以上。

价钱便宜、品种繁多固然很重要，但是更关键还是味道。凡是与吃有关的行业，都要注意顾客的口味，吸引回头客的最佳方法是具有独特风味。有时候把快要卖光的甜食再烹调一次的话，店主必须自己先尝尝是否保持原味，如果口感不佳，干脆倒掉，以免卖坏招牌，因为甜品的成本实在有限，不要因小失大。

烹煮甜品时应抱着宁精勿滥的原则，卖完之后再进行适量烹制，以保持产品新鲜，因为甜品最忌隔夜。如果有意抬升顾客的消费额，可以将几个品种组成一个套餐出售，如红豆汤加蛋糕、绿豆汤加甜饼或加草莓为一组。另外，甜品也讲究季节性，冬夏种类应略有变化，酌情增减。

服务性门店经营技巧

1. 洗衣店

要想经营好一家洗衣店首先要把为顾客服务放在第一位，让顾客满意才能更好地生存和发展，才能赚钱。面对激烈的竞争，顾客越来越分散，利润越来越薄，对于一个刚刚开张的干洗店，怎样才能在洗染业分到一块蛋糕、生存下去并且发展呢?

首先你要了解一些关于干洗、水洗的有关知识，再掌握一些基本的服装洗涤技术。到当地已经营业多年的干洗店考察，调查洗衣价格，知己知彼才能百战百胜。这是要开干洗店最基本的要求。

其次是要熟练掌握洗涤技术和熨烫技术。洗涤技术包括干洗、水洗和洗前去渍处理，这些最好找一个工作比较仔细或用心的有经验的师傅来做。这是你能否开好干洗店的主要环节。

第三是熨烫的水平是给顾客的第一感观认识，所以说熨烫师傅也是一个很主要的角色。

第四是前台收衣服的人是决定洗衣店经营好坏的第一环节。前台服务是传送给顾客的第一感觉，热情规范的服务工作还要加上专业知识才能留下第一次光临门店的顾客，最后把简单的满意服务提升为超值服务，这样才能留住你的“钱源”。另外现在的服装面料越来越多，新品层出不穷，加上款式变化多样，有同类面料相拼的，有不同面料相拼的，更有不同面料、不同颜色组合的变化，店主要不断更新这方面的知识。只要方方面面都做好，才能把你这个洗衣店开好。

2. 美发店

爱美是人之天性，美发业历久不衰，前景广阔。新一代美发店以吹烫流行发型为主要经营业务，青年男女是其主要服务对象。

经营美发业的诀窍在于:

(1) 选好店址。居民相对集中的地区是最佳地点，商业区、各种娱乐场所、商业服务中心、工厂区也是理想场所。

(2) 店内装修整体格调宜简洁、舒适。工作镜与座椅之间距离要适中。

（3）店员选择宜分大、小工两种。大工即发型师，技艺要高超，且能说会道。小工服务人员宜相貌俏丽、活泼。二者相得益彰。

（4）店外要适当打出美发标志，强化宣传。

（5）讲求服务质量与服务态度。好的发型师能掌握一批熟客。

（6）可兼做些美发用品生意。这样既可降低成本又可增加收入。

第六章 以有效的商品陈列，引起顾客的购买欲

※※※※※※※※※※※※※※※※※※※※※※※※※※※※※※※※※※※

顾客在购物当中，最在意的永远是产品。顾客只需一眼就可能决定是否进店。因此，店面给顾客的第一印象非常重要，尤其是产品陈列，一定要有特点，要吸引人。

※※※※※※※※※※※※※※※※※※※※※※※※※※※※※※※※※※※

商品怎样摆放才更吸引人

在零售行业竞争日益激烈的今天，各种促销手段均最大限度地被零售商利用。同时商家在店铺、卖场里利用各种技术、手段来营造气氛以促进销售。商品陈列技巧更是成为零售商素质的一个重要考核指标之一。商品陈列其实是需要用心的细致活，如果能按照基本的要求执行便能有效地提升门店卖场形象，促进销售。在商品陈列展示中应当遵循以下几大原则：

1. 整齐

整齐是商品陈列基本原则之一。即要求导购人员在摆放商品时要按商品的体积、分类、细类及等级、价格、颜色等方面的特征，分门别类地陈列摆放，使之一目了然。

2. 清洁

卫生对商品的形象和吸引力也是非常重要的，洁净的商品使顾客有赏心悦目的感觉，而不洁净的商品则让顾客认为商品陈旧、品质差、档次低。因此门店一定要做好商品及货柜、货架的清理、清扫工作，及时更换卫生状况差的商品。

3. 有序

有序即要求在一定时期内固定商品的摆放货位，并随季节、需求量等的变化适当调整；商品的说明、标牌、价签、POP 广告等均应面向顾客摆放。

4. 充足丰满

商品的陈列要尽可能将同一类商品中的不同规格、等级、颜色的品种都展示出来，这是应该牢记的另一个商品陈列基本原则。充足丰满陈列扩大顾客的选择范围，同时也给顾客留下了商品丰富的好印象。目的是通过丰富的品种来吸引顾客，刺激顾客的购买欲望。

5. 方便顾客选购

商品应陈列于便于顾客取货的位置；争取较好的陈列点，争取使顾客能从不同位置、方位取到商品；保证货架上有 80%以上的余货，以方便顾客选购；避免将不同类型的商品混放，助销宣传品（POP 广告）不要贴在商品上。

6. 刺激顾客购买欲

店内光线充足，无暗处与耀眼灯光。摆放商品时尽可能考虑消费者购物习惯，这样能最大限度拉近顾客与产品的距离，刺激顾客消费欲望。

7. 显而易见

在眼球经济时代，谁的商品能够抓住消费者的注意力，谁就是赢家。商品陈列要让消费者显而易见，这是达成销售的首要条件。让消费者看清楚商品并引起注意，才能激起其冲动性的购买心理。所以要求商品陈列要醒目，展示面要大，力求生动美观。

8. 重点突出

在一个陈列架上陈列一系列产品时，除了达到全品项和数量最大化之外，一定要在醒目的位置突出主打产品，这样才能主次分明，让顾客一目了然。

9. 价格醒目

标示清楚、醒目的价格牌，是增加购买的动力之一，既可增加产品陈列的宣传效果，又让消费者买得明白。还可以写出特价和折扣数字，便于消费者对同类产品进行价格比较。如果消费者不了解价格，即使很想购买产品也会犹豫，从而丧失一次销售机会。

常用的店铺陈列方法

店铺陈列影响顾客购买，良好的店铺陈列可以提高高达 15%~30%的销售额。陈列是怎样影响顾客的呢？或者说怎样陈列才能吸引到顾客呢？

1. 商品陈列方法

（1）整齐陈列法。整齐陈列法是指将商品按一定层面整齐堆放在一起的方法。它是一种非常简洁的陈列方法。通常按照货架的尺寸确定商品的排列数，整齐地排列堆积即可。此方法旨在突出商品的量感，使顾客感觉到该商品在数量上非常充盈，以调动顾客的购买欲望。饮料、罐装啤酒常用这种陈列方法。另外有些季节性商品、折扣商品、购买频率高、购买量大的商品常用这种陈列方法。在运用时，需要注意商品外包装必须是不易变形的。

(2) 集中陈列法。集中陈列法就是把同一种商品集中摆放在一个地方的方法，这种方法是店铺商品陈列中最常用的一种方法，主要适用于快速消耗品。

(3) 随机陈列法。随机陈列法是指将商品随便堆放在固定货架上的方法。理货员在上货时，将某商品随机堆放在固定的货架上就可以了，不讲求陈列造型或图案。这种方法主要用来陈列特价商品，给顾客留下“特价品就是便宜品”的印象，诱使他们产生购买冲动。常见的随机陈列用具主要有四角形和圆形的网状盛器，有时也用特价牌，牌子上面既有原价，也有现售价，一看便让人怦然心动。

随机陈列法的网状盛器在卖场中的摆放位置与整齐陈列法基本相同，也可以放在陈列架之间的过道内，紧贴着货架的一侧摆放。

(4) 突出陈列法。突出陈列法也称为突出延伸陈列法，是指在店铺的中央陈列架的前面突出来一部分，用来陈列特殊商品的方法。

突出陈列法不仅打破了一般陈列的单调感，而且扩大了货架的陈列量，并将商品强迫式地映入顾客的眼中。突出陈列法有多种做法，有的在中央陈列架上附加延伸架，据调查这可以增加近两倍的销售量；有的将商品直接摆放在紧靠货架的地上，但其高度不能太高，否则就会影响背后的货架陈列。

(5) 悬挂式陈列法。悬挂式陈列法是指将扁平形、细长形等无立体感的商品悬挂起来的一种陈列方法。悬挂式陈列能使顾客从不同的角度来欣赏商品，具有化平淡为神奇的促销作用。有些商品由于物理性方面的限制，其外观平淡无奇，不足以打动消费者，运用悬挂式陈列方法可以增加它的观赏性，加大了售出的可能性。

(6) 关联陈列法。关联陈列指将不同种类但相互补充的产品陈列在一起。运用商品之间的互补性，可以使顾客在购买某商品后，也顺便购买旁边的商品。它可以使得门店的整体陈列多样化，也增加了顾客购买商品的概率。它的运用原则是商品必须互补，要打破商品各类间的区别，要根据消费者实际生活需求进行摆放。

（7）定位陈列法。定位陈列指某些商品一经确定了陈列位置后，一般不再作变动。需定位陈列的商品通常是知名度高的名牌商品，顾客购买这些商品频率高、购买量大，所以这些商品需要用固定的位置来陈列，以方便顾客，尤其是老顾客。

（8）比较陈列法。比较陈列指将相同商品按不同规格和数量予以分类，然后陈列在一起。它的目的是利用不同规格包装的商品之间价格上的差异来刺激他们的购买欲望，促使其做出购买决策。

2. 商品陈列技巧

（1）把握好商品的价格差距。陈列商品时，要减少价格差距。不管有多少品种和品目，如果它们之间的价格差距太大，那么顾客在挑选商品时不仅失去了可比较的对象，而且增大了顾客的购买风险。另外，价格的种类也不宜过多。如果价格种类过多，而且每个品目之间的差距只有 0.2 元或 0.5 元，那么就会给顾客的挑选带来很大的困惑。

（2）商品的种类要多。商品种类多并不意味着单纯地大量增加品种的数量。为了使顾客感受到商品种类的丰富，可以在不增加品目数量的前提下，将品种按照用途和使用方法细分，并分别加以陈列，同样可以实现种类的丰富。

（3）单品大量陈列。商品的大量陈列并不等同于商品种类的丰富。单品的大量陈列是建立在对商品构成的认真分析的基础之上的。如果不加分析地大量陈列商品，不可能使顾客感到商品丰富。

商品陈列的氛围营造

适合的商品陈列氛围营造是店铺出奇制胜之道。商品陈列氛围营造通过对商品颇具匠心的组合排列，创造独特的视觉效果，而视觉效果则是为了烘托氛围，让消费者被其吸引，使之在选购的过程中增加愉悦的心情并带动销售。

据心理学研究表明，人在接受信息时，83%来源于视觉，11%来源于听觉，其他 6%分别来自味觉、嗅觉和触觉。营造出具有审美价值的商品陈列氛围，才能调动人的情绪、激发人的感情、催生人的购买欲望。

现在有很多房地产开发商销售商品房的时候，喜欢搞一个样板房——在售楼处旁边盖一套与所造楼房户型结构完全相同的房子。有意思的是，样板房并不仅仅是一座毛坯建筑，而是装饰精美、生活用品一应俱全——沙发、电视、席梦思、写字台，甚至挂着油画，摆放着工艺品……完全按照家庭实际生活的样子摆设。这便是卖房的营销技巧。如果仅是光秃秃一套房子，即使装修不错，可里面空空的，客户走进仍难免有冷清的感觉，情绪不容易高涨。而现在，完全按生活实际布置，客户看到一派富丽堂皇、宽敞明亮的景象，很可能就会心动，想象自己买到这里的房子后会是一种什么情景，想象未来的家是什么样子，于不知不觉中进入“角色”。

有一个成语叫“爱屋及乌”，购物也存在类似情况。商品陈列的氛围直接决定着顾客对店铺的印象，在商品陈列上下足工夫，对店铺来说会是事半功倍的效果。

1. 商品陈列氛围营造相关定义

商品陈列：是以商品为主体，运用一定艺术方法和技巧，借助一定的道具，将商品按经营思想及要求，有规律地摆设、展示，以方便顾客购买，是推销商品的重要手段。

商品陈列氛围：指将商品、礼品或物料科学地摆放搭配，提升商品形象和价值，表现出有利于销售的积极形象和氛围。

2. 商品陈列氛围营造的作用

好的商品陈列氛围营造可以起到商品展示、刺激销售、方便购买、节约空间、美化购物环境等重要作用。

3. 商品陈列氛围营造的目的

商品陈列氛围营造的目的在于促进商品销售、凸显品牌形象、制造商品差别和市场差别。

商品陈列氛围营造要包括的因素有：

商品陈列的丰满度、美观度、主推力、系列化、差异化、生动化、档次感、功能性、便利性、促销性等。

商品陈列氛围营造是商品终端销售需要掌握的一个技巧。有效的商品陈列氛围营造能帮助门店更好地销售商品，帮着门店打好品牌效应，帮助门店取得更多的客流量。

商店橱窗陈列艺术

一个店铺的陈列设计，重点在于橱窗设计，而橱窗设计的重点，就在于怎样做出有创意的橱窗。所谓橱窗就是一个店铺的门面，一定要注意设计好门面。

在设计橱窗陈列时，首先必须遵循以下几点：

(1) 橱窗陈列要反映出零售商店的经营特色，使受众看后就产生兴趣，并想购买陈列的商品。

(2) 季节性商品要按目标市场的消费习惯陈列，相关商品要相互协调，通过排列的顺序、层次、形状、底色以及灯光等来表现特定的诉求主题，营造一种气氛，使整个陈列成为一幅具有较高艺术品位的立体画。

(3) 要有一定的艺术感。橱窗实际上是艺术品陈列室，通过对广告产品进行合理搭配，来展示商品的美。它是反映商业经营者的文化品位的一面镜子，是体现企业经营环境文化、经营道德文化的一个窗口。它是商店的脸谱，决定着顾客对它的第一印象，进而决定着顾客的进店率。

商店橱窗陈列具有特殊的立体空间，要求制作者注意以下几点要求：

(1) 背景要求。背景是橱窗广告制作的空间，对背景的要求，类似室内布置的四壁。形状上，一般要求大而完整、单纯，避免小而复杂的繁琐装饰。颜色上，尽量用明度高、纯度低的统一色调，即明快的调和色（如粉、绿、天蓝等色）。如果广告宣传商品的色彩淡而一致，也可用深颜色作背景（如黑色）。总之，背景颜色的基本要求是突出商品，而不要喧宾夺主。

(2) 道具要求。道具包括布置商品的支架等附加物和商品本身。支架的摆放越隐蔽越好。现在常用有机和无机玻璃材料做支架。如果是服装用的道具模特，其裸露部分如头脸、手臂、腿等部位的颜色和形状，不一定同真人一样，可以是简单的球体、灰白的色彩，或者干脆不用头脸，这样反而比真人似的模特更能突出服装特色、更能突出服装本身。

商品的摆放要讲究大小对比和色彩对比，其构图及背景色彩，都可以先在纸上画出平面或立体效果图，以突出广告商品为原则，同时注意形式上的美感。

商品名称、企业名称或简捷的广告用语，可以安排在台架上，亦可悬挂起来或直接粘贴在橱窗玻璃等突出的部位。一个橱窗最好只做某一厂家的某一类产品广告。

(3) 灯光要求。光和色是密不可分的，按舞台灯光设计的方法，为橱窗配上适当的顶灯和角灯，不但能起到一定的照明作用，而且还能使橱窗原有的色彩产生戏剧性的变化，给人以新鲜感。对灯光的一般要求是光源隐蔽、色彩柔和，避免使用过于鲜艳、复杂的色光。尽可能在反映商品本来面目的基础上，给人以良好的心理印象。例如，食品橱窗广告，用橙黄色的暖色光，更能增强人们对食品的食欲；而家用电器橱窗陈列，则用蓝、白等冷色光，对于营造科技感更有帮助。

橱窗是卖场的有机组成部分，它不是孤立的。在构思橱窗的设计思路前必须要把橱窗放在一个卖场中去考虑。另外，橱窗的观看对象是顾客，我们必须要从顾客的角度去设计规划橱窗里的每一个细节。

(1) 明亮度。店内的基本照明须保持一定的明亮度，使顾客在选购参观时，能看得清楚。也可借此突显商品本身的其独特之处。

(2) 陈列高度。商品陈列架的高度一般以 90 ~ 180 厘米最为普遍，而顾客胸部至眼睛的高度是最佳陈列处，有人称此为“黄金空间“。

（3）商品种类的概念。按照商品本身的形状、色彩及价格等的不同，适合消费者选购参观的陈列方式也各有不同。一般而言，可分为：体积小者在前，体积大者在后；价格便宜者在前，价格昂贵者在后；色彩较暗者在前，色彩明亮者在后；季节商品、流行品在前，一般商品在后。

不同的商品进行展示时，由于商品本身的特性不同，以至强调的重点不同，或是展示的方法相异，因而进行说明的方式也不尽相同。因此在商品陈列展示时应多加注意，让您的展示更生动，更能打动客户。

第七章　多说好话不如把话说好，提高成交介绍法

※※※※※※※※※※※※※※※※※※※※※※※※※※※※※※※※※※※※

门店销售是所有销售环节的末端，在整个销售体系中有着举足轻重的作用。而导购则是在门店销售中直面客户的第一人，也是对销售起决定作用的人，因此店长要对导购进行必要的培训。但要做好这项工作绝不是一件简单的事情，需要店长发挥自己的聪明才智，既能让大家学到销售方法，又不会给销售员带来压力，这是店长的首要责任。

※※※※※※※※※※※※※※※※※※※※※※※※※※※※※※※※※※※※

将产品卖点提炼出来，让顾客喜欢选购

从销售的角度来说，没有卖不出去的产品，只有卖不出去产品的人。

顾客:“这款产品的主要卖点是什么?”

导购员 1:“它跟其他同类产品都差不多。”

导购员 2:“您看宣传资料吧，这里都写得很清楚啊!”

导购员 3:“您稍等，我先看一看再告诉您!”

第一个场景中，导购员答非所问，没有清楚回答顾客的问题；第二个场景，这样说话的导购员是不合格的；第三个场景中的导购员业务不熟，是卖不出产品的。

顾客通常只会对独特卖点感兴趣，聪明的导购员总可以找到一个与众不同的卖点将产品卖出去。

导购员:“您好，LD 笔记本专卖，请问您有什么需要?”

顾客:“我想买台笔记本电脑。”

导购员:“好的，没问题，我们这里品牌齐全。您需要什么价位的？对品牌有要求吗？是办公还是娱乐？经常携带吗?”

顾客:“不要太大的，七八千左右，也就是打打字，看看电影什么的。牌子吗，最好好一点。”

导购员:“好的。根据您的要求，我觉得 HB、AD 和 DL 中的几款都比较适合您。具体来看，HB 是国内第一大品牌，质量、服务都不错，但价格过高，有些不值。

“至于 AD，机器虽然便宜，但是售后服务跟不上，全国的维修点非常有限，以后机器出了问题不好修。

“而 DL 既是大品牌，售后又是免费上门服务，保修期内还能免费换新机，还有 24 小时的免费电话技术支持，就是价格高了一点而已，要知道笔记本的总价里有 30%就是它的增值服务费啊。”

顾客:“那么，DL 的哪款机型性价比高一些呢?”

导购员:“我认为 B 款挺不错的，在同等价位中，它的配置是最高的。而且现在这款机型正在搞促销活动，买笔记本加送笔记本锁、摄像头、清洁套装、

128 兆 U 盘和正版瑞星杀毒软件，这可是个很好的机会呀。”

顾客:“好的，我就要这款了!”

产品的独特卖点，可以引起消费者的强烈共鸣，并激发他们对产品的关注和好感。导购员跟顾客推介产品的卖点时，一定要结合顾客的实际需求和喜好，用通俗易懂的语言表达出来，在销售过程中灵活运用，把“要顾客知道”转化成“顾客要知道”。

导购员提炼产品卖点可以从产品自身的特色出发，以产品的外观、参数、性能、功能等为提炼平台，综合各品牌的产品卖点，从中寻找自身独有的市场亮点。卖点提炼主次要分明，主要卖点最多不要超过 3 个。卖点要简明，且通俗易懂，销售人员应该自己先吃透产品卖点，然后转化为顾客能够理解的口语化的文字。例如:

(1) 导购员:“我们这款空调很受欢迎。它的主要卖点就一个字——静！目前空调行业大部分品牌空调的噪声值都在 26~32 分贝之间，而舒适的睡眠环境则需要 25 分贝以下的听觉感受。我们这款产品运行时的噪声可低至 22 分贝，相当于人的呼吸声，远低于国家相关部门 2008 年出台的《声环境质量标准》所标示的 40 分贝噪声值底线。所以这款超静音的睡眠空调一定能有效提高您和家人的睡眠质量……”

(2) 导购员:“我们这款豆浆机主要有两大卖点：精研磨，重口味！这款产品采用了‘五谷精磨系统’和‘文火熬煮技术’。‘五谷精磨系统’是由五谷精磨器和 × 型强力旋风刀组成，利用‘碰撞研磨’的粉碎原理进行打浆，大大提高了粉碎效果，充分释放五谷杂粮的营养精华。再加上使用‘文火熬煮技术’的智能煮浆程序，让五谷豆浆得到充分乳化，做出的豆浆营养更丰富，口感更香浓，更利于人体吸收。您尝一下，这就是这款机子磨出来的豆浆!”

产品卖点是指产品销售的独特主张，即产品具备的别出心裁或与众不同的特色、特点，也就是顾客购买该产品能够得到的具体利益点。独特卖点可以与产品本身有关，有时候，也可以与产品无关。独特卖点与产品有关时，可以是产品的独特功效、质量、服务、价格、包装等；当与产品无关时，这时销售的就是一种感觉。

提炼产品卖点的方法有以下几点：

（1）从产品外观上提炼：从设计的风格、形状、款式、色调、材质、新技术等方面。

（2）从产品功能上提炼：不同于其他品牌的功能卖点。

（3）从产品参数上提炼：注意把技术参数与消费者的心理利益点结合起来，导购员的讲解词要通俗易懂，富有感染力，能让消费者产生共鸣。

促使顾客想象，让他觉得眼前的商品物超所值

顾客确定购买的过程，多是出于感情上的冲动，并不是出于理性的分析。所以，我们让顾客接触产品的同时，不要以语言去刺激顾客，让他集中意念于产品的好处上，这样可以达到强化他的购买的兴趣的作用。

我们在激发顾客想象力时可以运用这些句子：

你有没有感觉到……

你可以想象一下……

假如……

案例：卖花

一位卖花女向一位路过的小伙子推销鲜花。小伙子说："你的鲜花太贵了。"

卖花女说："送给女孩子最好的礼物就是鲜花，假如你的女朋友看到你捧着一束花去见她，她会有什么表现呢？我想她会含情脉脉地看着你，脸上洋溢出幸福的笑容，在众人羡慕的眼光中给你一个最热烈的拥抱。"听到这里小伙子立即掏出了钱包。

运用语言去激发顾客想象力，就是运用一些生动形象的语言给顾客描绘一幅使用产品后带来好处的画面。试想一下，听到这样一段有诱惑力的话，哪个顾客能不动心？

案例：推销牙膏

牙膏的使用价值是：洁齿，令口气清新。

何时何处用：早上和晚上，在冲洗间。

怎样用：针状式出口，用手轻轻压牙膏就出来了，不会浪费。

好处：天天使用会使牙齿更坚固，防蛀牙。

联想到的画面：晚上，经过了一天的辛苦工作，你回到家里，终于可以和心爱的妻子在一起了。你很想紧紧地和她靠在一起，说说生活的不容易。可是，你可爱的妻子却推开你，说你口气有点"杂"，要你去刷牙。一般的牙膏能帮你去掉那股烟酒味吗？不能！而我们的牙膏，你只需要挤出一点点去刷牙，不但令你口气清新，还会让你的妻子产生吻你的欲望。你不正需要这样的牙膏吗？

激发顾客的想象力，就是要促使顾客想象，让他觉得眼前的商品可以给他带来许多远远超出商品价值之外的东西，一旦拥有甚至会给他带来一个新的世界、新的生活。当然，你启发顾客想象应该是基于现实的可能，而不应是胡思乱想。

要激发顾客的想象力，你就需要把商品和真实的情节有机地联系起来，然后在自己的脑海里想象出一幅有趣的、具体的、能打动人心的画面；最后，你要把这幅图画面放电影一样有声有色地描绘给你的顾客听。也就是说，你要把商品带给顾客的利益，通过生动地描述，使顾客在脑海中想象自己享用商品的情景。这就是通常所说的情景销售法。

当然，要成功运用情景销售法，激发起顾客的想象力，需要你具备极为优秀的语言表达能力与联想能力。其实，在与顾客沟通之前，你完全可以事先拟定产品推销词，比如“住在这里，你每天都可以听到海浪冲击的声音，还有海鸥的叫声；你可以闻到松树或刚刚收割的稻秆香气；闲暇的时候，你还可以去逛逛那里的乡村商店，拿起那里的草莓，尝一粒——那酸酸甜甜、花蜜般的味道，要比超市的冰冻货好多了……这种生活，可是只有你们这些成功人士才能享受的。”

突出产品亮点及优势，提高成交率

导购员向顾客介绍产品时，最头痛的是什么？80%导购员会回答：顾客说我们产品太贵，而且不管我们怎么解释都没有效果。

超市里，某个牌子的酸奶正在搞促销活动。一位顾客看见“促销”两字后走过来。

顾客：现在怎么搞促销呀？

导购员：果粒酸奶原价 5.60 元一瓶，现在两瓶 9.60 元。

顾客：哦，那就是平均 4.80 元一瓶，比原价才便宜 8 毛钱？

导购员：是的，很划算，您来两瓶？

顾客：没有刚才我看的 × × 牌子的划算，人家比原价便宜 1.20 元呢，算了还是买那个吧。

针对这种情况，很多导购会说：“× × 牌子的也是果粒酸奶吗？产品不一样吧？”或者说：“不用比较了，我们是整个超市最划算的。”

这样的解释是毫无效果的，顾客不会买你的账。

当顾客觉得贵的时候，我们要做的就是让顾客感到他所购买的产品是物有所值，甚至是物超所值。要做到这一点，导购员必须详细、耐心地讲解所售产品的功能，并让顾客明白这种功能正是他需要的。

上面的场景导购员可以这样介绍：小姐，买酸奶价格是一方面，还要看保质期。我们促销的果粒酸奶都是厂家刚刚到的货，距离保质期还有 20 天呢。而且之所以这款酸奶销售得这么好，就是因为它比同类产品的果肉多，尤其是这款，椰果又大又多，每晚喝一瓶对肠胃还特别好。

要想让顾客感受到物超所值，导购员要做的就是要突出产品的价值、优势和特色。对此，可以进行产品展示，将产品的特性、款式等特点直观地介绍给顾客，加深顾客对产品的印象。这种“先尝后买”的方法，更能强化顾客的印象。

把产品与顾客的需求结合起来

很多时候顾客不是不需要你的产品，而是你在介绍产品的时候，只介绍了产品本身的优点，却没有结合顾客自身的利益点，告诉顾客产品能满足顾客的哪些需求。

什么是结合顾客需求呢？先让我们来看看下面这个故事：

一只饥饿的猫在觅食，突然被一袋东西绊了一下。它打开一看，里面全是美元，它当然不对这些散发着印油味的东西感兴趣，于是把钱袋踢到一边。

这时旁边传来一个声音：“嗨，你怎么这么呆呀，这是钱呀。”

“钱？差点没把我绊倒！”猫若无其事地继续溜达。

那个声音说：“哎呀，这么多钱能买多少鱼呀！”

听完此言，猫像吃了大力丸，一把抓住钱袋。

从上面的故事中我们知道，利益是优点的一部分，即那些顾客感兴趣的优点。我们来看一下药店导购员是怎样为病人介绍药品的：

病人得了口腔溃疡，药店导购员在询问病情之后推荐了3盒药：

导购员1：先生，根据您的病情，应该采取中西医结合治疗，这3盒药一起吃效果会更好。

导购员2：先生，根据您现在的病情，您的口腔溃疡是上火引起的。按照中医来讲，治疗口腔溃疡必须先降火，这是治本。可是，根据您的病情程度，感染得比较严重，必须吃西药以快速消炎，这样才能够控制住病情，并提高治疗的速度。为了能够暂时缓解病症的疼痛，您还需要再来一盒口腔贴片！综合您现在的病情，这3盒药搭配吃，效果会很不错的。您看呢？

请问，你会更倾向于哪一种介绍？面对第一个导购员，一般人会这样想：“我也知道中西医结合疗效会更好，可是有必要一下子吃3盒药吗？”于是，你对导购员的推荐会产生一些质疑，至少你会犹豫是买1盒还是3盒的问题。而面对第二个导购员的时候，你会认为每一盒药都是针对你的病情的，并且都是必要的，所以，你接受的可能性会大大增加。

为什么第二个导购员的推销词效果会更好一些呢？原因就在于导购员在介绍产品时，把每一款药品都和病情进行了针对性的结合，这样一来，每一盒药也就成了必需品，对于急迫减轻病痛的你，即便再在乎钱，也会狠狠心买下那3盒药。

导购员结合顾客需要介绍产品的时候，顾客会感觉到你是在针对性地为他解决问题，在对他负责，随之顾客会有一种被重视的感觉，进而增加对你的信任。所以，不管是为了增进顾客对你的信任，还是让顾客更容易接受你所推荐的产品，都应该尽可能地结合顾客需求进行产品讲解。

以通俗易懂的语言介绍产品，别太专业化

大多数顾客在购物时，一般只关心产品是否能满足自己的需求，很少有顾客对专业化的东西有兴趣。这是一个普遍的购买心理。

顾客的这一购买心理，要求导购员在介绍产品的时候要重点强调产品能够带来的利益，而至于工艺等专业方面的知识，做好一般性的介绍即可。可是，很多导购员往往是重视产品工艺介绍，而弱化了顾客利益引导，最终降低了产品讲解的效果。

“先生，这套儿童家具最大的特点是它的‘四区一体’设计理念。您看它将孩子的房间划分为四个区域：休息区、活动区、学习区和储藏区，非常适合儿童使用，所以，它能够让孩子的房间变得更加整洁。”

“太太，这款滚筒式洗衣机采用不锈钢内胆，LED 显示屏，水加热功率 1700W，洗涤功率 220W，脱水功率 280W，设有独立水温调节功能，有棉麻、羊毛、单漂洗、速洗等多个洗衣程序，是一款高性能、多功能，设计兼具人性化的洗衣机。”

以上这两个案例中，导购员把自己的专业强加给顾客，有多少顾客会对此感兴趣呢？这就如同我们去药店买感冒药，我们是看重药品的成分还是看重药品的疗效说明？我们购买鞋子，我们是关注它的工艺还是关注穿上之后的感受？我们购买电视机，我们是关注它的科学原理还是在乎画面清晰的程度？我们选购地板，是仔细琢磨它的每一项工艺，还是在意它能够给你带来什么好处，或者能够

避免哪些环保的问题?

当然，我们会倾向于后者。因此，导购员在具体到产品讲解的时候，应该多说产品的好处，少说产品的技术及原理。那么针对以上两个案例，导购员该如何向顾客介绍产品呢?

“先生，您看的这套儿童家具非常好，它对儿童的成长非常有帮助，因为它融合了最新‘四区一体’的设计理念。您看它有休息区、活动区、学习区和储藏区，它最大的优点是能够让孩子的房间变得更整洁，更有条理。您想想，先生，如果您的孩子能够成长在这样的环境下，就能培养他的动手能力和自我管理能力，并且还可以激发孩子热爱生活、热爱劳动和热爱学习的好习惯，这对他以后的成长和成才都是非常重要的，您说是吗?”

“太太，可能是我介绍得太专业了，其实很简单，只要您通上电源，按动这个按钮，洗衣机就开始工作了，如果您清洗棉质衣服，就可以再按一下……来，我先为您演示一下，然后您亲自试用，感受一下。”

导购员在向顾客介绍产品时，过多地使用专有名词和技术术语。专业行话或术语并不是不可讲，但是如果对只想知道使用功能的普通顾客来说，就有点为难顾客了。如果顾客听不明白导购员的产品介绍，怎么会购买产品呢? 因此，介绍产品时，导购员最好尽量以日常使用的口语、简单的例子、浅显的方法来说明，或者把这些术语，用简单的话语来进行转换，让人听后明明白白，才有效达到沟通目的，产品销售也不会有阻碍。

有些导购员在销售产品时，一些专门术语经常会脱口而出。那些专门术语使顾客不知所云，很难接受。导购员然后再大费周章地向顾客解释这些用语的意思。这样的导购员还常常沾沾自喜，认为自己的专业水平很高，却疏忽了这样介绍产品，反而会降低顾客对产品说明的兴趣。

因此，介绍产品时，导购员最好尽量以日常使用的口语来说明，这样不但顾客容易接受，也会让顾客充分地快速地了解到产品的特质。

讲一个卖点，就要把它讲透

每一款产品都有它的优势所在，导购员向顾客介绍产品时，有没有将产品优势展示出来呢？

事实上，很多导购员的讲解都是轻描淡写，内容很空洞，只是笼统地讲述一番，顾客很难深入了解产品有什么与众不同的地方。因此顾客常常说："看了那么多，感觉都差不多。"

这就是导购员的介绍没有给他留下什么印象的结果，那么，这样的顾客能回头吗？会购买吗？相信你的答案也是否定的。

怎样才能给顾客留下深刻的印象呢？那就是要注重细节，通过某个细节的充分展示，让顾客亲眼证实产品的优势。超级导购总是很善于挖掘产品的优势，让顾客进行深入对比和判断，然后为顾客树立某项购买标准，最终说服顾客购买产品。

顾客："看了很多，感觉都一样。"（顾客已经对大家的泛泛介绍没有兴趣了）

导购："小姐，您说得有道理，地板不像其他产品可以进行很多外观的改变，所以，只从外表看上去是有些差不多。请问您是刚刚开始看地板吧？"（不要急着回应顾客的问题，认同顾客的看法之后，探寻一下顾客处于什么购买阶段，是否有购买标准，然后再有的放矢）

顾客："是的，房子的设计还没有定下来呢。"（说明顾客还没有购买标准，要为其树立标准）

导购:“是啊，确定设计方案前是要到市场多看看，这样可以找一找设计的灵感，毕竟总不能跟着设计师的想法走吧，有句话讲得很好:‘我的房子我做主’，您说是吧?”(先把话说开了，放松了)

顾客:“嗯，有道理。”

导购:“小姐，对选购实木地板，您知道要关注哪些方面的问题吗?”(开始询问顾客的核心关注点)

顾客:“不是太了解，刚刚开始看。”

导购:“地板不像日用品，大家平时很少关注，所以，对地板了解得少也很正常。只是选购实木地板的时候，一定要看好质量，因为地板是要用很长时间的，所以一定要选择质量过硬的产品，您说是吧?”(引导并刺激顾客对质量的重视)

顾客:“是啊，只不过看上去都差不多，再说你们每家都说自己的好，我们也弄不明白啊!”(此时的顾客也想弄个明白)

导购:“小姐，您有这样的心情我非常能够理解。依我这么多年在这个行业的经验，选购实木地板首先要注重的是地板原材料的质量，也就是坯料质量，因为它是质量的源头。比如，一块布满虫眼或者开裂的板子做成的地板能有保证吗?”(把顾客引导到产品的优势上来)

顾客:“哦，那怎样才能分辨呢?”(顾客的求知欲望被激起)

导购:“小姐，分辨坯板的好坏一定要看细节，导购员边说边拿出劣质坯板和优质A类坯板，光我说还不行，您来看看这两块板子有什么不一样?”(让顾客自己找细节，让他自己分辨)

顾客仔细看了一番，然后指着劣质板说:“这块的颜色怎么一边深一边浅啊，还有就是这上面的黑斑是不是虫眼啊?”(这就是眼见为实的效果，细节找到了，导购员就可以进一步展开讲解了)

导购:“小姐，您说得非常对，这的确是虫眼。您想想，这样的板子做出来的地板能有质量保证吗?还有它的颜色一边深一边浅，就是大家所说的双色板。要知道，双色板的密度是不一样的，装在家里受潮之后的膨胀率是不一样的，所以使用的时候肯定会变形。”（让细节说话，让细节裁判）

顾客:“哦，原来是这样的啊，不过地板上面有油漆，我们也看不到坯板是什么样的啊！”

导购:“对，这是一个非常关键的问题。为了能够让大家放心地选购和使用，我们的地板在选料的时候坚决杜绝问题板，保证每一块坯板都是上等材料，尤其我们的圆盘豆地板绝对保证选用的都是A类坯板，您来看看这是我们合同里的确保条款。这一点，其他品牌是不敢承诺的！”（选购地板不可能一块块剖开看，这一点顾客是能够理解的，所以，以合同的形式进行承诺确保，既能让顾客放下心来，又能排斥其他品牌，这就是标准的树立）

顾客:“是吗？我来看看……”

只有细节才是值得考究的，只有细节才能让顾客找到对比和判断的依据，只有细节才能让顾客感觉踏实，也只有细节才能为顾客树立购买的标准。所以，细节才是你的产品凸显优势的关键所在。在产品的细节展示方面，建议导购员从以下几个方面来做：

（1）要挖掘每一款产品的卖点，不要多，要限制在3个以内。

（2）针对每个卖点寻找工艺支持，这项工艺有什么原理和特点，这些原理和特点同竞争品牌有什么不一样，不一样的原因是什么，领先在什么地方，能给顾客带来什么好处。并且，要对这些内容进行整理，一定要写下来，然后反复演练。

（3）细节和标准不能只靠你的讲解，还要通过有效的辅助道具加以配合，这样可以让你的讲解最终通过道具得以证实。比如，测试地板的耐划痕度可以用钢丝刷为道具，橱柜面板的质量可以借助剖切面来对比等。

（4）在讲解和展示细节的过程中，要适时引导顾客参与进来，让顾客充分地体验每一个细节的与众不同，最终为顾客树立选购标准。

第八章　促销是妙药，产品促销实战技巧

※※※※※※※※※※※※※※※※※※※※※※※※※※※※※※※※※※※

经营店铺的目的在于能获得利润，说白了就是能赚到钱。对于店长来说，怎样才能把店铺经营好呢？促销是一个不错的方法。促销是一种有效提升店铺销售业绩、制造店铺活力、提高店铺人气的妙药。对于店长来说，要充分发挥促销应有作用。

※※※※※※※※※※※※※※※※※※※※※※※※※※※※※※※※※※※

要想有好的生意，促销必不可少

开店不代表一成不变的守店，就如同在开店之初需要做足各项准备工作一样，开了店也不代表着可以不再操心。要想有好的生意，促销是必不可少的经营手段之一。促销不仅可以加速货品的销售，使店铺营业额大幅增加，而且可以提

高店铺的知名度和影响力。这种影响力远比货品、服务、店铺名字等能更直接、深刻地印在顾客的心中。

1992 年新年过后，娃哈哈公司推出一款新产品——娃哈哈果奶。上市之初竟然无人问津。是没有市场，还是产品本身存在销售障碍？两者都不是，其根本原因是由于消费者对新的产品带有一种本能的陌生感。就在娃哈哈的这款产品推出之前，广东的乐百氏等好几个品牌的产品已经在市场上展开了销售，只是这种销售尚未形成一种阵势。娃哈哈必须利用这一难得的机遇，使自己成为市场领袖，挤占市场越快越好。

一个新产品促销战略很快形成，中心点就是“娃哈哈果奶免费大赠送”。促销设计非常简单，在省会杭州通过媒体发布赠送消息，报刊广告上设计果奶赠券，几日之内在各固定售点发放产品。

前两天似乎没有动静。促销人员沉不住气了，刊有赠券的广告一直在发布，报纸发行量已超过了 100 万份，就在疑虑时刻，一个突然爆发的领果奶高潮来临了。一大早在冬日凛烈的寒风中，可以看到持券排队的老人。接下来那种火爆的场面几乎可以说是中国商战中一个最精彩的片段。这次大赠送，娃哈哈公司送出 30 多万元的产品，但果奶市场却一下子被打开。

在娃哈哈果奶的销售策略中，最初运用大赠送的促销手段，鼓励消费者尝试新产品，并最终深得市场青睐。可见促销能够非常有效地提升店铺销售业绩，同时也是制造店铺活力、提高店铺人气的妙药。当你走进一间商场或者一些服装店的时候，能经常看到这样的促销活动：特价优惠、刮奖送大礼等。这些活动，可以很有效地招揽顾客。

促销活动是终端销售的重要一环。随着市场竞争的加剧和影响销售的不确定因素的增多，门店仅仅做好服务是不够的。要想在激烈的竞争环境中取得突破性进展，大幅提升竞争力，我们还必须要有成功的促销活动来支持。

具体来说，促销对一个门店的营销具体有什么样的意义呢？

1. 聚人气，添销量，提高市场占有率

心理学家做过这样一个实验，让 1 个被测者和 8 个实验助手先看 3 条直线，然后从 3 条直线中选出和之前看过的直线长度相等的那条。8 个实验助手先选择，所有的人都给出一个明显错误的答案；而最后做题的被测者虽然知道答案有错，却还是选择了和其他 8 人雷同的答案。这就是从众心理。

哪怕明明知道错的，但是在固定环境下，还是被别人影响。所以只要使用这种技巧，便可以聚齐人气，吸引人流。如果购买产品的顾客多，那么其他顾客也会被影响，从而增加销量，使得市场占有率提高。

2. 保持形象，维系顾客

若店铺产品长期不进行周转和更替，顾客会因无法满足其需求而对店铺失去兴趣，从而转去其他竞争对手店铺进行消费。

3. 提高品牌的知名度

例如，很多人不断徘徊在某辆电动车的四周，就不断有人购买。人们的广泛心理是：既然集聚了这么多人，那商品确实蛮有价值，必定是好东西。于是，大家都怕买晚了就会被别人占了便宜，因而纷纷购买。

只要如此形成一个长期的累积，在购买之后又感觉到产品价值十分优厚，以一传百，于是购买的人更加多，知名度便不断提高。而且如果这个产品能保持不懈有益的促销活动，则会对品牌在当地的形象给予更大的提升。

4. 缩短品牌打进市场的进程

使用促销手段，主要是为了对消费者提供短程的激励。在一段时间内消费者对品牌的购买热情，使得消费者想更多更快地了解到产品的相关属性。特别是当消费者首次使用觉得满意后，会产生再次购买的意愿，并将此信息传播开来，从而起到扩大与固定消费群的效果。

5. 优化陈列空间，改善货品结构

无论是什么品牌，经过一段时间的经营后，必然会产生滞销品，而滞销品的

存在，会占据一定的店铺货架空间，迫使其他畅销产品陈列空间不够，新进款式无法正常上货，影响了商品周而复始的更替循环，同时会影响到店铺资金流转，进一步会影响到正常的补货。因此，适当的促销将大大有助于店铺货品的快速周转，保证货品的结构维持在一个良性的水平。

6. 增加收益机会

个别产品长期滞销一定程度影响了店铺的投资收益，如果转成其它新款式就会减少一部分的费用开支，并且还可能通过销售其他新款产品获得一定的经营收益。

开店不能仅仅看店守店，必须通过促销手来刺激销售。市场数据表明，在全国所有门店销售工作当中，没有做过任何促销活动的近乎为零。可以说，对任何门店来讲，促销就是其中一种最常见而且最有直接效果的销售模式。但是很多人将促销理解得过于简单，认为只要是降低价格来获取更多的人气和更多的销售额即为成功的促销，其实不然。过分的促销往往带来很多负面的影响，比如破坏自己品牌的声誉等。从长远的角度来看，仅仅追求短暂的销售额的提升，这样的思维方式实在过于简单，一个品牌的价值是随着时间的推移及各种推广模式的整合而越加增值的，这其中的价值不是简单的降价促销就可以衡量的。

我们可以研究一下麦当劳的促销模式。它并没有大幅度降低主营产品的价格，而是生产一系列儿童玩具作为附带产品。这样的模式虽然提高了成本，但他并没有降低品牌的价值，反而提升了以主题产品作为品牌附加值的模式，让人们不但愿意消费产品，更对麦当劳产生了浓厚的忠诚度。

促销看似简单，但实际深藏很多学问，这需要门店按照自身的实际情况加以摸索，最终策划出更具效果的促销方案。

选择恰当的促销时机

对促销时机的把握非常重要，只有在恰当的时机做促销，才能收到预期的效果。否则只会让促销大打折扣，甚至影响正常销售。

顾客的购买行为往往表现在购买次数和时间选择方面，因此，如何在特定时期或时段，配合不同的季节和节日、气候、温度，安排促销活动，刺激顾客购买需求，改变顾客购买习惯，是设计促销计划时应该考虑的问题。以下是在促销时要注意的几大要素：

1. 天气

天气会影响“人潮”，一旦遇到差天气，顾客就少，生意往往会减少 5% ~ 10%。因此，天气不稳也是促销计划中应考虑的因素。

还要考虑季节因素。把握住当地气候特性，掌握顾客需求，进而开展合适的促销活动，能够使促销额增加。以食品行业为例，如果促销活动是在暖季进行，就以饮料、果汁、乳冰品等清凉性商品为促销重点；若是在寒季举行，就以火锅、熟食、冷冻食品等温性商品促销为重点。

2. 月份

商品销售有淡旺季之分。在我国，一般来说 3 月、4 月、5 月及 11 月是需求的淡季，如何在此时做好促销工作对商场（商店）盈利有很大影响。为使淡季不淡，促销活动要能针对营业淡季的特点，提出创新的促销点子，刺激顾客需求，而不只是一味地追求商品特卖。而在需求旺季如何做好促销活动，吸引顾客买得更多，以弥补淡季的不足，也是促销计划应考虑的问题。

3. 日期

一般来说，顾客在月初的购买力比月底强，而周末、假期的购买力又比平日强，所以说促销活动受日期的影响也不小。比如在休息日，顾客的闲暇时间很多，这时就要加大促销的力度来吸引顾客。

4. 节日

重要的节日往往是促销的最好时机，也是现在商场（商店）创造营业额的最佳时机。所以节日也属促销计划中重点考虑的因素。我国的传统节日主要有春节、元宵节、清明节、端午节、中秋节、国庆节等；外来节日有情人节、圣诞节等。

促销时机虽不是影响活动的决定性因素，但一定是能否开展促销活动的前提条件。以江西抚州地区、赣州地区部分县市为例，8 月份前半个月是当地传统的鬼节，居民对此非常信奉，甚至达到顶礼膜拜的程度。其间一般很少出门购物，如在这个时期内开展宣传与促销活动，无异于落花流水，属于无效促销。除不可抗因素外，对于可预见的元素，则须确保考虑周全并有应对措施。

产品要畅销，必须采取一些更有效的促销方式

促销活动是商家最常用的市场营销活动，也是最快捷的调剂市场的方法，通过一系列有针对性的促销活动形式作用于市场、消费人群，刺激消费，因此，促销活动的成功与否与促销活动形式有着直接作用。那么促销活动形式都有哪些，

又该如何运用呢?

1. 降价促销法

降价是一种常见的促销方式。商家分期分批地选择一些商品为特价商品，并制作大幅海报贴于店内外，或印成小传单散发给顾客。这些特价商品每期以三四种为限，以求薄利多销，吸引顾客，且每期商品不同，迎合顾客的好奇心理。当顾客来店选购特价商品时，还会顺便购买其他非特价商品。当然，特价商品利润低微，甚至没有利润，但通过销售其他商品，可得到补偿。

2. 限量销售法

对所有商品仅出售一次，就不再进货了，即使十分热销也忍痛割爱。表面上虽然损失了许多唾手可得的利润，但实际上店内因所有商品都十分抢手而加速了商品周转，实现了更大的利润。这是因为门店抓住了顾客“物以稀为贵”的心理，给顾客造成一种强烈的印象，顾客认为该店销售的商品都是最新的，机不可失，时不再来，切不可犹豫。

3. 每日低价促销法

即每天推出低价商品，以吸引顾客的光顾。它与降价促销法有很大不同，由于每天都推出低价商品，所以是一种相对稳定的低价策略。通过这种稳定的低价策略，增加了消费者对商店的信任程度，节省人力成本和广告费用，使商店在竞争中处于有利地位。值得注意的是，低价商品的价格至少要低于正常价格的10%~20%。否则无法吸引顾客，达不到促销的目的。

4. 赠品促销法

赠品促销是指门店一定时期内为扩大销量，向购买本店产品的消费者馈赠礼品的促销行为；赠品促销是最古老也是最有效、最广泛的促销手段之一。具体手段有直接赠送、附加赠送等。五一劳动节是冰箱销售旺季，几乎所有冰箱厂家均不同程度地实施了买赠活动。赠品促销时，是通过赠品的魅力来吸引消费者的，选择什么样的赠品，如何在低成本、高产出上下工夫是保障促销成功的关键所在。同时，赠品促销的时机也十分重要，如家电产品节假日促销较为合理。此外，选择赠品时，赠品的属性最好和店铺的产品有一定的关联，这有利于企业品牌的提升。

5. 试用促销法

试用促销，是指门店把一定数量的商品样品，免费赠送给目标消费者试用的一种促销方法。其目的是使消费者在试用后切身体验到该产品的质量和功效，进而从小量尝试到长期固定消费。从实际操作层面来讲，主要有间接派送、直接派送两种方式。

（1）直接派送。宝洁公司在其新品上市时多采取这种促销方式，地点一般在城市繁华街区、商场入口、公交车站等。我于 2002 年在上海推广冰箱一项新技术“养鲜魔板”（一项使冰箱速冻及解冻时间均可提高 5 倍的新发明）时，采取部分消费者免费赠送试用，一周后由消费者现身说法，并利用各种传播手段配合炒作的方法，取得了较为良好的传播效果。

（2）间接派送。如在报纸、专业杂志上附带样品，也可通过专业渠道派送，如“护舒宝”产品通过妇联派送。一般而言，免费试用广泛应用于价格较低的快速消费品或新品、新技术上市的过程中。在运用时，应注意以下几点：一是赠送的产品确实具有独特的卖点，能给消费者带来其他品牌无法承诺的利益点，这样才能争取新的消费群；二是样品必须准确地送至目标消费者当中，所以在派送之前，应先论证目标消费群的接触点；三是考虑销售淡旺季，一般来说，最好在旺季到来之前实施；四是派送之前最好有广告的配合。

6. 反时令促销法

一般而言，对于一些季节性商品，往往有销售淡旺季之分。因为，大众消费心理是“有钱不买半年闲”，即按时令需求，缺什么买什么。商家一般也是如此，基本按时令需求供货。因此，商品在消费旺季时往往十分畅销，在消费淡季时往往滞销。但现在有些商家反其道而行之，在时值暑夏，市场上原本滞销的冬令货物，如毛皮大衣、取暖电器、毛皮靴、羽绒服等，在某些城市销售看好。这就是人们常说的反时令促销。有些商家常常推出换季商品甩卖之举，而消费者中不乏买者，主要目的在于获得时令差价。

7. 对比吸引促销法

以换季甩卖、换款式甩卖、大折价等优待顾客，同时把最新最流行的商品摆在显眼的样品架上，标价则为同类而非流行商品的两三倍。在同样架下或架旁两种价格对比，最能吸引顾客的注意。当顾客发现新流行的商品，一般都好奇地把它与非流行品做比较。好时髦者往往会看中高价的商品，讲究实际者则往往选择低价的非流行商品。这样，对两种商品都可以起到促销作用。

8. 会员制促销法

比如：累计消费500元者，为普通会员，享受9.5折；累计消费1000元者，升级为高级会员，享受8.5折；累计消费2000元者，成为终生VIP会员，享受7.5折优惠。

9. 积点促销法

多用在快速消费品领域。积点促销是指消费者短期内通过多次购买，累积积分券、贴花、换物票等，享受店铺的促销政策，从而培养顾客认知度及忠诚度的促销行为。

10. 折价促销法

折价指的是在目标顾客购买产品时，所给予不同形式的价格折扣之促销手段。它包括3种形式：

折价优惠券，即通称优惠券。发放优惠券是一种古老而风行的促销方式。优惠券上一般印有产品的原价、折价比例、购买数量及有效时间。顾客可以凭券购买并获得实惠。

折价优惠卡，即一种长期有效的优惠凭证。它一般有会员卡和消费卡两种形式，使发卡企业与目标顾客保持一种比较长久的消费关系。

现价折扣，即在现行价格基础上打折销售。这是一种最常见且行之有效的促销手段。它可以让顾客现场获得看得见的利益并心满意足，同时销售者也会获得满意的目标利润。因为，现价折扣过程，一般是讨价还价的过程。通过讨价还价，可以达到双方基本满意的目标。

促销活动形式是为促销活动服务的，因此，促销活动形式的选择要从实际需求来定，切不可本末倒置，强行采用不适合自己市场实际情况的促销活动形式。

系统规划活动流程，让促销起到四两拨千金的效果

1. 筹备阶段

制定详细的促销计划方案，一定要考虑全面，确保促销活动顺利而有效地实施。由店长或店长组织的策划小组从目的、准备、实施、成本直到效果的评估测定等方面，制定出一整套的方案，交由上层研究决定修改并付诸执行。

2. 准备阶段

（1）选择合适的促销时间与地点：日期（节假日）、时段、持续时间、促销点数量、主会场设置、人员配置、物品配置、奖品赠品发放奖励规则与数量限制等。

（2）器材物品类：现场用到的展台、条幅、拱门、气球、一拉宝，张贴的海报、宣传单（彩印或黑白），小包装试用、试尝品，音响——听觉的冲击（可用扩音喇叭替代），其他赠品——捆绑式销售赠品、买几赠几的赠品、参与即赠的奖品、购买抽奖的奖品等。视整体情况与公司经济实力合理准备与使用。

（3）人员：促销员工的选择与安排，如要组织节目、游戏、活动则考虑请嘉宾、主持人（稍有名气、费用要低），请促销员视情况决定数量（建议请大学生，可靠且费用低）。

（4）宣传造势的准备：如有实力，前期的大规模全方位造势宣传是必不可少的。如想节省，有些工作也是应该做的，去人口密集的市中心区域散发传单，发放区域与发放数量要事先决定。在市内影响力大的媒体（报纸、广播、电视）上投放广告，注意媒介的选择、媒介暴露的频次、成本预算等，以期达到广泛告知的宣传效果。

（5）各方关系的前期协调：确保一切行为活动符合法律法规——市容、城管、工商等部门提前打好招呼，避免到时出现不必要的麻烦。户外活动必须要经过有关部门的批准，广告宣传也必须要有合法的批文。总之，一切可能出现的问题事先都要想到，做好应对一切突发事件的准备，免得措手不及。

（6）总成本预算：物品的准备、人员的费用、协调各方关系、广告宣传费用等一切成本要有事前的准确预算。

（7）促销效果的预测：促销目的，预测销售数量、销售额。

3. 实施阶段

注意现场气氛的调节与掌控，尽可能多地吸引顾客。加强视觉、听觉、利益诉求点等多方面的感官冲击，以求吸引、刺激、诱导消费者关注与消费。现场的布置要有足够的空间，便于消费者聚集与关注、购买，布置要新颖、整洁、有冲击力。现场的宣传海报、条幅等要醒目。现场活动，如节目、游戏、宣传等要有极强的互动性与参与性，能带动起气氛来。请嘉宾、主持人等人员的活动，要确保以产品为主，需围绕产品以产品为出发点进行，切忌喧宾夺主。现场的秩序一定要维持好，这就需要我们的工作人员要做好很多工作，如赠品奖品的发放要公正合理有序、安排足够的工作人员、合理的布局与足够大的活动空间等。还是上面提到的那句话，必须做好应对各种突发事件的准备。

4. 促销评估

一般来说，促销活动结束后的评估分析，可以分为促销活动前、活动中、活动后三部分。

（1）促销活动前。一般包括所选日期是否恰当、时间长短是否适中，活动方式是否繁杂，是否给顾客造成不便，促销货品库存在活动前是否已准备充裕，商品陈列是否有不当及需要改进的地方，商场美饰是否完善，媒体运用如海报、传单、短信、横幅、现场 POP 制作等是否及时，商品变价手续、促销联是否完善，预备增设收银台、收银人员是否已经安排妥当等。对这个阶段的评估主要是对活动计划的总结评估，以待在后续活动计划中予以更正、完善。

（2）促销活动中。对活动执行过程中的问题进行检讨，活动期间货品是否充足，有无需要再续订促销商品，特例柜台是否都张贴明确告示，价格表示是否醒目，商品销售的分析，业绩好坏及毛利情况是否达到预期，各部门的衔接是否达到预期要求等。这个阶段主要是评估活动执行过程中存在的执行问题及对今后可参考借鉴的正面经验。

（3）促销活动后。对活动结束后问题的总结，过期的宣传品是否完全撤除，商品是否已恢复原价，商品销售、业绩、利润分析，主力商品分析等。对本阶段的评估可以衡量活动整体成败，取活动中正面之精华，点出活动中的缺陷及不足，以便后续活动。

总之，一次成功的重大节假日促销活动，除了计划、执行、控制以外，只有不断地分析、总结、调整，才能保证企业良性运作，实现可持续发展。

如何进行媒体宣传，促销才更有效果

任何一家店，都离不开促销活动。这样做的目的无非就一个，那就是尽可能提高自己店铺的知名度和人气，从而实现增加销售额的目的。而要想做好一个促销活动，让更多的人知道有这么一个促销活动的存在，最直接、最简单同时也是最有效的办法就是进行媒体宣传，那么促销活动应如何正确而合理地进行媒体宣传呢?

1. 电视

(1) 优点

A. 目前最直接、最形象的传播工具，且有效范围广，可达全国。

B. 新开张或高级形象的广告很适合用此媒体。

C. 全家收看电视的情况很普遍，而其他媒体大致是针对单一对象，效果有明显差别。

D. 动态画面且色彩清楚，能有效地突出产品的特色。

(2) 缺点

A. 广告制作耗时长。

B. 顾客可选择的电视台多，相对而言，广告被顾客欣赏的概率也较低。

C. 广告费用高，为节省开支，出现广告的频率较少，而且是读秒播出，稍纵即逝。

D. 电视广告的效果有一定的时段差异，除了黄金时段外，其他时段效果差。

（3）利用电视媒体促销的注意事项如下：

A. 若属于区域性促销，全国性电视广告费用太高，反而得不偿失，因此可试作地区性电视广告。

B. 促销活动若不是大型活动，不必选择电视媒体。

2. 广播电台

广播电台一直以来都受到固定群体的喜爱。只要有一台小小的收录音机，随时可以获得有用的消息，这点是其他媒体难以比拟的。现分析其优缺点如下：

（1）优点

A. 收听广播不受地点限制，广告到达率高。

B. 广告费以月计算，费用较低。

C. 广播内容更改容易，只须更改录音即可。

D. 可以要求主持人加强促销主题，让顾客听得更清楚。

E. 制作主题明确。

F. 广播电台大部分为地区性的，可以根据地区性顾客的实际情况做促销宣传。

（2）缺点

A. 广播电台大量增加，广告被收听的几率相对降低。

B. 没有影像，无法把产品的包装或外观传送给顾客。

C. 电台有区域性，不能满足大型活动的宣传需要。

（3）利用广播电台促销的注意事项：

A. 事先了解该节目的收听对象，要找到合适的顾客群，广告才能发挥效果。

B. 可以利用电台不同的区域功能，做不同的促销广告。

3. 报纸

报纸广告的优缺点如下：

（1）优点

A. 报纸版面可以调整控制，依经费的多寡来选择报纸的种类及版面。

B. 报纸广告内容、设计更改较容易，机动性大。

C. 报纸普及率高，且订报一份，全家均可享受阅报的乐趣。

D. 报纸广告较为经济，与其他宣传媒体相比，其费用并不高。

E. 文案的表达、描述弹性大，有足够的空间。

（2）缺点

在重要时节，抢登报纸广告的现象时常出现，如果没有安排到好版面，很难引起阅报者的重视，广告效果较差。

（3）刊登报纸广告的注意事项：

A. 若本公司时常在某一报纸刊登广告，则版面配合度较高；否则，争取好版面就较为困难。因此，事先确认版面的位置很重要。

B. 报纸广告的商品内容或主题内容，要能吸引顾客来店购买，因此商品内容必须精挑细选。

C. 报纸稿的审稿必须仔细。

4. 夹报

将事先印好的宣传单或海报夹于报纸内，由送报人员随报纸送到订报客户家里。夹报的原因如下：

（1）可以有效将信息传达到订报客户家中，且被阅读的几率大。

（2）避免了搜集资料的困扰。

（3）可根据目标商圈作夹报，以达到吸引商圈顾客的目的。

（4）可依报纸性质的不同，来选择夹报的报纸。

5. 户外看板及车体广告

在商场建筑物附近或交通枢纽地段设置巨幅广告路牌，或利用公共汽车、火车、本公司的运输车辆本身做广告。户外看板及车体广告，地域性渗透面广，但因“来去匆匆”，深度不足，只给消费者造成一个概略的印象。因而，使用户外看板及车体广告，其宣传诉求应简单化、明确化。

6. POP 广告

即通过设置在销售现场的宣传物，刺激消费者产生购买需求，当场购买。POP 广告可以放置在店铺内外，顾客既能看到广告又能看到实物，印象深刻，感召力强，效果比较理想。

连锁企业在策划 POP 广告时应注意以下问题：

（1）要注意了解消费者的需求，制做最有创意的 POP 广告，刺激和诱导消费。这里的创意指达到广告目的具有创造性的想法，也就是在商战中能达到促销效果的独特主意。

（2）POP 广告必须与媒体广告同步进行。

（3）POP 广告必须具有视觉效果，必须综合考虑好 POP 广告的功能、费用预算、持久性、制作品质、运输等问题。

（4）计划好 POP 广告的时效性，因为 POP 广告是企业整体营销计划的一个组成部分，时效必须与营销计划同步。

（5）POP 展示必须配合卖场的空间、设施、照明和音响等因素来进行，POP 广告的内容、造型、色彩，必须从属于广告策略、营销计划和各种销售活动等。

7. 派报

由派报员将传单、海报沿大街小巷送到顾客家中，这种做法类似夹报和 DM。必须注意以下 3 点：

（1）事先规划好派报区域并计算出户口数。

（2）派报完毕，派人复查是否已按区域派送。

（3）无法向住在高楼大厦中的顾客派报，必须用其他促销手段告知本次促销活动的内容。

8. 橱窗

橱窗是商店的缩影，人们在路过商店的短暂瞬间，通过橱窗了解到商店、经营范围、商品品种等信息，橱窗的陈列关系到商店给顾客留下的第一印象，人们可以把路过的几家商店的橱窗加以比较，选择认为合适的地点购物。设置橱窗广告时要着重突出本店经营范围和经营特色，让顾客一望便知商场是卖什么的；还要注意灯光、装饰的运用，力求美观，给顾客留下美好印象；各分店的橱窗广告应基本整齐划一，以加深在顾客心目中的印象。

促销如果是商场“攻城掠地”的利器，那么媒体则是商场与消费者之间的沟通桥梁。促销目标确定之后，要选择适当的媒体，才能把商场的信息传递给目标消费者。

促销活动定位越准确，促销效果越好

所谓促销定位就是选择什么样的促销方式和媒体来开展企业的促销活动。促销定位有两层含义：一层是促销方式的选择定位，即人员推销、营业推广、广告、公共关系等方式的选择及其组合；另一层含义是在选择了特定的促销方式后，又怎样确定实现这种方式的具体手段或媒体。

促销定位准确与否直接关系到促销的效果。要提高促销定位的准确性，必须分析产品的属性和消费者的特性。

万宝路香烟在20世纪50年代以前都是以警察、矿工这些男子汉式的人物为广告形象，但效果并不好。50年代以后，万宝路的决策者将广告主题定位到当时被公认的最具大丈夫气概的美国西部牛仔形象上，结果大获成功，使万宝路品牌经久不衰。

促销活动是解决品牌定位的武器之一，也是所有经营活动的根本。脱离了根本，我们将什么都不是。

某家连锁公司素来注重服务品质，因此装修高档，店堂清洁明亮，虽商品价格偏高，但由于多数门店开设在高档社区并未受到实质性影响，多年的经营在顾客心目中口碑良好。但不知是刮的什么风，他们突然打起了价格战，天天搞低价促销，头几天还略有收效，但促销活动结束后，销售业绩直线下滑，完全回不到促销前的销售状态。究其原因，其实是低价活动扰乱了其在顾客心目中的定位，结果由于商圈定位等问题，不仅新顾客没进来，反倒把先前一部分年轻白领和高收入阶层的顾客拒之门外了。

因此，促销活动的策划，一定要在对自身各方面优势进行充分分析后，再决定主攻的方向，切不可盲目跟风或定位混乱和模糊。

一个企业，很难同时在顾客心目当中占据两个以上定位。如果同一商圈内有两家以上竞争对手，顾客在心目当中一定会进行比较，一定会去寻找出你们不同的地方，然后在心里形成阶次，所以切忌盲目地模仿和跟进。

因此，促销活动策划之前一定要明确“我是谁”、“我的优势在哪里”、“我要在顾客心目中形成什么印象”，从而通过一次次促销活动不断强化自身定位，并凭借定位建立起一大批认同自身定位的顾客。一定要记住，促销是营销运作的一个重要环节，是建立和巩固定位的一种手段。因此，切不可因为促销而促销。

促销活动需要考虑什么因素

促销活动中存在着许多必须考虑的因素，只要有一个环节考虑得不到位，便会影响整个促销活动的顺利进行。

1. 季节时机

节日：各种重要公共假期、民俗节日。

庆典：开业纪念日、民俗节庆及重要节日。

时事：热门话题、流行趋势、社会焦点事件的掌握，配合厂商举办推广期活动。

2. 商圈特性

人口结构：商圈内的住户家庭结构、人口年龄分布分析。

消费习性：商圈内的人口的支出状况、价格偏好、流行偏好、消费心理分析。

经济能力：商圈内人口的职业、收入水准分析。

生活习性：商圈内人口的作息时间、休闲方式的分析。

人潮特质：流动顾客与固定顾客的比例，办公、住宅、店铺的比例。

3. 竞争状况

同业的服务：竞争对手的服务方式、推广方式。

同业的价格：竞争对手的售价、定价策略。

同业的活动：竞争对手所举办的各项活动的分析。

同业的顾客：竞争对手的顾客特性、心理分析、来客数分析。

同业的优缺点：竞争对手的优缺点、业绩分析。

4. 业绩目标

年度业绩：依全年度的总业绩目标来决定活动次数和内容。

各季度业绩：依季度的总业绩目标来决定活动次数、内容及规模大小。

每月业绩：依各月的业绩目标来决定是否举办活动。

5. 商品力

商品力，即商品的内在价值。商品的内在价值越大，其市场需求也越大；反之，商品的内在价值越小，其市场需求也就越小。如果商品的内在价值较高，再辅之以适当的促销活动，就会收到较好的销售效果。一般情况下，若有新产品上市，或新的商品组合，则可考虑开展促销配合活动。

需要注意的是，在进行促销时，店铺必须注意时刻维护自身形象，保持其在消费者心目中的良好形象，千万不能为了眼前利益，而将有质量隐患或安全问题的产品卖给消费者。

第九章　谁拥有优质的服务，谁就拥有了客户

※※※※※※※※※※※※※※※※※※※※※※※※※※※※※※※※※※※

服务是什么？简单地说，服务就是帮助，是照顾，是贡献，是从细微处创造效益，从细微处提高质量。在市场竞争中，谁拥有优质的服务，谁就拥有了客户，就拥有了生存的基础。

※※※※※※※※※※※※※※※※※※※※※※※※※※※※※※※※※※※

提升服务意识，保证顾客回头率

在市场竞争激烈的社会，门店要想拥有一定的良性发展空间，除了产品质量要严格把关之外，同时还要有一套完善的服务，所以培养员工的服务意识至关重要，员工的服务意识提高了，顾客“回头率”自然提高了。那么如何提高店员的服务意识呢？

1. 注重店员的先天素质

众所周知，个人素质的差异会导致服务的差异。因此首先要做好员工选拔工作，这就要求各门店负责人把好店员招聘关。门店需要的是有一定社会关系和交际能力，聪明、灵活、乐观、诚实、有文化、有气质、有一定工作经验的员工，只有这样的员工才能给公司带来朝气，给服务注入一股活力。

2. 注重店员的后天培养

首先，应让他们了解、融入企业文化。其次，再针对店员岗位说明、公司的服务规范及其他制度对其进行理论培训，理论考核通过后进入实际操作培训。在此过程中要给他们竖立一个学习的榜样，让其在优秀的店员指导下进行操作，最后理论和实践考核全部通过后方能上岗。第三，在上岗后仍要通过班会或其他组织形式对其进行培训，以不断增强其服务意识。

3. 重视、关心店员

作为店长，不可能整天与顾客打交道，而只有一线店员才是真正与顾客面对面。所以，店长首先要真心为店员着想，比如说科学排班，使店员劳逸结合，并及时解决店员的各种困难。只有这样，才能让店员认识到公司是重视他们的，从而会更加努力地工作，而服务意识也会不断提高。

4. 合理奖惩

要量化服务标准，制定细则，对店员的日常工作、日常表现打分。制定的标准要细化到工作中的每一个细节，对每一名店员同等对待、不偏不倚。对服务工作做得好的导购员给予一定的物质和精神上的奖励（发放奖金或通报表扬）；对于服务工作做得不好的店员则要对其进行惩戒（批评教育或罚款）。这样让店员意识到服务的好坏直接关系到自身利益，他们就会自觉地注意日常服务过程中的每一个细节，从而自然而然地提高了服务意识。

5. 注意日常工作

店员在平时服务过程中，往往因为生意较忙或自己疏略，而暴露出很多问题，店长要利用交接班或通过谈话对其加以指正。另外，还要树立服务模范，因为人都有从众心理，书面上的规定再多、再细，还不如一个现实的模范作用来得更有教育力度。这样，其他店员会把自己和他对比，从而形成一种比学习、比服务的氛围，以此便提高了店员的服务意识和服务水平。

6. 店长以身作则

俗话说："上梁不正下梁歪"，店长要特别注意自己的工作，因为店员在看着。店长同样要服务，要接待客户。尤其是在工作特别忙的时候，店员忙不过来，店长便要去帮忙，而这时店长就要把自己看成是一名店员而不是经理，严格按照店长的服务标准进行服务。另外，要做好自己包干区的卫生工作，从而给店员竖立一个好的榜样。

店员的服务意识是要逐步培养的，而恰恰是一句"您好"，一句"再见"，甚至于每一个小的细节，无不体现着门店的服务水平。只有提高了店员的服务意识，服务水平才能真正得到提高，才能更好地服务于每一位客户。

杰出的服务在于态度

现在的职场很流行一句话："细节决定成败，态度决定一切"。积极的心态和细微的工作细节是值得门店借鉴学习的。身为服务行业，营业员的服务态度直接影响到顾客的购物情绪。营业员良好的服务态度，可以促使顾客做出购买决定。因此，改善服务态度，提高服务质量，是商业零售门店现场管理工作的基本内容之一。

1. 积极服务态度的表现

（1）热情。热情的服务态度常常会在销售的成败之间表现得举足轻重。设想一下，如果服务员自己都对商品缺乏热忱与激情，怎么能感染顾客使其购买呢？但要注意热情要具有一定的感染力，否则很可能适得其反。为了取得销售的成功，店员就一定要唤起对方同样的激情。

（2）诚实。在门店与顾客的交往中，服务员一定要切记：不要做出不切实际的许诺。对顾客诚实必然会使顾客因此建立起对门店长期的信任。

（3）可靠。相当多的顾客认为可靠性是他们在选择门店时极其重要的因素。因此，对门店的信任是顾客再次光临门店的基础。如果顾客在与门店交往的过程中，从来都没有对该店失望过，那么，这家门店提供的服务就是可靠的，就具备了可靠性。

（4）自信。自信往往会使他人尊重并信任你。而自信又是从经营中获得的，而且随着不断取得的成功而增加。如果门店服务人员的自信可以激起顾客的热忱，那么他们会很高兴并感谢店员向他们提供了建议。与此同时，信心将随着每一次工作目标的实现而增长。

2. 服务人员应避免的服务误区

如果一个服务人员仪表不凡，个性良好，谈吐流畅，那就具备了得天独厚的条件，也具备了提供积极服务的基础。但门店服务人员还是要注意一条，那就是礼仪问题。因为，谈话和行为中良好的礼仪会使服务人员在顾客眼中的形象大为提高。在门店服务人员提供的服务中，要避免出现以下情况：

（1）不用心倾听顾客意见。一些服务员认为他们的职责就是向顾客讲解，进行劝诱，因此认为“说”是最为重要的，而忽视倾听顾客的意见。其实，尽管说很重要，听也同样重要。因此门店服务人员要密切关注对方的反应和需要，给予顾客说的时间，并要耐心地听，这样才能相互理解，更易于提供更好的服务。

（2）同顾客进行争论。毫无疑问，如果服务人员同顾客争论，即使是与商品无关的其他争论，也会使顾客对他的服务大打折扣。因此，如果顾客说了某些服务人员不赞同的意见，也不要立即表示反对。因为顾客是不喜欢和一个反对自己观点的人合作的。

（3）缺乏耐心。事实上，为顾客提供各种服务的确既耗时又费力，但服务人员必须有足够耐心，即使不能立即完成销售任务，也千万不要气馁。因为要想成熟运用各种技巧是需要时间的。因此，千万不要因为缺乏耐心使各种服务无法进行。

（4）对他人过于苛刻。通过批评别人或散布流言并不会获得顾客的信任。他们对服务人员，存有戒心，因为每个人都有缺点。因此，门店服务人员不要随便攻击他人，尤其是在顾客面前。

（5）制造无聊的幽默。在某些时候幽默对缓解气氛十分有效，但拙劣的幽默则往往会把事情搞坏。有些服务人员可能认为，对顾客的问题进行幽默的回答是机智和风趣的表现，但顾客未必也这样认为。

（6）伤害他人自尊心。每天所看到的众多顾客中，以初次见面者为多，而且有的往往是仅有的一次会面，因为如果万一发生误会，伤害顾客的自尊心，将会使其永远铭记心中。每一位顾客都希望被尊敬（被认同），如果服务人员不能做到这一点，顾客则会感到不满或愤怒。如果正好给特意光临的顾客留下了恶劣的印象，其后果更加难以设想。

在营销中，要有一个好的服务态度。作为营销人员，更要好好思考、理解怎样才能做好营销工作。营销人员不仅仅是在卖东西，他要对他的顾客认真负责，耐心讲解，积极主动。这样做事就会事半功倍的，也会得到你想要的结果。

所以说不管做什么工作，服务态度是很重要的，所有人都要有一个良好的服务态度。

顾客在于积累，耐心尤为重要

店员的工作主旨是服务于顾客，这种工作性质的特殊性使其更需要照顾到客户的心情和感受。如果店员由于心情不好而怠慢了顾客，或者服务态度不是很好的话，不仅会直接影响销售量，还会在一定程度上影响商店的声誉。因此，无论情绪多么糟糕，都要耐心地为顾客提供优良的服务。

1. 要学会调整自己的情绪

在实际的生活和工作中，难免会遇到不顺心的事，如果不能及时调整好自己的心态，那么无论做什么事情都会受到情绪影响的，从而使工作、生活状态每况愈下，甚至可能会形成恶性循环。特别是像销售员这样直接与顾客面对面接触的工作，就更容易因此而受到影响。当心情不好时，应该采用下面 3 种方法来调整自己的情绪。

(1) 合理宣泄法。因受到挫折而产生不良情绪的时候，不能憋在心里，要用适当的方式把不良情绪发泄出去。比如，可以向好朋友倾诉，或者写在日记中。

(2) 情绪转移法。面对烦恼时，应该避而退之，不去想它，不去接受它，而是去做自己平时最想做的、能产生愉快体验的事情，比如听音乐、踢足球、打篮球等，用愉快的活动来充实自己的时间，并用时间的推移来逐步淡化心理的烦恼。

(3) 理智调节法。人在激烈的情绪状态下，认识能力会受到抑制，从而常不去思考自己行为的前因后果，完全凭冲动办事。理智调节法的要领就是，在平时注意积累有利于提高心理修养的知识，比如，养成收集座右铭、名人名言及人生哲理的习惯，以便在情绪激动时读一读，用理智的力量战胜非理智的行为。

2. 对顾客永远保持微笑

微笑是拉近员工与顾客距离最简单、有效的方法。即便是在心情很差时，微笑可以掩饰心情，进而更好地为客户提供服务。

美国希尔顿集团是世界著名的酒店王国。它的成功一方面源于创始人希尔顿独具特色的经营理念，更重要的是因为它的微笑服务。

希尔顿认为要想把事业做大，就要靠完美的服务取胜。微笑便是最有效的方法之一。于是，他要求员工，不论如何辛苦，都必须对顾客保持微笑。他经常对员工说的话就是:“你今天对顾客微笑了吗?”

希尔顿的这种经营理念为他的酒店带来了很多好处。20 世纪 30 年代，美国的经济陷入了严重的萧条之中。当时，美国将近 80%的旅馆都关门倒闭了。但希尔顿酒店却奇迹般生存了下来。

无论经营多么艰难，希尔顿仍一如既往地要求员工要对顾客微笑。他对员工说:“万万不可把心中的愁云摆在脸上，无论遭到何种困难，‘希尔顿’服务员脸上的微笑永远属于顾客!”

在希尔顿的督导下，希尔顿酒店的服务人员始终以美好的微笑感动每一位入住酒店的客人。很快，希尔顿酒店就走出了低谷，迎来了事业发展的高峰时期。一次希尔顿到一家分店视察，他问员工:“你们认为还需要添置什么?”员工们回答不上来。希尔顿笑着说道:“还要有一流的微笑！如果我是一个旅客，单有一流的设施，没有一流的服务，我宁愿弃之而去住那种虽然设施差一些，却处处可以见到微笑的旅馆。”微笑不仅使希尔顿公司率先渡过难关，而且还为公司带来了很大的经济效益。

希尔顿凭借的就是不花任何资本，轻松便可做到的微笑，从而使全世界都知道了希尔顿酒店，都记住了希尔顿酒店亲切的微笑。希尔顿说:“微笑是最简单、最省钱、最可行，也最容易做到的服务，更重要的是，微笑是成本最低、收益最高的投资。”因此，他要求员工不管多么辛苦、多么委屈，都要记住任何时候对任何客户，用心真诚地微笑。

3. 当态度不好时，要真诚地向客户道歉

有些时候，一些销售员因为心情不是很好，再加上工作中又遇到了一些比较挑剔的客户，可能就无法控制自己的情绪，致使服务态度不够好。遇到这种情况最好的办法就是真诚地向客户道歉，诚恳地请求其原谅。

提供优质服务，还要讲究服务周到

说话有招，而招依附于事，更有说服力。事，可大可小，看你招数运用得如何。台湾省华新餐厅招引顾客的绝招是高质量的服务，他们把顾客真正当做“上帝”，由 3 件小事可见一斑。

华新牛排西餐厅为了保证餐具品质、避免器皿缺损造成不卫生现象，不仅餐厅本身加强对餐具的要求，而且规定，只要客人发现碗碟有一个缺口，就可以要求退款 100 台币，让顾客参与餐厅卫生监督。这种做法带给顾客的绝非只有区区的 100 台币，更重要的是对服务品质的保障。

以管理制度完善著称的华新餐旅机构，董事长以保护顾客权益为指导思想，建立了一套标准作业系统，各分店也统一适用。这套标准对内、外场人员服装仪容及清洁整理、营业集合、餐桌布置、迎客、点菜、上菜等各程序的工作都作了具体规定，公司还依此标准拍摄了教育录影带用于服务训练，供员工对照学习。

华新还有一项特别的服务设计，就是西餐厅为客人投保食品责任险，最高理赔金额达100万元。只要各分店因食品管理不当以致客人食物中毒，或者客人因意外事故昏迷、神志不清导致财产损失者，皆可在24小时内提供可鉴定的食物给保险公司或卫生单位鉴定，经鉴定如系餐厅之错，则由保险公司负责赔偿。

华新餐厅时时处处为顾客着想，从细枝末节做起，为客人提供各种方便。凡是去过华新的人，结账后便会拥有一个轻便好拿而且“应有尽有”的纸制找钱袋，其中除了应找给客人的零钱外，还有顾客意见卡、火柴盒、外卖菜单与“华新简讯”各一份。找钱袋的外页写着中、英文的感谢字样，内页则为当月的菜单，既便利顾客，又可达到促销及改进服务品质的目的，可说是一举数得。

在墨西哥，用花样翻新的服务手段争取顾客是老板们的拿手好戏。他们开展全方位的服务，几乎每个超级市场都为顾客设置免费停车场、行李寄存处，提供包装袋及小推车，安排送货上门服务。约翰去一个服装店购买西服，试了好几套都不合身，店员立即叫来服装设计师为他量尺寸，说过几天就可以做好西服，并送货上门。约翰被感动得不得不在该店订做了西服。

提供优质服务，还要讲究服务周到，正如上面实例中的“老板”们，为了把“上帝”请进自己的店里，不惜花费重金为顾客提供方便。用情感笼络顾客，用方便舒适吸引顾客，用齐全的服务招揽顾客，可说是成功的法宝。

抓住了售后服务，就抓住了顾客的心

在门店销售过程中，千万不能忽略一个重要的事实，那就是你长久的努力都是为了顾客，把为顾客服务当做是销售过程和售后的主要目标，这样才对顾客的胃口，才让顾客满意，顾客才会和你再次打交道。

理解顾客的需要和要求，理解他们的行为和表现，想顾客之所想，你就能够更好地抓住顾客的心，更好地做好服务工作。

其实，销售就是一种服务，一种让顾客了解产品、了解购买过程的服务，一种让顾客喜欢你的服务，一种帮助顾客了解并提供便利的销售过程和售后服务。

对客户服务不好，造成94%的顾客离去！因为没有解决顾客的问题，造成89%的顾客离去！每个不满意的顾客，平均会向9个亲友叙述不愉快的经历。在不满意的顾客中有67%的顾客要投诉。较好地解决顾客投诉，可挽回75%的顾客；及时、高效且表示出特别重视他，尽最大努力去解决了顾客的投诉，将有95%的顾客还会继续接受你的服务；吸引一个新顾客是保持一个老顾客所要花费的6倍。

以上几点，服务不好顾客，立刻会使大量的顾客与潜在顾客流失。将产品或服务卖出去并不等于销售工作已经完成，重视售后服务是赢得顾客的法宝。

当经历过市场竞争的风雨后，美容行业已经从十年前的混沌状态成长为比较成熟的行业，从原来的概念翻新，到加盟连锁，又经历了残酷的价格血战，最后，大多数经营者明白唯有优质的服务，才是留住顾客的法宝。

1. 售后服务的目标

满意是基础：满意是起步和标准，满意只是顾客不挑你错，瞬间过去了，不会产生激情。

感动是标准：感动是水平，感动是超出了心里设定的标准，能刺激心灵，烙印深，会产生激情。

忠诚是目标：忠诚才会使客户产生更多的口碑传播，这是不花钱的最有效的广告。大量的案例和事实说明，企业的财富是感动客户和忠诚客户送来的。

2. 售后服务的着眼点

为了做好售后服务，店铺商家可以从以下方面着手：

（1）为顾客提供包退包换服务，解决顾客的后顾之忧。

（2）为顾客提供一定程度的免费维修，对于某些零件只收取成本费用，减轻顾客购买的忧虑。

（3）对于顾客准备购买的商品，可以按照顾客的要求进行部分改变，以满足顾客的要求。

3. 售后服务的内容

售后服务大体包括两个方面：

（1）帮助顾客解决搬运的难题，使顾客可以方便地购买商品。

（2）建立保修制度，使顾客产生安全感和信任感。

售后服务作为一种服务方式，内容极为广泛。如果说售中服务只是为了让顾客买得称心，那么售后服务就是为了让顾客用得放心。

第十章 了解顾客，把握顾客类型与服务技巧

门店要想为顾客提供良好的服务，首先要了解顾客，把握不同顾客的购买动机和心理特征，才能为顾客提供更为完善、有效的服务。

对吹毛求疵的顾客，打同情牌

吹毛求疵型的顾客，是典型的完美主义者，他容不下一点缺点和瑕疵。他看不顺眼你，他就不会喜欢产品！他即使想买产品，也会挑出一千个毛病来。

遇上这类型的客人，很多导购员都非常气恼："这东西哪儿不好了？你知道什么是好的吗？"或说："要是你认为这东西不好，那就去别处买更好的。"或说："这东西是贵，能买得起的人不多。不过你说它质料不好就是不对了。"

当对方砍价时，导购员会说：“一分价钱一分货，你要是贪图便宜，就只能去买一些下等货色了。”或说：“这价钱还嫌高？你到别处看看，要是你能买到同样的货色，价钱又比我这里便宜，我都帮你买下来。”如果你看他无心购买，你可以说：“没钱就不要凑热闹，一看你就是买不起！”

导购员如果这样应对顾客，怎么可能促成交易呢？其实，无论什么顾客走进店里，不管他态度如何，脾气大小，都是“上帝”，是店铺利润的来源，只要他进来就应殷勤接待。而一个导购员的殷勤不外乎三个目的：一是希望交易成功；二是希望他下次再来；三是希望他因得到很好的接待而介绍其他顾客来。如果能做到这些，生意必定能兴隆。

知道了顾客的心理，当顾客吹毛求疵时，我们也就知道该如何去应付了。

1. 承认顾客的眼力

当顾客对商品不满意时，你首先要了解他的目的。如果他真是嫌质量不好，而你有更好的产品不妨拿出来，有些顾客不在乎价高，只想要好质量的产品；如果没有更好的，你不妨同情地说：“这质量确实不太好，因为好商品进价也高，所以只好进这种货了。不过这种产品也能用得下去。”这样顾客就没什么好说的了，因为你已承认了他的眼力不差，如果他不是非买更好的产品，这笔交易很有把握成功。

2. 为顾客提供其他商品

如果顾客的目的是想让你降价，而你又不能答应，此时可以拿出另一种较便宜的产品给他看，同时不要忘记这样说：“这种质量不相上下，但价钱却便宜很多，用起来还是一样，大多数人都选这一种。”你还可以加上一句：“其实，这些东西也没必要买太好的，反正都能用。”

此外，如果有一种可靠的新品牌商品的话，你还可以告诉他：新品牌商品因欲求多销，所以价钱较便宜，实际质量和老品牌的差不多。顾客最普遍的心理都怕自己买不起高价产品而没面子，你这样说不仅保住了他的面子，还建议他买价廉的，顺水推舟，他一定愿意掏钱买货。

3. 即使交易未成，也希望顾客下次再来

如果顾客因为价钱太贵或质量不好而没有购买时，你要记住：这次交易不成，你还是希望他下次有需要时再来的。而且，你要对因为不能满足他的需要而表示歉意，还可以委婉地问他要不要选择其他东西，或希望他下次再来。

诚意的殷勤常会让顾客感到喜悦，大多数顾客可能会因招待殷勤而过意不去，买些其他东西。这样，他下次再要买什么东西时也会先到你这里看看，还可能介绍他的朋友到你这里来买。

对挑剔型顾客，先顺应后转折

导购员经常会遇到爱挑剔的顾客，这类顾客一种是本性爱挑剔，在这类顾客的眼中，再好、再完美的东西也能挑出毛病来；另一种是以挑剔为手段达到讨价还价的目的。

一位顾客来到一家箱包专卖店，经过导购员的热情引导，看中了一款皮包。

顾客：这都是正品货吗？能保证质量吗？

导购员：我们是全球连锁企业，每一家店都非常讲究信誉，只要在我们的正规分店购买，就一定是真货。

顾客：这款包打理起来会不会很费时间和精力？

导购员：不会，虽然它是纯皮质地，但是由于经过特殊处理，所以您只要用湿的棉布擦拭就可以了，打理起来非常方便。

顾客：为什么这种颜色的皮包要配这个颜色的拉链，看起来很突兀，你不觉得吗？

挑剔的顾客所提出的问题往往都是出于其主观的苛刻要求，的确令不少导购员感到很郁闷，往往有想直接反驳顾客的冲动。但是这种直接反驳的结果往往是使销售工作的快速结束，因为没有哪个顾客愿意接受导购员的直接反驳。

面对顾客的挑剔，导购员首先要虚心倾听，冷静分析顾客挑剔的原因。在分析的过程中，要站在顾客的立场上，去了解顾客为什么挑剔。对只是因为顾客的性格使然的问题，导购员可以微笑应对，不予理会。对确实是产品问题的挑剔，导购员应妥善回答，对一些好的建议和想法导购员应该采纳，并答谢顾客。

如果顾客的挑剔仅仅是为了让导购员降价，导购员也不应该为了迎合顾客立刻降价，这样会让顾客认为是产品存在很大的问题，这时，顾客会对成交产生疑虑，这反而不利于销售。针对这种情况，导购员要转变话题，尽量让顾客认识到产品的价值，当顾客认同产品的价值时，他就不会对价格有苛刻的要求。

(1) 顾客：为什么这种颜色的皮包要配这个颜色的拉链，看起来很突兀，你不觉得吗？

导购员：乍一看的确是有一点，不过这两种颜色其实是色彩中的黄金搭档，搭配起来很活泼，视觉上会给人眼前一亮的感觉，非常引人瞩目，您觉得呢？

(2) 顾客：这款皮包是不是有点大，背起来会不会给人累赘感？

导购员：这款包是有一些大，但是这种休闲的款式却恰恰弥补了这一点，您背起来不仅不会感觉累赘，反而会显示出休闲、舒适、简约的风格，让人感觉很轻松，这与您本身的气质不谋而合。

(3) 顾客：包上的装饰花能不能换一个，怎么这么不搭配？如果是黄色一定会非常合适。

导购员：你是我见过的最有品位的顾客之一，我们的设计师也提出过和您一样的配色方案。

面对挑剔型的顾客，导购员要做的不是排斥和拒绝，而是应先顺应顾客，让其说出自己的想法，并对他的话表示一定的赞同，然后再以委婉的方式表达自己的想法，先顺应，后转折。一般导购员都会用到这样的话，“你说的也有一定的道理，不过……”这样导购员既表达了自己的想法，又照顾到了顾客的情绪，既反驳了顾客的想法，又舒缓得可以令顾客接受，这是导购员面对挑剔型顾客的一种有效方法。

对高傲型顾客，满足他的自尊心

高傲的顾客，总觉得高人一等，一副自视甚高的样子，好像别人都比不上他。有一点成就就得意了老半天，恨不得大家都将他捧上天！这样的客人真叫人难以忍受。

不过，既然身为导购员，还是暂时收起那种主观的好恶之心，诚心诚意地敲开这个骄傲者的心门吧！骄傲型顾客看似高不可攀，很难使他们服服帖帖地信服你，因为他们总有一套独特的看法，并且还引以为自豪，但其实这类型的顾客是有个性上的弱点的。

举个例子来说，骄傲型顾客爱被人捧，你就把他捧上天吧！只要让他高兴，觉得你真的认同他的社会地位、他人格上的某种别人无法超越的崇高性，他便会悄悄地屈身下来。骄傲型的人最好还是多尊称他的头衔，而且，试着找出他最在乎、最得意、最津津乐道的职务去尊称他。附和他言谈中透漏出的理论。暂且把你自己忘记吧！千万别和他起冲突，要知道，和骄傲型顾客辩论是最无可就药的。唯有让他觉得你真心推崇他，他的自尊心一旦得到满足，才是你商机的开始，成交的可能性也就相对提高了。

我们经常会遇到冷淡傲慢型顾客，这类看似有些无知的顾客，不会轻易接受别人的建议，但一旦建立起业务关系就能维持较长的时间。在购物时，他们对于商品质量和交易条件都会逐项审阅，直至完全满意为止。

因此，对于这类顾客，你应以尊敬、恭维、不卑不亢的态度对待，如说上一句“早知你没这个能力，我真不应该和你浪费时间和口舌！”如此这般地引起对方辩解，刺激对方的购买兴趣和欲望，有时反而更容易达成销售交易。

对圆滑难缠型顾客，投其所好

导购员总会遇到各式各样的顾客，如果遇到好说话的，无论交流还是工作起来，都会显得得心应手；但如果遇到那些脾气有点怪的、不好说话的、犹豫不决的、或者干脆是胡搅蛮缠的，又应该怎么办呢?

“你说的这种化妆品质量很一般，我仔细考虑后，还是决定买另一种，真不好意思。”这是圆滑难缠型顾客经常使用的一句话。当导购员向她建议使用某种产品时，她要么是因为价格太贵、要么是根本不想购买而采用这句话当借口来拒绝你。

圆滑难缠型顾客都比较精明，并且具有一定的知识水平，文化素质比较高，能够比较冷静地思索，能够比较沉着地观察导购员。他们能从导购员的言行举止中发现端倪和问题，他们就像一个有才能的观众在看戏一样，演员的一丝错误都逃不过他们的眼睛，他们的眼里看似平和，有时却能发出一种冷光，这种顾客会给导购员带来一种压抑感。

这种顾客讨厌虚伪和造作，他们希望有人能够了解他们，这就是导购员要攻击的目标。他们大都冷漠、严肃，没有一丝热情。

他们对导购员持有一种怀疑的态度。当导购员进行商品介绍说明时，虽然他们看起来好像心不在焉，其实他们在认真地听，他们在认真地观察导购员的举动，在思索这些说明的可信度。同时，他们也在思考导购员是否是诚实的，有没有对他捣鬼，这个导购员值不值得信任。

这类顾客对他们自己的判断都比较有自信，他们一旦确定导购员的可信度后，也就确定了交易的成败，没有丝毫商量的余地。

每个导购员都不喜欢与难缠的顾客打交道，因为每个难缠顾客都会给自己的正常工作带来麻烦，让自己疲于应付。其实，我们的导购员如果能够清楚把握住顾客的行事风格，换个位置思考问题，应付起来就容易多了。

圆滑难缠的顾客最显著的一个特点是讨厌别人的顶撞，讨厌别人为自己出谋划策，为自己拿主意。在他们心中自己的想法永远是对的，其他人别想指望从思想上和口头上征服这类顾客。面对这类顾客，聪明的导购员最好是少说话为妙。

面对这类顾客，导购员千万别渴望用你的压力或矛盾换取顾客的谅解和支持。最好就是有事说事，没事就按照他的思路做事做好了，你的压力和矛盾都会得到解决，否则只会让你压力加重，矛盾加剧。

此外，千万记住，不要用自己或公司单方面的思想或意图来影响他们或换取同情，这样只会让你更显无能或稚嫩。记得换位思考，从顾客的角度谈问题、解决问题，也许更有效。

顾客之所以难缠，要么是性格使然，形成自己独有的做事风格，如缺少诚信、自作聪明、自以为是、虚情假意、吹嘘自大、爱贪便宜等类型的顾客；要么就是他们具有难缠的资格，导购员拿他们没有办法。面对顾客，其实，我们的导购员只要多多留心，学会察言观色，投其所好，还是容易应对的。最怕的是，我们无法抓住顾客的根本需求，不知道顾客难缠的根本目的。

面对这类“软难缠”顾客，导购员需要注意以下几点：

(1) 充分了解他们的性情，注意他们的处事手段，别被他们表面的“老好人”性格所蒙蔽。“口是心非”是他们惯用手段。

(2) 把握顾客的真正需求，抓住顾客“难缠”的根本目的，不然将会让自己“劳民伤财”不落好，让顾客“得了好处还卖乖”。

(3) 面对如此顾客，一定要从根本上为顾客解决问题，不反对卖弄下小聪明，变通地解决问题。这样，不仅方便了自己，也满足了他们的需求，更促进了销售。

任何难缠的顾客，除非自身有着莫大苦衷或难处，一般都不会对一个实在的导购进行刁难的。因为，一个实在的导购员做事的根本风格就是以诚待人。你的刁难，根本得不到任何好处，该给的政策他会毫无保留支持，能做的，能争取的，他承诺的，也根本不用你来刁难，都会为你打点得头头是道。

针对这类圆滑老练的顾客，导购员要预先洞察他们的真实意图和购买动机。在沟通时造成一种紧张气氛，如向顾客表明这种产品很受欢迎，自从开始促销以来，有很多顾客购买，再过两天，促销时期就过了，到那时，可能会提价。这样会使对方觉得只有当机立断做出购买决定才是明智之举。

对和气型顾客，多给建议

和气型顾客，他们谦和有礼，说话不尖酸。他们很专心地听你的产品介绍，且表现出浓厚的兴趣。因为，他们觉得你懂得比他还多。即使他们想拒绝，也会表现得对你很抱歉的样子。这是因为他们觉得你的工作很辛苦。对导购员来说，这真是令人感动的顾客，而这一切，都是因为你有一种被尊重、受重视的感觉。

但你可别高兴过早，和气的顾客也不是全无缺点的。他们优柔寡断，买与不买之间总要思考好久。他们耳根子软，别人的意见往往能立即促使他变卦、反悔。所以对于这样又可爱又无奈的顾客，一切还是应该步步为营。

在成交之前，一切的欢欣都还言之过早。和气型客人永远不会怀疑你的解说，甚至对你提出来的各种市场相关资料，推崇得不得了，全盘接受，而且还十分感谢你，因为你让他多增长这么多的知识。但是和气型顾客在做什么决定时，常常犹豫不决。这并非表示他真的拒绝了，大多时候，他的确很想买，但是，又说不上是什么原因让他下不了决心。总之，理由还不够十全十美就是了。

面对和气型顾客，导购员得耐心地询问他，究竟还有什么令他拿不定主意的。并且设法帮他解决，别担心，只要你找得出他迟疑的原因，通常便能轻易找到解决的方式。因为这类型的客人，通常烦恼的都不是什么严重的大问题。不过，最棘手的是第三者的意见。只要随便一个人提出对产品相反的意见，和气型客人就又开始陷入两难的犹豫中，眼看好不容易就要成交了，怎么一下子又回到原点！最后要提醒你的是：只要他一决定购买，就立即请他付钱吧！否则，他们恐怕又要后悔。

对专业型顾客，主动倾听他的见解

导购员每天都要接待不同的顾客，其中不乏一些专业人士，他们是某些产品或相关领域的高手，对产品了解得非常清楚。因此，他们往往对导购员服务的要求较高，甚至会故意考核或刁难导购员。

一顾客走进药店，导购员热情地给他推荐某厂生产的药品。

导购员：先生，这是市场上很畅销的品种。

顾客：这种药品只能去蒙骗普通人，这厂家用的药材都不是从正规渠道来的，质量差得远了。我还听说几个月前，这个厂因产品出现质量问题，差点被告上法庭。你说，这种产品，我敢要吗？

导购员：……（无言以对）

底气不足的导购员常被这类顾客问得哑口无言，甚至一旦获知顾客是专业人士后便不敢继续接待，不仅让生意白白溜走，而且有损自己的形象。

导购员的职责是向顾客介绍产品，当然绝对不能在顾客面前表现出不知所措。那么如何来避免这种尴尬呢？导购员除了多学习产品相关知识之外，还要掌握应对专业级顾客的沟通技巧。比如，对于上述案例，导购员可以这样应对：

导购员：您真行！这么内幕的事都能知道，跟您相比，我们真是井底之蛙了。

顾客：那是！我代理过某药品好几年了，医药行业的这点事，哪能逃过我的耳朵。(顾客得意洋洋)

导购员：原来是老前辈！刚才我还向你推荐药，真是班门弄斧了。那您觉得用哪个厂生产的药才放心？

顾客：告诉你，××厂生产的药比较可靠，他们靠近原料产地，厂长为人也实在，估计××厂生产的药品不会差到哪里去。

导购员：跟您聊一会，真长见识！你要几盒？我给您拿去。

顾客：两盒（痛快地）。

导购员：(顾客离开前）以后，您要常来药店指导工作呀！

遇到专业型的顾客，导购员与其费尽口舌推荐商品，还不如做一个小学生，以请教的姿态，主动倾听顾客的见解，满足其好胜心理。只要掌握好专业型顾客的心理，买卖同样能做成。

1. 多说恭维话

比如对他们渊博的学识表现出敬佩的样子，这不仅让他们狂妄的心理得到满足，也会为了表现自己而向导购员传授更多知识。但是，在恭维对方时，导购员注意不要脱离事实，态度要真诚。

2. 多使用讨教的语气

这类顾客在与导购员交谈时，要么对导购员的推荐默许地点头，偶尔针对不足之处作善意的更正；要么是急于表现自己，不等导购员开口，就喋喋不休地向导购员传授着专业知识，对于导购员推荐的不足之处，会无情地指出，使导购员下不了台。因此，导购员可以降低姿态，以讨教的语气进行交流，利用他们好胜的心理来促成销售。

对疑虑型顾客，多点耐心

导购员时常遇到这类顾客，他们总是紧锁眉头，扁着嘴角，用充满了怀疑的目光在导购员身上扫来扫去，这便是多疑型顾客。

他们之所以多疑，一般有以下三种原因：

其一，对导购员存有戒心。多疑型的顾客是曾因相信了“花言巧语”买了劣质货，或是以前面子较薄，在一阵猛攻下半推半就地做成交易。现在一见到导购员就产生一种反感，不放心、怀疑就是这种感觉的外在表现。

其二，顾客深思熟虑。他们需要对产品从质量、型号、售后服务等方面完全落实后，才能下定决心。

经过分析，这类顾客之所以有这样的行为，一般是由于其经济状况所致。如果他要购买的这种商品占其收入的相当比例，那么只有达到十全十美，才能使他觉得这笔钱花得值得。他需要保证和确认。这是他在自己决定之前必须得到的，他的经济条件使他无法相信别人，只看事实。

其三，曾上当受骗。以前曾因过分相信厂家宣传，或曾因图小便宜而失大利，一再上当后便戒心大起，再度交易十分谨慎。

这类顾客由于此前曾遭受过较大损失，而这一损失完全是由于他本人太过“好心”轻信的缘故而造成，一次“重创”使他改变对所有的导购员的看法。

面对多疑的顾客，导购员在态度上要给人以坦诚老实的感觉，说话应该注意语气，切不能眉飞色舞、泡沫横飞，让顾客产生一种华而不实的印象，进而对你所介绍的产品产生相同的感觉。

可以适当地表示你对顾客意见的同意，甚至还可以主动承认产品的一些“小问题”，当然这都无伤大雅，绝对不会影响产品的使用，这样会使对方的心情由阴转晴。比如，你可以这样说：“是啊，虽然我们的产品属于一流，但它的款式还有值得改进的地方！”

对于那些需要证据的顾客，你可以利用手头能找到的一切证据向其展示证明：你说的话绝不掺假。可以将获奖证书、权威机构的认证证明、报纸杂志刊登的介绍性、表扬性文章请他过目，相信这些能令他折服。

对于天生优柔寡断的顾客，不妨试试以下策略：

1. 采用“二选其一”的技巧

当顾客一再出现购买信号，却又犹豫不决拿不定主意时，你可采用“二选其一”的技巧。譬如，导购员可对顾客说：“请问您要那部浅灰车还是银白色的呢？”或者说：“请问是星期二还是星期三送到您府上？”此种“二选其一”的问话技巧，只要顾客选中一个，其实就是你帮他拿主意，下决心购买了。帮助顾客挑选，许多顾客即使有意购买，也不喜欢迅速下订单，他总要东挑西拣，在产品颜色、规格、式样、交货日期等方面犹豫不决，一旦上述问题解决，你的订单也就落实了。

2. 用这种“怕买不到”的心理促成订单

利用“怕买不到”的心理，人们常对越是得不到、买不到的东西，越想得到它、买到它。推销员可利用这种“怕买不到”的心理促成订单。譬如说，导购员可对顾客说：“这种产品只剩最后一个了，短期内不再进货，你不买就没有了。”或说：“今天是优惠价的截止日，请把握良机，明天你就享受不到这种折扣价了。”

3. 先买一点试用看看

顾客想要买你的产品，可又对产品没有信心时，可建议对方先买一点试用看看。只要你对产品有信心，虽然刚开始订单数量有限，然而对方试用之后，就可能给你大订单了。这一“试用看看”的技巧也可帮准顾客下决心购买。

4. 反问式的回答

所谓反问式回答，就是当顾客问到某种产品，不巧正好没有时，就得运用反问来促成订单。举例来说，顾客问：“有银白色电冰箱吗？”

这时，导购员不可回答没有，而应该反问道：“抱歉！厂家没有生产，不过我们有白色、棕色、粉红色的，在这几种颜色里面，您比较喜欢哪一种呢？”

对冷淡型顾客，谈吐一定要热情

很多顾客刚进店的时候难免都会有些戒备心理，具体表现是他们一般都不愿意多说话。导购员碰到这种态度消极冷淡的顾客，接近顾客并深度沟通起来是比较困难的。

导购员：您好小姐，我们这新进了一批衬衫，您要不要试穿一下？

顾客只是在看衣服，看也没看导购员一眼。

导购员：小姐，您要是喜欢哪件，我给您拿一下。

顾客冷冷地说：我随便看看。

面对顾客的冷淡回应，难免会让人觉得不舒服，一些导购员也会本能地做出同样冷淡的回应：“没有关系，您随便看看吧。”“哦，好的，那您随便看吧。”“您先看看，喜欢可以试试。”

无论顾客多么冷淡，导购员都不能冷淡。要知道，不交流就买产品的顾客几乎没有，你要想办法让顾客和你互动起来。比如，上述案例中导购员可以这样应对：

导购员：是的，小姐，买衣服一定要多了解、多比较，这样非常正常。没关系，您现在可以多看看，等到哪天想买的时候，才知道怎么帮自己挑一件适合的衣服。请问您一般比较喜欢穿哪一类风格的衣服？

导购员：没问题，小姐，现在买不买没关系，您可以先看看我们的衣服，多了解一下我们的品牌。来，我帮您介绍一下……请问，您一般都喜欢穿什么颜色的衣服？

导购员：确实，现在赚钱都不容易，买一件衣服对我们来说也是一笔不小的开支，多了解一下完全必要！没有关系，不管顾客买不买我们的服务都是一流的。请问您今天是想看看上衣还是……

导购员：如果您喜欢哪件可以试穿，不买也没关系的。

顾客刚进店的时候一般都不愿意多说话，他们担心一旦自己轻易说得太多就会被导购抓住把柄，从而落入导购设计的圈套。所以，作为导购员在待机阶段一方面要做到站好位、管好嘴、管好脚，另一方面，最关键的是要选择适当的时机去接近顾客，这样才可以提高成功率。最后，如果顾客仍有“随便看看”这种敷衍之语，导购员也可尝试给予积极性的回答，即一定要引导顾客朝着利于活跃气氛并且成交的方向努力。

就本案例而言，如果顾客说“随便看看”的时候，导购员应该想办法减轻顾客的心理压力，将顾客的借口变成自己接近对方的理由，积极地将销售过程向成交方向推进。

对愤怒型顾客，要保持沉着冷静

顾客抱怨是每个导购员都会遇到的。即使你的商品好也会受到爱挑剔的顾客的抱怨，不要粗鲁地对待顾客的抱怨，松下幸之助说："顾客的批评意见应视为神圣的语言，任何批评意见都应乐于接受。"正确处理顾客抱怨具有吸引顾客的价值。

我们在与愤怒的顾客打交道时会发现，我们也许不能控制自己的情绪，因为愤怒是一种很强烈的情感，很有感染力。如果你不知道应对这类情况的基本方法，很容易卷入顾客愤怒情感的"飓风"。这时你应该怎么办呢?

1. 从倾听开始

倾听是解决问题的前提。当顾客发怒时，导购员不但要听他表达的内容，还要注意他的语调与音量，这有助于了解顾客语言背后的内在情绪。同时，要通过复述顾客的诉求，确保你真正了解顾客的问题。

"王先生，来看一下我的理解是否正确。您是说，您一个月前买了我们的手机，但发现有时会无故死机。您已经到我们的手机维修中心检测过，但测试结果没有任何问题。今天，此现象再次发生，您很不满意，要求我们给您更换产品。"你要向顾客确认："我理解了您的意思吗?"

认真倾听顾客，向顾客复述他所表达的意思并向顾客确认我们的理解是否正确，都是向顾客表明了你的真诚和对他的尊重。

2. 认同顾客的感受

当顾客发怒时，你可能会想："我的态度这么好，凭什么对我发火?"要知道，愤怒的情感通常都会潜意识中通过一个载体来发泄。你一脚踩在石头上，会对石头发火，飞起一脚踢远它，尽管这不是石头的错。因此，顾客仅仅是把你当成了发泄对象而已。

顾客的情绪是完全有理由的，理应得到极大的重视和最迅速、合理的解决。所以你要让顾客知道你非常理解他的心情，关心他的问题："王先生，对不起，让您感到不愉快了，我非常理解您此时的感受。"

3. 引导顾客思绪

我们有时候会在道歉时，心里会感到不舒服，因为这似乎是在承认自己有错。其实，"对不起"或"很抱歉"并不一定表明你或公司犯了错，这主要表明你对顾客不愉快经历的遗憾与同情。不用担心顾客因得到你的认可而越发强硬，认同只会将顾客的思绪引向解决问题的方向。同时，我们也可以运用一些方法来引导顾客的思绪，化解顾客的愤怒：

(1)"何时"法提问。一个在气头上的发怒者无法进入解决问题的步骤，我们要做的首先是逐渐使对方的火气减下来。对于那些非常难听的抱怨，应当用一些"何时"问题来冲淡其中的负面成分。

顾客：你们根本是瞎胡搞，不负责任才导致了今天的烂摊子！

导购员：您什么时候开始感到我们的服务没能及时替您解决这个问题？

而不当的反应，如同我们司空见惯的："我们怎么瞎胡搞了？这个烂摊子跟我们有什么关系？"

(2) 转移话题。当对方按照他的思路在不断地发火、指责时，可以抓住一些其中略为有关的内容扭转方向，缓和气氛。

顾客：你们这么搞把我的日子彻底搅了，你们的日子当然好过，可我还上有老下有小啊！

导购员：我理解您，您的孩子多大啦？

顾客：嗯……6 岁半。

(3) 间隙转折。暂时停止对话，特别是你也需要找有决定权的人做一些决定或变通:“稍候，让我向领导请示一下，我们还可以怎样来解决这个问题。”

(4) 给定限制。有时你虽然做了很多尝试，对方依然出言不逊，甚至不尊重你的人格，你可以转而采用较为坚定的态度给对方一定限制:“王先生，我非常想帮助您。但您如果一直这样情绪激动，我只能和您另外约时间了。您看呢?”

4. 表示愿意提供帮助

“让我看一下该如何帮助您，我很愿意为您解决问题。”

正如前面所说，当顾客正在关注问题的解决时，导购员应体贴地表示乐于提供帮助，自然会让顾客感到安全、有保障，从而进一步消除对立情绪，形成依赖感。

5. 解决问题

针对顾客投诉，每个公司都应有各种预案或解决方案。导购员在提供解决方案时要注意以下几点:

为顾客提供选择。通常一个问题的解决方案都不是唯一的，给顾客提供选择会让顾客感到受尊重，同时，顾客选择的解决方案在实施的时候也会得到来自顾客方更多的认可和配合。

诚实地向顾客承诺。因为有些问题比较复杂或特殊，导购员不确信该如何为顾客解决。如果你不确信，不要向顾客做任何承诺，诚实地告诉顾客，你会尽力寻找解决的方法，但需要一点时间，然后约定给顾客回话的时间。你一定要确保准时给顾客回话，即使到时你仍不能解决问题，也要向顾客汇报事情进展，并再次约定答复时间。你的诚实会更容易得到顾客的尊重。

第十一章　快速打动顾客的销售技巧

顾客进店，要尽量延长顾客在店内逗留的时间，通过试穿、提供时尚信息和建议，提供休息和饮品等，增加店内人气，吸引更多的顾客进店。优秀的导购员会利用每一个机会对进店的顾客展开销售，使顾客对产品产生兴趣，促使顾客最终做出购买的决定。

接待顾客要有“礼”

顾客接待在销售工作中特别的重要，能否赢得顾客不仅仅需要优质的产品还需要良好的服务。

作为销售人员的基本礼仪要求：

（1）在用语上

接待称呼：小姐、太太、先生、同志、阿姨等。

欢迎语：您来了、欢迎您光临。

问候语：早上好、上午好、下午好、晚上好。

祝贺语：节日快乐、新年快乐、生日快乐等。

道歉语：对不起、请原谅、打扰了、失礼了。

告别语：再见，欢迎您下次光临。

道谢语：谢谢、非常感谢。

应答语：是的、好的、我明白了、谢谢你的好意、不客气、没关系。

征询语：我能为您做些什么吗？

（2）面对顾客时须面带微笑，对客人询问要全神贯注，用心倾听，眼睛望着客人脸部，切忌死盯着顾客，不要打断顾客的谈话。

（3）和客人谈话时，须停下手中的工作，眼望顾客，面带微笑，顾客询问场地、价格时，一定要迅速无误地回答，不可胡乱作答。回答顾客问题时，态度和蔼可亲，声调适中，应答迅速，明确。

（4）手势：为顾客指引方位时，手指向着目标，同时眼睛望着目标，并留意顾客是否看见指示的目标。

（5）举止：举止要端庄得体，迎客时走在前，送客时走在后，客过让路，同行不抢道，待人接物不卑不亢，事事处处表现出良好的真诚服务精神面貌。

（6）娴熟的服务技巧：针对不同的顾客，在规范服务的前提下，灵活运用服务技巧，努力使顾客达到满意的效果，要做到准确、及时、反应敏捷、迅速而无误、刻苦勤劳，具有娴熟的专业和服务技巧。

接待顾客的礼仪能够让你不失礼节，接待顾客的礼仪能让顾客宾至如归，接待顾客的礼仪能让你更受顾客欢迎，大家一起来学习接待顾客的礼仪吧！

让开场白富有吸引力

当顾客进店时，如果不能在最短的时间内，用最有效的方法，让顾客的注意力转移到你身上的话，那么推销活动基本上就算是宣告失败了。要想成功销售，有趣味的开场白是必不可少的。如果你的开场白足够吸引人，顾客就有可能听你介绍产品，也有可能成交。有趣味的开场白，能够缓解现场的紧张气氛。这样的开场白无疑是成功的。有一个成功商人就是利用积极的开场白吸引了合作者，从而让自己挖掘到了第一桶金。

这个成功商人最初经营的是一家出售建材产品的小店，由于盈利非常小，因此他常常在想怎样才能大赚一笔钱。正巧这时一个著名的瓷砖工厂召开订货会议，他很想参与，但是由于店面太小，资格不够，因此没有收到厂家的邀请函。

会议召开那天，他想尽一切办法弄到了一张入场券才进到了会议中心。在订货会上，为了能够引起厂家的注意，他抢先第一个发言，把所有关于瓷砖的知识浅显地讲了一遍，讲了足足有半个小时，那些死板的知识通过他的讲解变得非常有趣，给人一种耳目一新的感觉。效果是很明显的，厂家自然注意到了他，会议结束后，厂家直接找到他，想探一下虚实。成功商人见自己第一步的目的已达到，便直接告诉了厂家："其实，我的公司只是一家小店，没有那么多雄厚的资金，没有那么响亮的名字，我是自己进来的，但我很想与你们建立起业务联系。也就是说我来的目的其一是因为觉得贵厂的产品确实很好，其二是因为我想借贵厂发展一下自己。"

听到如此坦诚的话，厂家感觉他很诚实，并且是一个有事业心的人，于是很爽快地答应了合作。

当顾客走进门店时，前几分钟是至关重要的，并且在很多时候，第一句话的印象可以关乎到整个交易的成败。如果你一开始就吸引了顾客的注意力，那么很可能整个交易过程都会变得很顺利。一个好的开场白，应该具有以下 4 个特点。

（1）有趣。开场白必须能够吸引住顾客，让他对你或产品产生兴趣，产生想进一步了解的欲望。

（2）简洁。迅速切入主题，过多闲聊很可能意味着浪费客户时间。

（3）推迟对策介绍。不必一开始就提供方案或解决对策，那样可能提前制造异议，使交流的时间过多浪费在处理异议上。

（4）善于随机应变。不同的顾客有不同的心理特质、性格特征，因此你的开场白也应该根据不同的顾客和氛围有所区别。

营造出便于沟通、交流的销售氛围

在门店销售过程中我们发现，有一类店员似乎很有天赋，他们能够很快地与顾客熟悉起来，就是我们常说的“自来熟”，通常三言两语就将整个沟通的氛围营造得很好，顾客很开心，也很愿意聊，不一会就轻松进入销售沟通的正题。

这样的店员是有个人天赋吗？很多人会问，有没有什么办法可以快速建立良好的沟通氛围。通过仔细观察，他们讲话的特点可以用 8 个字来概括：微笑、问候、寒暄、赞美。

1. 发自内心的微笑

当顾客进门时，给他/她一个微笑。当我们向顾客微笑的时候，所表达的意思就是“见到你我很高兴，很愿意为您服务”，微笑体现了这种良好的心境，同时也给顾客一种愉悦的心情。

微笑服务并不意味着只是脸上挂笑，而是应该真诚地为顾客服务。试想一下，如果一个销售员只会一味地微笑，而对顾客内心有什么想法，有什么要求一概不知一概不问，这种微笑有什么用呢？因此，微笑服务最重要的是在感情上把顾客当做亲人、朋友，与他们同欢喜，共忧伤，成为顾客的知心人。

2. 热情亲切的问候

在谈话的启动阶段对顾客表现出关心的态度，嘘寒问暖的语言是必不可少的。“先生、小姐您好，请问有什么可以帮您的吗？”也许类似这样的语句对于所要沟通的内容并没有什么实质上的意义，但是这样的态度能让交谈的双方都感到放松、自然，谈话也才有了继续的可能。

3. 巧妙灵活的寒暄

很多店员会忘记这个步骤，殊不知这是建立良好沟通氛围非常关键的环节。有的店员会认为寒暄是在浪费时间，有正事不说，非得在无关紧要的事上大费口舌，是不分轻重的表现。其实寒暄，自有其妙处！

寒暄可以试探和了解顾客的情绪，并且产生稳定对方情绪的作用，不急着讲，先摸清楚情况。比如，人们一见面，通常会说一些无关紧要的话：“你最近气色不错。”对方如果说：“我最近吃不好、睡不好，气色怎么会好？”那你就知道对方心情不佳，不管什么事都需要延后，贸然说出来而对方一口回绝，连个商量的余地都没用了。如果对方回答：“还好，最近没什么烦心事。”说明他心情不错，可以与客户继续沟通了。

寒暄可以缓解顾客紧张甚至是排斥的情绪，如果对方摆明不想听你说话，你通过寒暄可以渐渐使对方放松对你的戒备。

当然，也可以不用寒暄就直接切入沟通正题，但是要满足一定的条件：

其一，双方比较熟识，且要谈的事多半比较重要，前因后果双方也比较清楚，这时可以不用铺垫，直接切入正题。

其二，自己有把握吸引对方的注意力，让对方不得不按照自己的思路走。

4. 恰如其分的赞美

赞美是人际沟通人际互动的润滑剂，赞美的话一定要说。

"这个小弟弟（妹妹）好可爱啊！""您的手机真漂亮，这是现在最流行的款式吧？""一家人刚刚逛完公园吧，真是幸福的家庭啊！""您的这款衣服应该不是在国内买的吧，我猜应该是法国货，对吗？"

人与人之间沟通从赞美开始，作为一个店员更要学会赞美的艺术。从顾客进门开始，就需要认真、仔细地观察和思索，寻找出与顾客相关的特别之处，为赞美奠定坚实的基础。

找对话题，拉近与顾客的距离

没有经验的店员经常都会遇到这种情况，与顾客交谈几句后就不知与顾客谈什么，从而出现一些尴尬的局面。他们与顾客的谈话模式通常是单刀直入式的需求提问，问完之后就不知说什么好了，找不到新话题。在与顾客的交谈中，如果你不是一个健谈（健谈并不表示你一定要说话特别多）的销售人员，就很难在顾客心目中建立起良好的印象及专业形象。

与顾客沟通中，当出现这类情况时，店员可以引导顾客谈论他感兴趣的话题，从而主导本次谈话，让顾客进入一个轻松、愉快的谈话过程，留下良好印象。

有一天，有一位卡内基训练课程的业务经理接到一个电话，对方是一家上市公司的董事长秘书。

原来，这位企业规模庞大的董事长在广播中听到有关卡内基训练的内容，他很感兴趣，希望这位业务经理过去为他做介绍。

秘书对经理说:“我们董事长日理万机，非常忙，所以你一定要在20分钟以内谈完，可以吗?”

这位业务经理一口答应，并比约定的时间更早到达对方的工厂。他在进行介绍前，先去上了厕所，结果发现这家工厂的厕所有五星级饭店的水平，地上铺的是进口瓷砖，洗手台用的是高级大理石，水龙头的造型也是美轮美奂，而且整理得一尘不染，光可鉴人，让他印象非常深刻。

后来他进了董事长办公室，简单寒暄后，他首先问道:“董事长，我刚刚用过你们的洗手间，那是我见过最棒的洗手间！我想请教董事长，为什么会把工厂的洗手间设计得这么高级、漂亮?”

董事长眼睛一亮，开始大谈他的“厕所管理学”。他说:“你想想，平时我们清醒时，最私密的空间是什么？就是厕所啊！如果你工作的地方，厕所总是干干净净，用起来很享受，员工的士气一定很高昂。一家企业的厕所，如果设备很简陋，卫生环境不佳，表示管理做得漫不经心，经营者也不重视员工。所以我每次去拜访经销商，一定会看看他的厕所，如果乱七八糟，我一定不跟他做生意。记得有一次……”

董事长滔滔不绝地举例，说了超过30分钟，秘书频频探头进来，提醒董事长后面还有行程。这时董事长才回神过来，赶紧说:“我的时间不多了，你赶快介绍一下卡内基训练。”业务经理花了5分钟介绍卡内基训练的课程，如何可以增强公司的团队凝聚力，董事长一听就说:“这门课程不错，也可以让员工士气更高昂!”于是就把这件事交代下去，请秘书安排主管上课的时间，并承诺自己也要一起上课。

在这次介绍中，谈厕所谈了30分钟，卡内基训练的课程只谈了5分钟，结果还是成交！这是因为业务经理一开始就谈论客户感兴趣的话题，找到了赢得客户好感的金钥匙，开启了成交之门。

在销售中，一般情况下，顾客是不会立即对我们销售的产品产生兴趣的，如果店员在刚开始接待顾客时，就滔滔不绝地谈论产品，往往会引起顾客的抵触与反感。相反，如果能够与顾客聊他们感兴趣的话题，则可以使谈话的气氛充满生机，使顾客感觉找到了知音。让顾客产生亲近感之后，再谈销售的事情就相对容易了。

在销售中，我们可以通过与顾客谈论以下话题来引起顾客的兴趣。

（1）谈论顾客的工作，如顾客在工作上曾经取得的成就或将来的美好愿景等。

（2）提起顾客的主要爱好，如体育运动、饮食爱好、娱乐休闲方式等。

（3）谈论时事新闻、体育报道等，如每天早上迅速浏览一遍报纸，与顾客沟通时首先把刚刚通过报纸了解到的重大新闻拿来与顾客谈论。

（4）谈论顾客孩子的情况，如孩子的教育等。

（5）和顾客一起怀旧，比如提起顾客的故乡或者最令其回味的往事等。

（6）谈论顾客的身体情况，以及如何养生等问题。

总之，只有顾客对你所说的话感兴趣，他才会重视起来。所以在销售产品这道“正餐”之前，不妨先给顾客准备一道“开胃菜”——谈谈顾客感兴趣的话题。

抓住顾客的人，先要抓住顾客的心

根据观察，有相当一部分顾客走进店里进去转了一圈，然后一言不发径直地走了出去。而店员除了在门口说一声“欢迎光临”，然后一言不发地跟在顾客的后面，顾客可能被跟烦了，匆匆走出门口的时候，店员还不忘在后面喊一声“慢走，欢迎再来。”

为什么我们一再强调终端门店的重要性，是因为来到店里的顾客，一般都是有需求或潜在需求的人，谁抓住了这些有限的顾客，谁成功的可能更大。抓住顾客的第一步就是要留住顾客，顾客在你这里停留的时间越长，对产品的优势、给他带来的利益点了解得越多，选择产品的可能性就越大。

可以这样说，顾客在你这里停留 30 分钟，一定比 3 分钟更有希望，如果在其他店里停留了 50 分钟，那么人家的希望就比你的大。因此，在顾客刚刚驻足的时候，就要抓住顾客的注意力。要抓住顾客的注意力，就要学会引导顾客。

一名顾客走进一家家具店，进店后随手按了按摆在店门口的床垫。

店员：这款床垫稍微硬一点，您比较喜欢睡硬一点还是软一点的床？喜欢哪一种，可以躺上试试。

顾客：我这种体型的，适合睡哪一种？

店员：您来这边看一下，这款比较适合您的身材。

顾客：为什么？

店员：人的体型不一样，需要的床垫也不一样，您的身材偏瘦，比较适合这种乳胶的。

接着店员做个姿势把顾客引到一款乳胶床垫面前。

顾客进店后随手按了按摆在门口的床垫，进店后马上锁定的一款产品，没有经过仔细甄选的举动大多是随意性动作或者是好奇性动作。顾客的动作是没有目的性的，这时候如果店员判定顾客对这款产品产生了浓厚兴趣而着重推荐，开始背诵产品卖点，大多会失言，同时马上会丧失自己的主导地位，顾客随之而产生的异议就蹦出来了，剩下的时间更多是被动地解决异议。

面对顾客进店的首个动作，先有回应并满足其好奇，也就是“摸啥讲啥、看啥讲啥”，但要点到为止，不全面展开。首个动作，不是购买信号的表现。并不是每位进店的顾客都清楚地知道自己应该买什么样的产品，店员对进店顾客该做的事情是帮助顾客做选择和判断，从而塑造顾问的形象。

这位店员在开场接待做得不错，先一句话介绍顾客摸的这款产品，回应顾客的动作，然后转换思路，了解顾客想要什么，力争做到有的放矢。当顾客自己无法判定或不愿意说出自己的目的后，根据顾客的外部表现特征去推敲顾客的心理，言之有据。在几次简短的对话中，把自己的专业形象体现出来，也占据了主动地位。

用话语引导“随便看看”的顾客

在零售门店，顾客形形色色。对于店员来说，最让人头疼的顾客是说“随便看看”的。遇到此类顾客，很多店员通常只会消极的说“没关系，您随便看看吧”和“好的，那您随便看吧”。这样的话一吐口，就等于放弃了服务的主动权，从而大大降低了顾客购买的可能性。

那么店员怎么应对随便看看的顾客呢？具体的应对可以这样说：

店员1：是的，先生，现在买衣服是要多看看！再说现在牌子也多，都不知道怎么选了，您说是吧？不过，先生，我一定要向您介绍几款我们正打特价的衣服，这几款衣服现在卖得特别好，并且颜色款式也很适合您。先生，您买不买没关系，可以先了解一下吗，来，请您跟我这边来……

店员2：哦，先生，您现在买不买没关系，可以先看看我们的衣服，多了解一下我们的品牌。来，我先帮您介绍一下……请问，您比较喜欢什么衣服？……

店员3：（介绍品牌后立即提问）请问先生，您平时一般喜欢穿什么颜色的衣服？

店员4：先生，您说得有道理，现在的服装牌子也多，买衣服的时候是要多看看、多比较，这样买了才不会后悔呀，您说是吧？这样，先生，您先自己慢慢看，如果有需要就叫我一声，不管您今天买不买，我们的服务是一样的。

店员5：先生，您看的这款衣服是我们刚到的最新款，卖得非常好。对了，顺便问一下，先生，请问您今天想看看什么场合穿的衣服呢？

但是，有时尽管使用了这样的方法，还是会受到顾客的拒绝。这时，店员千万不要灰心，更不要抱怨，甚至感到自尊心受到伤害。要知道，顾客做出这样的反应是正常的，只要他还没有离开店面，你就有机会。此时，可以这样说：“没关系，先生！您挑选一下自己喜欢的衣服，有需要请您立即喊我！”

记住，说话的时候一定要面带微笑，体现真诚。然后，进入第二次寻机状态，再按照上面的流程进行第三次“接近”，当然，第三次“接近”的时候，如果你前面还没有给顾客倒水，那就要献上你的“好茶”喽！针对这种难以应对的顾客，一杯热咖啡，一杯冷饮，或者一杯花茶，都可以拉近你同他们的距离，最终顺利实现第三次“接近”。

对沉默型客户要主动找话题

有些顾客进店后，沉默寡言，店员打招呼他也不理不睬。对此，店员常见的接待语有:“先生，需要我帮忙吗?”“先生，请问您需要什么样的产品?”“先生，请问您需要什么价位的?”“先生，您先随便看看，有需要随时喊我!”

诸如此类的接待语都是失败的，如果我们是顾客，面对如此的问话，又该如何回答?答案往往是“我先随便看看!”或者装作没有听到。如果此时上前介绍，会显得很生硬、尴尬，难度也随之增加。

针对此种情景，店员应通过增加与顾客融洽度的方法拉近与顾客的关系:

(1) 店员:先生，您是北方人吧!

顾客:哦，你怎么知道的?

店员:因为我也是北方人啊，一听您说话就感觉到了家乡的口音，在广州这个大都市能遇到老乡，听到我们北方人讲话特有的口音，感觉就像回到家一样舒服。不知您是刚来广州还是已经待了一段时间?(可以用家乡的口音和顾客交流)

(2) 店员:先生，您看到最近关于“这个品牌手机爆炸”的新闻了吗?

顾客:看到了，怎么会那样呢?

店员:听说啊，这款手机的电池有问题啊……(从身边的逸闻趣事介入谈话)

(3) 店员:先生，我看您好像挺累的了。这大热天的出来买东西也挺辛苦的啊!(顾客可能回答是或者根本就不说话)

店员：您看我们这里手机类型和款式都挺多的，为了节省您宝贵的时间，尽快挑到符合您要求的手机，我想请问一下，您是想要简单实用一点，还是功能齐全、款型个性化一点的呢？（如此提问，就可以让顾客开口说话，将销售向前推进）

对于不说话的顾客，店员一定要显得稳重，而且要有足够的耐心。接待这样的顾客时，首先要寻找与顾客的相同点：可以从顾客的籍贯、职业、爱好、外表长相入手。其次，与顾客闲谈：从身边的逸闻趣事、最近的时事等入手引发顾客的兴趣。最后，诱导顾客参与话题：从顾客的切身事项入手，引领顾客参与交流。

让顾客感受到人情味

在江西省弋阳县三县岭乡陈屋村，余荣飞的商店不算大，但商品样样俱全，生意很是红火。

但在开店之初，作为外来户的余荣飞由于语言不通、人缘不广，生意较为惨淡。谁知一年后，他不但能够操得一口流利的本地方言，生意还越做越好，让周围的同行好生羡慕。

每当被问起经营的“秘方”时，余荣飞总会说：“做生意千万不能只重‘利’，要讲究一‘情’字，情能聚人，也能聚财。”

店员要想留住顾客，感情沟通是必要的，也是必须的。

每一名店员在走向顾客之前必须给自己一个告诫，“我的目的是来卖产品的，但是我唯一的手段就是先和顾客建立良好的感情联系。”

记住，顾客的需要，不仅是产品，还有你的友情与尊重，产品是许多人都能提供的，而友情却不是如此！

失败案例 1：

顾客走进店……

店员：您好，欢迎光临。

(顾客没有说话，继续往里走)

店员：您是看看 × ×吧？

顾客：嗯，随便看看。

(店员没有话说了，跟在顾客后面)

失败案例 2：

店员：您好，欢迎光临。

(顾客点点头，继续往里走)

店员：您家装修到什么程度了？

顾客：刚开始。

店员：装修是什么风格？

顾客：中式（或欧式）。

店员：哪个小区的？

(顾客不说话了，也不知道说什么了)

上面的第一种错误应对是终端商场常见的开场，由于缺乏目的性和引导性，很容易堵死话题，导致店员不能在语言上和顾客形成衔接。

在第二种错误应对中，店员想了解顾客信息，但问得太急。顾客刚进店时是有压力的，同时大部分顾客也带有防备心理，马上就问问题容易增加顾客的戒备心理。

由于顾客和店员之间是陌生的（指顾客第一次来店的时候），顾客既不会轻易透漏自己的信息，还会掩藏自己的心思和意图。因此，店员为促成成交，就要充分挖掘这些信息以判断顾客需求，在这种情况下开场就显得极为重要了。那怎样才能算是好的开场白呢？

成功案例：

顾客走进店……

店员：您好，欢迎光临××店，（停顿一秒）先生好像以前来过吧？

（分析：其实顾客以前根本没有来过，店员这样问是为了拉近距离增加沟通深度。）

顾客有点诧异：没有啊？

店员微笑地说：真不好意思，我看您挺面熟的，好像在哪里见过？

（分析：进一步套近乎，用感性的语言激发顾客的右脑，使顾客兴奋起来，不给顾客理性思考的余地。）

顾客：见过？好像没有印象啊？

店员：我也真的想不起来了，不过也没有关系，现在不就认识了吗，我是本店的销售顾问，您喊我小张就可以了，这是我的名片。（顺手把名片递过去）

（分析：当店员把自己的姓名、职务介绍给顾客后让顾客感觉受尊重，同时也为了解顾客的姓名做了铺垫。）

顾客：噢，小张。

店员：先生您怎么称呼？

（分析：顺其自然地了解顾客的姓名，无形中拉近了距离，增加了信任度。）

顾客：免贵姓王。

店员：是王先生啊，我们店的××是非常有特色的，我给您介绍几款。

（分析：强调产品有特色，同时主动提出给顾客介绍几款，这里没有用二选一的问话方式，而是直接插入式，不给顾客选择的余地。）

顾客：好啊。

……

与顾客的交流不是死板的公事公办，而应尽量人情味浓一些。顾客进店，不要急于介绍产品或了解顾客的信息，而是先进行情感上的沟通，通过沟通营造宽松的氛围。在这样的环境下自然就走进了“交流——交心——交易”的圈子。

说出来的话能热乎到顾客的心里去

据说，美国招聘高薪业务员的方式有时令人惊讶。一次，美国一家汽车商举办招聘者测试会。

在这当中，有一个身穿粗布工作服，脚蹬一双帆布运动鞋的“大个子杰姆”，一进门看见陈列室里的汽车就大声叫唤：说真格的，从心眼里就想把这些汽车统统卖出去！他的热情被测试人员注意到了。

最后宣布人选时，“大个子杰姆”被选用了。他听到消息时，大吃一惊，原本参加测试凑个热闹，想不到歪打正着。从此，“大个子杰姆”拥有了高收入的汽车推销岗位。

这位，“大个子杰姆”一开始工作，就是从心里想看看那个西雅图世界博览会。他在那个月的头一周内卖汽车所得到的钱不少，足以让他在西雅图度过两个星期。在该月的最后一个星期又赚了不少钱，相当于推销部其他人员的全月收入。

热情是最有价值的一种感情，也是最具感染力的。有人做过研究，热情在成功销售的案例中占的分量为95%，而产品知识只占5%。对店员来说，在和顾客接触的时候，沉着一张“苦瓜脸”，瞪着一双“丹凤眼”，说着那种冷冰冰的话，又表现出那种爱理不理的态度，那么顾客又如何能够喜欢你呢？又如何有兴趣听你讲下去呢？

没有一位顾客愿意从一位阴沉着脸、死气沉沉的店员手里购物的。缺乏热情的店员，往往语言简单，或者讲几句话就无话可说了，或者总是找不到话题，最后让顾客感觉尴尬甚至有点不好意思；而充满热情的店员，满面笑容，说出来的话能热乎到人的心里去。在这样的店员面前，顾客肯定都很乐意买他的东西。

北京百货大楼著名的劳动模范“一团火”张秉贵，就是善于热情接待顾客的典型。张秉贵被人称为“一团火”，就是因为他对顾客十分热情，从他嘴里说出来的话，能够让人时刻感受到温暖。

有一天中午，商店里的人不多，一位女顾客气呼呼地来到糖果柜台前，张秉贵含笑迎上去:“您想买点什么糖?”

“不买，难道不能看看吗?”

说完，这位顾客连看都不看张秉贵一眼，绷着脸从中间柜台向东面柜台走。张秉贵也随着她向柜台东面走去，边走边想：她准是遇到了什么不顺心的事，越是这样，我越是要热情地接待她。

张秉贵一边走，一边还是那样和颜悦色地说:“最近从上海来了几种新糖果，味道还不错，您想看看吗？我给您介绍一下……”顾客被张秉贵那火一般的热情感动了。她抱歉地说:“刚才我冲您发火，您没见怪吧，我那孩子不吃饭就去游泳，气得我真想揍他。您瞧，刚进大楼那阵儿，我的气还没消呢!”

“您教育孩子是应该的，可要注意方法，不能打孩子。”

这位顾客感动地说:“您的服务态度真好，我无缘无故向您发火，您还这样耐心做我的思想工作……”

从这以后，这位女顾客每次来百货大楼，都要到糖果柜台前看望张秉贵。

还有一次，一位工人模样的同志到百货大楼糕点柜台买东西，因为刚喝了酒心烦，就和一位售货员吵了起来。他带着气又来到对面的糖果柜台。这时满面笑容的张秉贵迎了过来，主动和他打招呼。这位顾客怒气未消，连让张秉贵称了三种糖果，每种都是只要一两。张秉贵非常麻利地给他称了糖，包装好。这位顾客被感动了，脸上露出歉意。从那以后他常来买糖果，还说:“我来看张师傅，是因为他对顾客太好了。在他那儿买东西心里总觉得很舒坦、很高兴，回到家里也总是忘不了。”

由此可见，店员一定要充满热情，用自己充满热情的话语去感染客户，只有这样，才能够打动客户。

善于提问，还要善于倾听

顾客进店伊始，了解顾客的需求非常重要。只有了解了顾客的需求后，才能快速锁定主推产品，有针对性地进行介绍。

通过询问来发现顾客的真正需求，并在询问过程中积极倾听，让顾客尽量发表真实的想法。有些店员一见到顾客就滔滔不绝地说个不停，让顾客完全失去了表达意见的机会，这种做法往往使顾客感到厌烦。一旦客户厌烦，不用说，店员的销售注定要失败。

询问在专业销售技巧上扮演极重要的角色，你不但可以利用询问技巧来获取所需的情报并确认顾客的需求，而且能主导顾客谈话的主题。询问是最重要的沟通手段之一，它能使顾客因自由表达意见而产生参与感。

需要提醒的是，与询问同样重要的是倾听。除了善于提问，还应运用倾听技巧，如此，你才可能真正接近顾客。

店员：先生，您穿多大码的西装？

店员：先生，想必您一定知道，以您的身材想挑一件合身的衣服，恐怕不容易，至少衣服的腰围就要做一些修改。请问您所穿的西装都是在哪儿买的？

顾客：近几年来，我所穿西服都是在×××买的。

店员：×××的信誉不错。

顾客：我很喜欢这家店。但是，正像您说的，我实在很难抽出时间挑选适合我穿的衣服。

店员：其实，许多人都有这种烦恼。要挑选一套自己喜欢、适合自己身材的衣服比较难。再说，到处逛商店去挑选衣服也是件累人的事。本店有 3000 多种布料和式样供您选择。我会根据您的喜好，挑出几种料子供您选择。

店员：您穿的衣服都是以什么价钱买的？

顾客：一般都是 2500 元左右。您卖的西服多少钱？

店员：从 1500 到 4000 元都有。这其中有您所希望的价位。

店员向顾客提出了几个问题，以寻求顾客真正的需求，然后才展示商品，进行商品的销售。

在本案例中，店员每问完一个问题，总是以专注的态度倾听顾客的回答。这种做法可以使顾客有一种被尊重的感觉。许多店员常常忘记这一点，要知道，倾听是确保沟通有效的重要手段。如果在顾客面前滔滔不绝，完全不在意客户的反应，很可能会失去发现顾客需求的机会。

把握顾客的购买时机

很多店员，一看到顾客进店，就马上滔滔不绝地向顾客赞扬自己的产品，希望以此赢得顾客的好感，引导他们购买，结果顾客反应冷淡，不是漫不经心地看着产品，就是与同伴边看边聊，当店员不存在似的。

店员：这位先生，这款衣服是今年的流行款式，卖得特别好，您可以穿上试一试，相信您会喜欢的。

顾客停下脚步，看着店员拿出的衣服。

店员：这款衣服材料手感特别好，不管怎么洗都不会变形。

顾客看了一会，很不屑地离开了。

顾客的冷淡，不仅会使店员的信心被摧毁和打垮，其销售热情也会降到零点。明明自己尽心尽力地给顾客介绍了产品，所有该向顾客讲的都说了，为什么顾客就是不买账呢？关键在于：在业绩压力下，有些店员为促成成交，不顾及顾客的感受，只是一股脑地把头脑里的东西全部倒给顾客，自顾自地说，让顾客觉得很无趣，只有转身离开了。

不理会顾客的感受，无论你讲得多么精彩，都不会收到效果。只有根据顾客对产品的兴趣进行有的放矢地介绍，成功率才会大。所以，为顾客介绍产品的时机很关键。

了解接近顾客的最佳机会，首先应对顾客进行分类，一般来说，进入购物场所的顾客有两类：

一种是专程来购买某种商品的。他们进来后，很少左顾右盼，而是脚步轻快，径直向某一商品走去。店员应迎合他们的急迫心理，主动接近。

一种是选择性顾客。这类顾客的购物目的并不明确，但如果他们发现合适的商品或服务就会产生购物动机。对于这类顾客，店员要寻找合适的时机进行销售。

（1）当顾客左顾右盼时

一走进店里，顾客就左顾右盼地在找寻什么时，应该尽早向他说声“您好，请问您需要点什么?”招呼得越早，省去顾客花时间寻找的麻烦，他心里高兴。店员也能做有效率的配合。

（2）当顾客一直注视着同一件商品时

这个时候正是招呼的机会。因为长时间看着同样的商品，证明这位顾客不知什么原因对那商品有兴趣，或者有时候他的心情已经到达联想的阶段了。这时的招呼方法为，从顾客的正面或是侧面，不慌不忙地说声“您好，有什么可以帮到您吗?”

（3）当顾客用手触摸商品时

一直看着某件商品的客人有时会用手去触摸商品，这表示他对那件商品感兴趣。因此，店员应从侧面走过去轻声招呼，不妨给顾客一些暗示，整理一下附近凌乱的产品，再伺机与之搭讪。

（4）当顾客从看商品的地方抬起头四处张望时

一直注视着商品的顾客突然把头抬起来四处张望，这意味着他想把商品拿在手上仔细看一下，想向店员进一步询问有关商品的事宜。这时店员一定要马上来到顾客身边，向顾客打招呼，介绍商品。

（5）当顾客停下脚步静止不动时

在店内边走边浏览陈列及展示柜中商品的顾客，突然停下脚步，这时是向前招呼的最好时机，因为，他可能在那儿找到了想要的东西了。

为顾客介绍产品的时机，往往不是在顾客刚进店的时候，而是在顾客浏览商品时对某一件商品比较感兴趣的时候。此时你可以根据顾客感兴趣的商品，大致联想出顾客想要什么类型的商品，因势利导，成功率往往会比较高。

第十二章 把握顾客需求，提升顾客满意度

※※※※※※※※※※※※※※※※※※※※※※※※※※※※※※※※※※

顾客的需要和欲望是市场营销活动的出发点，顾客之所以购买某种产品或服务，总是为了满足一定的需要。门店销售人员如不能真正了解顾客的内在需要，不能在产品与顾客需要之间成功地架设起一座桥梁，销售则不可能获得成功。优秀的门店销售人员不仅了解顾客需要，而且懂得对顾客进行需求与购买的启发、引导和影响。

※※※※※※※※※※※※※※※※※※※※※※※※※※※※※※※※※※

恰当提问，发现对方的需要

了解顾客的真实需求，在整个销售过程中是非常重要的一个环节，因为一旦你知道了他们的真实需求，你就能帮助他们获得期望的结果，此时你就变成一个

值得他们信任的顾问，他们也有理由成为你的忠实顾客。下面的例子可以很好地证明这一点。

一条街上有三家水果店。一天，有位老太太来到第一家店里。

老人:“有李子吗?”

导购员:“大娘您好，买李子啊?您看我这李子又大又甜，还是刚进来的，新鲜得很呢!”

没想到老太太一听，竟扭头走了。导购员很纳闷：奇怪啊，我哪里做得不对得罪老太太了?

老太太接着来到第二家水果店。

老人:“有李子吗?”

导购员:“大娘您好，您要买李子啊?”

老人:“啊。”老太太应道。

导购员:“我这里李子有酸的也有甜的，您是想买酸的还是想买甜的?”

“我想买一斤酸李子。”老太太说。于是，老太太买了一斤酸李子就回去了。

第二天，老太太来到第三家水果店。

老人:“有李子吗?”

导购员:“我这里的李子有酸的也有甜的，你是想买酸的还是想买甜的?”

老人:“我想买一斤酸李子。”

导购员一边给老太太称酸李子一边问道:“在我这儿买李子的人一般都喜欢甜的，可您为什么要买酸的呢?”

老人:“哦，最近我儿媳妇怀上孩子啦，特别喜欢吃酸李子。”

导购员“哎呀！那要特别恭喜您老人家快要抱孙子了！有您这样会照顾的婆婆可真是您儿媳妇天大的福气啊!”

老人:“哪里哪里，怀孕期间当然最要紧的是吃好、胃口好、营养好啊!”

导购员:“是啊，怀孕期间的营养是非常关键的，不仅要多补充些高蛋白质的食物，听说多吃些维生素丰富的水果，生下的宝宝会更聪明些!”

老人:“是吗?哪种水果含的维生素更丰富些呢?”

导购员:“很多书上说猕猴桃含维生素最丰富!”

老人:“那你这儿有猕猴桃卖吗?”

导购员:“当然有，你看我这里进口的猕猴桃个大汁多，含维生素多，您要不先买一斤回去给你儿媳妇尝尝?”

于是，老太太不仅买了一斤酸李子，还买了一斤进口的猕猴桃，而且以后几乎每隔一两天就要来这家店里买各种水果。

如果导购员想让顾客买你的东西，你就必须满足顾客的真正需要。那么，怎样才能找到顾客真正的需求呢?可以运用这样一个办法：不断地提出恰当的问题。你问得越多，顾客便可能回答得越多；顾客答得越多，你得到的信息也就越多，这样你就能一步一步地化被动为主动，成功地发现对方的需要，并想办法加以满足。

想办法让顾客说出他们的期望

店员在向顾客销售产品时，无论客户异议处理的情况如何，店员都要引导顾客说出他的真实期望。只有掌握了顾客期望，才可能给顾客提供更合适的产品以满足他的需求，才可能顺利达成交易。

店员：张小姐，您心目中是否已经选定了某个型号的电脑呢?还是希望我为您介绍一款?

顾客：你给我推荐一款吧。

销售人员：好的，请问张小姐，您是从事什么职业的？

顾客：我是一名老师。

店员：是吗？那我该叫您张老师了，有机会一定向您学习。请问您买这款机子是不是主要在讲课的时候使用？

顾客：是的，因为最近出差讲课比较多，我觉得买个笔记本电脑比较方便。

店员：没错，笔记本带着方便。另外，张老师，除了上课，还会用电脑做什么呢？

顾客：一般就是在上课和写书时用，其他就很少了。

店员：写书！您还是位作家！真了不起！今天能为您服务实在是我的荣幸。

顾客：过奖了。

店员：写书很辛苦吧，您是不是经常需要对着电脑很长时间？

顾客：是这样的。

店员：您有没有在写书很累的时候想听听音乐或者看看电影放松一下，找找灵感，有这种情况吧？

顾客：确实是这样，我喜欢听中国民族音乐，电影我倒是不喜欢用电脑看，屏幕太小。

店员：好的，张老师，这样的话，我给您推荐型号为××的机器，它的机型超薄，重量仅有 1.6kg，方便您出差时携带；这款机器采用的是高清的润眼屏幕，因为您要长时间对着电脑，所以对眼睛的保护也必须考虑；另外，它的音响效果也特别棒，方便您在放松的时候听音乐。您看除了这几点外还有别的需要吗？

顾客：这就很好了！

聪明的店员在销售产品时，总是会想办法让顾客说出他们期望中的产品应该包含哪些特征。如果顾客愿意开口说出自己期望的产品特征，那么就意味着你已经穿过了顾客铸造的铜墙铁壁，找到了一条通往成功的道路。当然，要想让顾客说出自己愿意购买的条件，还需要店员根据实际情况审时度势地运用一定的技巧。店员既要达到让顾客说出购买条件的目的，提出的建议又要合情合理，完全站在顾客的立场上考虑问题。本案例中，店员通过询问，了解了顾客买电脑的用途，弄清楚了顾客的期望，然后针对这种期望，为其推荐满足其期望的产品，这对于成交是很有帮助的。

顾客的反应决定了顾客的要求

顾客在购物过程中，需求是千差万别的，不了解顾客的需求，就无法提供有效的服务，就难以令顾客满意。

一天，一位直销一款功能齐全的自动售货机的经理给直销顾问打电话说，他最近正在为一个业务员头疼，想请顾问过去指点指点。顾问到了他那儿时，这位经理正在谈论这位年轻人的事。“让人气恼的是，马丁在产品演示方面做得很棒，简直是我见过的最好的演示之一。”

顾问问道:“那么，问题出在哪里呢?”

“唉，他从来没有卖出去什么东西。”

“可他的演示不是做得很棒吗?”

“是啊，是啊，他是做得很好。”

于是，顾问跟着销售业务员马丁一起出去直销。他正好要去见一个顾客，向顾客演示产品。

他们来到了顾客的公司。

这时，那位顾客来了，他神色匆匆地解释说，他忘了他们今天会来，而30分钟后他还有一个重要的会议，因此，希望业务员手脚麻利点。说完他瞧了一眼售货机。

"就是这个吗?"

被挡在售货机后面的马丁气喘吁吁地说:"是呀。"

"嗯，看起来还不错，我现在赶时间，就要这个吧，接上插头，给我开张发票。"

马丁从售货机后面伸长了脖子，像个长颈鹿似的，一副惊慌的样子，简直像有人拿一根烧红了的铁棍从后面捅他一下:"那可不行，先生，你先得看我们演示一下呀。"

那位顾客叹了口气说:"噢，我的天。好吧，好吧，不过麻烦你快一点。"

马丁开始埋头苦干起来，丝毫不理会那位顾客刚才的郑重声明，也不顾他这会儿时而抱怨连天，时而唉声叹气，时而跺脚，时而瞄一眼手表，一副烦躁焦急、坐立不安的样子。再看看马丁，只见他正有条不紊地演示，如何让售货机送出咖啡来，不送出来，再送出来，多送点出来，少送点出来；接着又示范一番如何买到17种不同口味的茶，还配有日本茶道的电子录音，一按按钮就能听到。跟着，他又示范如何买到法国洋葱汤，还搭配有不同口味的新鲜烤面包片，再佐以令人开胃的橙汁和清凉罗宋汤。接着，他又宣布说:"现在我再示范一下普通的日常功能。"那位顾客和顾问无精打采地站在一边，领带松垮着，一副垂头丧气的样子。

接着，他又得意洋洋地拉了拉两个暗藏的阀门。这时，整台售货机就像一朵巨型的金属花朵一样，绽放了开来，露出里边嗡嗡作响、微微振动的部件。接着，他又亮出一双大号的石棉手套、一条相同材质的围裙和一个面罩。顾问简直被他弄得哑口无言，而那位顾客则质问他说:"见鬼，这些东西是干什么用的?"

马丁带着一脸自作聪明的样子说:"啊，你知道，这台神奇的机器之所以能调配出各种天然口味，靠的就是超高温的沸水和流动的水蒸气。但这样一来，就会产生一些副作用。也就是说，这台售货机在使用过程中，会有些危险。嗯，老实说，危险还真不小呢。”

话音未落，那位顾客就吼起来:“滚出去！滚！滚！滚！”

马丁简直是本末倒置了，他忘了自己是在销售产品，不是搞产品演示表演。他激烈地为自己分辩说，他必须做个产品演示。实际上，那位顾客早就答应要买下售货机了，而他倒好，花上一个小时的时间，让那位顾客发现售货机的缺陷，结果，买卖做不成，还被轰了出来。

每个人都知道这句歇后语：画蛇添足——多此一举。而总有导购员在进行商品演示、说明时不顾顾客的需求和反应，一股脑地将商品的全部功能不厌其烦地演示、说明。其结果可想而知。

销售是一个互动的过程，导购员必须清楚顾客可能的反应，然后根据顾客的反应采取相应的沟通措施。在本案例中，只要我们事先有礼貌地询问一下，这位顾客对售货机有什么疑问或者特殊的要求，然后针对这些疑问和要求来演示产品就好了。如此一来，不用多费口舌，顾客就会心悦诚服地买下售货机。

给顾客面子，让顾客脸上有光

老顾客要求打折，是门店经常遇到的事情。打折，意味着利润减少；不打折，又怕得罪老顾客。并且，导购员稍有不当的措辞，还会造成客源的流失。

错误应对：

(1) 不好意思，我们这新老顾客都是不打折的。

(2) 对不起，我们这里对老顾客也都是不打折的。

(3) 如果您是我们的老顾客，应该更清楚我们的规定。

(4) 我也知道，但这是饭店的规定，新老顾客都不打折，我也没办法。

前两种说法无疑会深深刺伤老顾客的心，这等于在告诉客人：老顾客又怎样，不要以为是老顾客就可以特殊化，我们都一视同仁。第三种说法，则是暗示顾客：算了吧，别撒谎了，你怎么会是我们的老顾客呢？如果是就不会说这样的话了，因为这是我们的规定！而第四种说法，则是用门店的规定做挡箭牌，把饭店推向了不好的一面，会让顾客更反感。

这几种说法都没有有效引导顾客，让顾客没有台阶下，彼此陷入尴尬境地。

有研究机构表明，吸引一位新顾客比维持老顾客常常要多花 5 倍的成本。要使顾客不流失，关键是顾客满意，因为一位满意的顾客会带来一系列好处：光临次数更多，对门店忠诚度高；愿意购买门店的新产品；主动向周围的人说门店好话，帮助门店介绍其他顾客；忽视竞争门店的广告、对价格不敏感；像老朋友一样乐意给门店一些好的建议；与新顾客相比，降低了营销费用和服务成本。所以对待老顾客，如果不能让他们满意，会给我们带来更大的损失。

就本案例而言，很多门店都有自己的 VIP 卡或相关的体现顾客身份的优惠卡，若本案例顾客没有此卡，导购员也一定要给足顾客面子，在我们权限内可以适当给予相应的折扣，或为顾客办理此卡。若实在没有折扣或优惠卡，我们也应给顾客找个台阶，如赠送优惠券、小礼品等，让顾客感到对他们的重视，体现老顾客的价值。

正确应对：

(1) 是啊，×小姐，我经常见到您，也非常感谢您经常光临敝店，说实在的，我真的很不好意思，您是我们的老顾客，按照道理我应该先提出来，让您每次来都有相应的优惠。可这段时间我们正在做特价，所以所有的优惠都没有了。您是我们的老顾客，我们应当是朋友了，我个人送你一件非常实用的小礼物，您看这样可以吗？（用赠品解决）祝您永远漂亮、开心快乐！

（2）×小姐，非常感谢您经常光临，我相信您也比较了解咱们店就是以薄利多销为宗旨的，价格在同类店中可以说是最低的。同时，让大家走进来就像一家人，我们营造一种家的氛围，这也是敝店赢得很多像你这样的老顾客厚爱的重要原因，您说是吗？（微笑着面对顾客，如果顾客点头或默认，就迅速建议付钱）那好，×小姐，您看您是刷卡还是用现金呢？

（3）×小姐，非常感谢您经常光临敝店，说实在的，我真的有点不好意思，您是我们的老顾客，按道理我应该给您打折，可我们在价格上都是统一的。不过请您放心，敝店最近在搞老顾客积分活动，我现在就给您办理积分卡，将您的积分累积到您的卡里，这样您的积分累计到一定数额就可以享受我们的优惠方案！×小姐，请问您的手机号是……（转移到顾客资料收集上）

让顾客接触产品，让他亲自感受产品的优点

我们打开门做生意，就要把握住每次顾客光临的机会，不然生意来了，由于自己不善于沟通引导，却让生意跑了，这能怪谁，怪自己不懂得沟通引导。如果这方面做得不好，不管你的店里有多少客流量，那也是白白浪费资源。因此，我们在产品销售的同时，也要做好沟通与引导，这样才能真正让自己的生意旺起来。

对于大多数顾客来说，懂行的人少，一知半解的人多。这类顾客容易受到误导，以为自己已经是内行了。面对这样的顾客，导购员不能纠正顾客的观点去说

服顾客，而是要用引导的方式，以达成交易。

在一家电器城，一名顾客从其他品牌的冰箱向××品牌冰箱走来。

顾客:“你们产品的蒸发器是不是铝的?”

导购员:“我们蒸发器的管子用的材料是铜。”

顾客愕然:“铜的？还是铝的好。”准备转身就走。

导购员:“先生您说得不错，铝这种金属确实有很多很好的用途，但在蒸发器上用什么材质最好，还得依据科学。我们都学过化学，铜的导电导热性非常好，弱于银而强于铝。蒸发器最佳的材料是不是应该选导热导电性能更好的材质?”

顾客一听，便站住了。

这时候，另外一个导购拿了两根几厘米长的铜管和铝管。

导购:“导热性能好不好，光靠说是不行的，您来试试吧。您两只手分别拿着这两根管子，我用打火机在这边烧，您看哪个管子先热。”

顾客一手拿铝管，一手拿铜管，两个导购用打火机在另一头用大火烧着。“铜管热了，铝管还温的”。

导购:“先生，您现在应该知道选什么样的冰箱了吧?”

顾客仔细看了看冰箱的款式与价格，最后挑了一款。

产品介绍过程其实是导购员与顾客之间的双向沟通过程，辅助材料给予顾客的是视觉的刺激，但是要让你的产品介绍更具吸引力的话，莫过于让顾客与产品接触，让其亲自感受产品的优点。顾客接触产品可以使顾客对产品产生认同感，并促使其迅速下决心采取购买行为。让顾客与产品接触的方式包括：

（1）触摸——让顾客感受产品的重量、包装、大小。

（2）让顾客闻、嗅——让顾客感受产品的味道。

（3）让顾客试食、试用、试穿……

事实胜于雄辩，在介绍产品时，尽量让你的顾客去体验你的产品，让你的顾客亲自看一看、摸一摸、闻一闻、尝一尝，或操作一下产品，胜过你的万语千言，特别是对于那些防备心理特别强的顾客来说，这更是促成交易的润滑剂。

说一百遍不如做一遍，让顾客通过亲身体验产品的优点能够达到最佳的说服他自己的目的。当然要做像案例中的让顾客尝试的方式要注意，你必须对产品的质量有十足的把握，如果你的产品质量不过硬的话，就别硬着头皮做这样的产品演示，否则只会取得反效果。

像职业咨询员一样发掘出顾客的潜在需求

顾客的需求一般分为具体需求和潜在需求。顾客的具体需求是顾客明确知道自己想要什么，希望要什么，而顾客的潜在需求看上去似乎很难挖掘。

能挖掘到顾客的潜在需求，并通过合理引导，激发顾客满足此需求，那么将是一次成功的销售。如何挖掘客户潜在需求，有没有高深的技巧？看看以下经典案例，你就知道挖掘顾客的潜在需求原来这么简单！

一天，一个老板问刚应聘来的一个小伙子说:“你今天做了几单买卖？”“1单。”小伙子回答很干脆。“怎么只有一单的？”老板生气地说。一天一名业务员只做一笔生意，还不让他亏死呀。“这单生意你卖了多少钱？”“三百万！”小伙子理直气壮地说。“怎么卖这么多钱？”老板目瞪口呆。

“是这样的，一个男士进来买东西，我先卖给他小号的鱼钩，然后是中号的，接着是大号的。接着又卖给他小号、中号、大号的鱼线。我问他去哪钓鱼的，他说是海边。我于是建议他买条船，于是我就带他去卖船的专柜卖给他一条渔船，为了运船，我又建议他去汽车销售区买了辆汽车。”

老板后退几步，惊讶道:“一个客人仅仅来买个鱼钩，你就能卖给他这么多东西?”

“不是的，”小伙子回答，“他是来给老婆买卫生纸的。我就说‘天气这么好，你干吗不去钓鱼呢?’”

从这个故事我们可以看出，这个小伙子成功地利用了顾客的休闲心理，发现顾客的潜在需求，从而让他产生钓鱼的渴求并通过购买相关的工具而成功地实现了销售的最大化。那么，导购员要如何发现顾客潜在需求，并成功销售呢?

1. 旁敲侧击，突破心防

在初次接触顾客时，往往都无法迅速打开顾客的心防。与其直奔主题直接说明商品不如谈些有关其他方面的事情，如小孩、球赛、天气等话题或谈些街坊邻居的事情，先让顾客对自己有好感，消除距离感。然后，根据自己的调查，为顾客分析问题，引发顾客的需求。

2. 乘胜追击，挖掘需求

顾客的需求永远是多方面的。当顾客购买了某个产品之后，导购员可以继续挖掘顾客其他需求，继续引导消费。

一位老年妇女拿着一个装奶粉的空包装袋来超市要购买这款奶粉。原来，她的儿媳妇生下孩子都两三天了，还没有奶。由于买奶粉没有经验，请教邻居后才来买的，由于怕买错了，还拿来了包装袋。

导购员一看，这款奶粉是低档的，对新生儿不太适合，于是就婉转地向她推荐了另一款奶粉。推荐的理由有二：一是该款奶粉是经检验的合格奶粉之一；二是该奶粉中各项维生素比例均有标准，特别适合于新生儿。由于这两个理由都是很敏感的话题，并且价格又不贵，听完导购员的介绍后该顾客很痛快地买了一罐，并且表示，如果孩子喝的话，以后就一直买这款奶粉了。

在这位老年妇女付完钱后，导购员随口说道:“小孩子喂奶粉，最好要兑奶粉伴侣。”“奶粉伴侣是什么东西，有什么作用?”妇女疑惑道。

"兑奶粉伴侣不上火，还有助于消化。一般顾客来买奶粉都要带上这个。"导购员说，"这样吧，如果不需要的话，你下次再来买奶粉时，退给我也行。"

听完导购员的话免去了顾客的后顾之忧，她也很痛快地买了一袋。事隔一个星期，这位老年妇女一进店门就说:"还是你说的对，我把奶粉和伴侣买回去，大家都夸我呢，咱年纪大了，对这些没经验，还不是听你说咱就现学现卖的。以后，我家小孙子的奶粉就定在你这儿了。"

导购员抓住顾客感兴趣的话题推波助澜，让顾客购买了更多的产品。

顾客对于如何实现自己的潜在需求，并不一定能够做出正确的选择，这就需要我们导购员先挖掘问题的原因，通过外在表象找出内在需求，然后引导顾客需求到自己产品上来。

（1）首先通过提问等方式，获取顾客的基本信息，准确了解顾客的具体需求。

（2）在获取顾客具体需求的基础上，纵深提问找出深层次需求和需求背后的原因，然后再围绕顾客所需要的产品展开介绍和宣传。

（3）引导顾客的需求到自己的优势上来。在销售当中，谁是产品专家，应该是导购员，产品是他们每天都在接触的对象，他们对于自己产品优缺点的了解，胜于顾客的了解。

让顾客找到上帝的感觉

美国《哈佛商业评论》杂志发表的一项研究报告指出:"公司利润的25%~85%来自于再次光临的顾客，而吸引他们再来的因素，首先是服务质量的好坏；其次是产品本身；最后才是价格。”据美国汽车业的调查，一个满意的顾客会引发 8 笔潜在生意，其中至少有 1 笔成交；而一个不满意的顾客会影响 25 个人的购买意愿，争取一位新顾客所花的成本是保住一位老顾客所花成本的 5 ~ 10 倍。

因此，我们要服务好每一位顾客，只有服务好顾客，企业才能获得效益，企业才能长期生存和发展。

一天，一位陌生的顾客走进豪华的美国花旗银行大厅，他仅仅要求换一张崭新的 100 美元钞票，准备当天下午作为礼品用。

花旗银行是世界最大的银行之一，每天的营业额高达数亿美元，业务十分繁忙。但接待这位顾客的银行职员微笑着听完这位陌生顾客的要求后，请这位陌生顾客稍候，立即先在一叠叠钞票中寻找，又拨了两次电话，15 分钟后终于找到了一张这样的钞票，并把它放进了一个小盒子里递给了这位陌生顾客。同时附上一张名片，上面写着“谢谢您想到了我们银行”。

事隔不久，这位偶然光顾的陌生顾客又回来了，这次是在这家银行开了个账户。在以后的几个月里，这位顾客所在的那家律师事务所在花旗银行存款 25 万美元。

这个每天的营业高达数亿美元的世界级大银行，完全可以予以推托或敷衍了事这种调换一张 100 美元新钞的区区小事，但他们做了，而且做得非常认真：先在一叠钞票中寻找，后又拨了两次电话，而且找到后又把它放进一个小盒子里，最后还不忘附上一张纸条“谢谢您想到了我们银行”。难怪不久，花旗银行的客户中又增加了新的开户者，这正是花旗银行这个百年老店永葆青春的秘诀，因为其始终发自内心地、真正地把消费者当成了上帝。

第十三章　顾客异议是成交的信号，必须认真处理

※※※※※※※※※※※※※※※※※※※※※※※※※※※※※※※※※※

在推销过程中，顾客对推销人员所发出的信息持怀疑或不合作的态度时，就形成了顾客异议。顾客异议是成交的信号，必须认真处理。要从顾客产生异议的原因、顾客异议的积极方面、处理异议的原则和化解异议的策略等方面来进行分析，并从中总结出处理顾客异议的方法。

※※※※※※※※※※※※※※※※※※※※※※※※※※※※※※※※※※

赞同顾客的意见，不与其争论

销售商品时，往往很多的顾客会说一些很有争议的话题，千万不要与顾客抬杠。即使你赢了，你最终还是输了。因为一个人即使嘴上服了，但心里并不服。

小张是性子比较急躁的人，遇到与他意见不同的顾客，总是愿意争论，结果

往往虽然自己占了上风，但是却因而失去了很多的朋友和顾客。

一次小张与一位顾客见面，当小张谈到他们的产品时，对方说："什么，你们的产品一点也没有名气，我一直在用××产品。××产品是外国公司的产品，服务也很棒。"如果是在以前，小张早就气得与其争辩起来了。但是如果越是争辩自己的产品好，对方就越喜欢竞争对手的产品。于是小张忍耐住，说："××的产品的确不错，买他们的产品绝对错不了。不但公司实力很强……"小张说完顾客就无话可说了，对方没有抬杠的余地，接着他们就不再谈论××产品。小张开始介绍自己产品的优势，从公司的前景到产品性能、质量等，小张建议顾客可以适用本公司的产品，并对顾客能使用他们公司的产品表示衷心的感谢，交谈的气氛始终十分融洽。后来这位顾客不但购买了小张的产品，而且他们还成为了很好的朋友。

要取得顾客的好感，首先要赞同顾客的意见，不要与其争论、反驳。你是要表面上的胜利，还是别人对你的好感呢？也许偶尔能获胜，但那是空洞的胜利，你将永远得不到对方的好感。与顾客交流要欢迎不同的意见，不要过于相信你的直觉，保持平静，并控制你的情绪，耐心倾听并寻找相同的意见；要诚实、宽容、同情，并感激你的顾客提出的不同意见，不要急于采取行动，让对方有时间把问题考虑清楚，和谐的交流技巧会使你在销售这条道上一路顺畅。

理解尊重顾客的见解

由于顾客都有自己的见解和情感，这些见解和情感方面的认识通常带有片面性且又难用讲解、说服的办法加以消除。顾客常对某些产品抱有偏见、成见、嗜好、习惯及对某一名牌、产品、广告等的心理信仰，造成对某一产品情有独钟。

顾客的心情，也是顾客产生不满的一个原因。在销售之前，也应先有所了解，当顾客心境不佳时，即使想成交，他也会因一时的心情而变得烦恼，例如，故意提出各种异议甚至恶意反对，有意地阻止成交。此外，应尽量避免与顾客正面冲突。

有的顾客爱为人师，每个人都有要表现自己的愿望，愿自己的知识、才能有展示的良机。这样在销售时，有些顾客就会为表现自己知识丰富、有主见而提出种种异议，对这样的顾客，就要求店员应该有耐性，理解他们，赞同他们，采取谦虚的态度，满足其自尊心和虚荣心。

1. 要满足顾客了解情况的要求

顾客需要的是用商品解决自己的实际问题，对于商品的了解是顾客的权利和要求，店员对顾客提出有关商品问题及各种异议应该理解，也是应该欢迎的，因为这说明顾客对商品已产生了真正的兴趣，希望了解更多的情况。针对这种类型的异议，店员应以令人信服的介绍、别具一格的演示和充足的证明材料等彻底解决顾客的疑问。

2. 努力解决产品方面存在的问题

当今，伪劣商品充斥市场，使人们对商品自然产生出一种不信任感，这使本来不健全的消费心理又变得更加脆弱。再加上一些商品质量不合格、品种不齐全、功能欠缺、价格不当或商品的宣传证据不充分，顾客便会自然地提出各种异议，对这方面的异议我们要区别对待，妥善处理，信息要及时反馈，该提供证据的就提供更多的证据，该增加的商品就增加，该改进的商品就改进。

3. 加强自身素质的提高

由于业务培训在某些企业部门还没给予足够的重视，店员本身的素质差，再加上企业文化不深入人心，没有达到社会的需求，表现在业务服务不周、销售名誉不佳、提供信息不足、待客礼仪不当等，“自己毁了自己的长城”。顾客产生异议也就在情理之中了。为了杜绝这些情况，就应该加强全员培训，加强企业管理，在同行业中，树立自己良好的企业形象，锐意进取，不断创新，紧跟时代的步伐，以取得顾客的信任与好感。

认真倾听顾客抱怨，找出问题根源

在销售中，我们常常会遇到一些非常挑剔的顾客。当顾客正火冒三丈的倾吐自己的抱怨与不满的时候，我们应当保持足够的耐心去听，而且只是认真地倾听顾客的抱怨，不要做任何的反驳。

即使你能肯定顾客百分之百是错的，但是一旦顾客坚持他们没有错时，那么你就不妨耐心地去倾听，给他们发泄的机会。等他们平静下来后，再推心置腹地给予同情和合理的答复，这不但可以消除顾客的抱怨，还能赢得顾客，使他们最终成为你的忠诚顾客。

有一个早上，一位怒气冲冲的顾客闯进了德第蒙德先生的办公室，因为德第蒙德公司信用部接连给他发了好几封催款函，要求他归还拖欠的15美元。尽管他不承认有这笔欠款，但德第蒙德公司知道他确实欠了款，所以坚持要他还款。

在收到最后一封催款函之后，这位顾客来到了芝加哥，怒气冲冲地闯进德第蒙德先生的办公室。

德第蒙德："你好，汉尼，你怎么来了?"

顾客："太过分了！我不但不会支付那笔钱，而且今后再也不会订购你们公司的任何货物。"

德第蒙德先生见对方的火气很大，于是就没有说话，而是脸露微笑地静听着对方要说什么。

“我和你们做了这么多年的生意，竟然还会欠你们 15 美元……我可不是一个喜欢赖账不还的人。”

在顾客发牢骚的过程中，德第蒙德先生虽然有好几次都想打断对方来为自己解释，但是他知道那样做并不能解决问题，所以他就干脆让对方尽情地发泄。

当顾客最后怒气消尽，能够静下心来听取别人的意见时，德第蒙德先生才开始平静地对他说:“你到芝加哥来告诉我这件事，我应该向你表示感谢。你帮了我一个大忙，因为我们信用部如果让您感到不愉快的话，那么他们同样也可能会使别的顾客不高兴，那对我们来说可真是太不幸了，一定是我们的工作方式出了问题。所以，你一定要相信我，我比你更想听到这件事。”

对方可能怎么也没有料到德第蒙德先生会这样说，他可能还会有一点失望，因为他到芝加哥来，本来是想和德第蒙德先生大吵一番的，可是德第蒙德先生却不仅没有和他争吵，反而还向他表示了感谢，这当然大大出乎了他的意料。

德第蒙德先生明白地告诉顾客说:“我们要勾销那笔 15 美元的账，并忘掉这件事。因为你是一个很细心的人，而且只是涉及这一份账目；而我们的员工却要负责几千份账目，所以和我们的员工相比，你更不会出错。”

听他这么一说，顾客就更不知如何回答德第蒙德先生了。

德第蒙德先生又告诉顾客:“我十分清楚你的感受，如果我处在你的位置，我也会和你一样的。既然你以后不想再买我们的产品了，我就再给你推荐其他几家公司如何?”

顾客感到更不好意思了，就没说什么话。

以前每当这位顾客来芝加哥时，德第蒙德先生总是要请他吃饭，所以那天他照例请这位顾客吃午餐。顾客也勉强答应了。但是当德第蒙德回到办公室的时候，为了回报德第蒙德先生的宽厚对待，这位顾客却订购了比以前多出许多倍的货物，然后平心静气地回去了。

返回后，这位顾客又特意检查了一遍他的账单，结果他却找到了那张15美元的账单，原来是自己弄错了，而且还因此跑到对方那里大吵大闹，想到这里他的心里感到羞愧不已，而此时他更感受到了德第蒙德先生的善解人意与宽厚的胸怀。于是，他立即给德第蒙德公司寄来了一张15美元的支票，并向德第蒙德先生表达了他的歉意。

从此以后，这位顾客就成了德第蒙德先生的朋友和忠诚顾客。后来，这位顾客生了一个男孩，他给儿子取名叫德第蒙德。

利用顾客抱怨创造契机

在销售中，顾客抱怨虽然意味着品牌的产品或服务没达到他们的期望、满足其需求；同时也表示顾客仍旧对品牌抱有期待，希望其能够改善产品或提高服务水平。当顾客向你抱怨时，不要把它看成是问题，而应把它当做是天赐良机，所谓抱怨是金。当顾客抽出宝贵的时间，带着他们的抱怨与我们接触的同时，也免费向我们提供了应当如何改进服务的信息。因此，顾客的抱怨不是麻烦，是机会。

在一次进货时，某家具厂的一个零售商向商家抱怨，由于沙发的体积相对大，而仓库的门小，搬出搬进很不方便，还往往会在沙发上留下划痕，顾客有意见，不好销。要是沙发可以拆卸，也就不存在这种问题了。两个月后，可以拆卸的沙发运到了零售商的仓库里。不仅节省了库存空间，而且给零售商带来了方便。

而这个创意，正是从零售商的抱怨中得到的。

实际上，能够直截了当的向你抱怨的顾客并不多。大部分不满意的顾客只会静静地离开，然后会告诉每个他们认识的人不要跟你做生意！所以，当有顾客抱怨时，千万不要觉得麻烦，要把处理顾客投诉看做改变顾客意见、留住生意的绝佳机会。以下是几种处理顾客抱怨的方法，会使不利因素变为积极因素：

1. 倾听

当顾客提出异议或反映产品或服务的问题时，首先要学会倾听，倾听是解决问题的前提。弄清问题的本质和事实，切记不要打断对方的谈话。在倾听的过程中不妨多运用提问的技巧，比如，发生什么事？这事为什么会发生？你是如何发现的？这样将会有助您了解事情的真相。在倾听顾客抱怨的时候，不但要听他表达的内容，还要注意他的语调与音量，这有助于您了解顾客语言背后的内在情绪，同时，要通过归纳与复述来确保自己是否真正了解了顾客的问题。

2. 澄清

根据上述方法已基本了解顾客异议的本质及动向，此时应对问题加以定义，是产品本身的问题还是顾客使用不当？如果是产品本身的问题，应立即向顾客道歉，并以最快时间解决问题；若是顾客使用不当，要说明问题的实质，并立即帮助顾客解决问题，说明产品正确的使用方法（性能、特点、特性），并用鼓励的话语感谢顾客提出的异议，无论正确还是非正确。必要时予以精神和物质奖励。

3. 要求

在顾客异议基本解决后，还要再问顾客还有其他什么要求，以诚恳的态度告诉顾客："假如您还有其他问题，请随时找我，我非常乐意为您效劳。"并递上自己的名片。顾客一定会深受感动的，所谓的抱怨也便消除了，这个顾客甚至还有可能成为企业品牌的忠诚者呢！

4. 分担

如果我们基本弄清问题的本质以及此事是因何发生时，则可以采用分担的方式，如“您讲得有道理，我们以前也出现类似的事情。”不管是产品本身，还是使用不当等原因，都不能责备顾客。这样，顾客会感觉他被重视。

5. 阐明

能够及时解决问题当然最好，但有些问题可能比较复杂或特殊，一般人员难以解决，那么就不要向顾客做任何承诺，而是诚实地告诉顾客情况有点特别，尽力帮顾客寻找解决的方法，但需要一点时间，然后约定给回话的时间，表示一定要确保准时给顾客回话。即使到时仍不能帮顾客解决，也要准时打电话向顾客解释问题进展，表明我们所做的努力，并再次约定给顾客答复的时间。

别因为自己有理就对顾客无礼

有一个销售美容品的店铺，店长接待了一位前来投诉的李女士。李女士怒气冲冲地对店长说:“你们的美容霜，干脆叫毁容霜算了！我18岁的女儿用了你们店的××青春霜后，面容受到了很大的损坏，现在连门都不敢出，我要你们负责！我要你们赔偿我们的损失！”

店长听完，稍加思索，心里明白了几分，但他仍诚恳地道歉:“是吗？竟然发生这样的事，实在对不起您，对不起您府上的千金。现在当务之急是马上送小姐去医院，其他的事我们回头再说。”

李女士本来是想骂一顿出口窝囊气，万万没想到这位店长不但认错，而且真的挺负责。想到这里，李女士既高兴，又感激。于是，店长亲自陪同他们母女去医院皮肤科检查。

检查的结果是，小姐皮肤有一种遗传性的过敏症，并非由于护肤霜有毒所致。医生开了处方，说两三天会痊愈的，不会有任何后遗症。

这时，母女的心才放下来。只听店长又说:“虽然我们的护肤霜并没有任何有毒成分，但小姐的不幸，我们是有责任的。因为虽然我们产品的说明书上写着‘有皮肤过敏症的人不适合用本产品’，但小姐来购买的时候，售货员肯定忘记问是否有皮肤过敏症了，也没向顾客叮嘱一句注意事项，致使小姐误用这种产品。”

小姐听到此话，拿过美容霜仔细看一下。果然，包装盒上明确说明哪几种人不能用，只怪自己没详细问清或看清就买来用了，心中不禁有些内疚。

店长见此情景便安慰她:“小姐，请放心，我们曾请皮肤科专家认真研究过关于患有过敏症的顾客的护肤品问题，并且还开发了好几种新产品，效果都很好，等过两天您痊愈之后，我派人给您送两瓶试用一下，保证不再会出现过敏反应，也算我们对今天这件误会的补偿。你们看如何?”

结果自然向好的事态发展了。

这件事店方没有任何责任，而完全是由于顾客粗心所致。但是，店长并不这么看，顾客粗心固然是事实，但如果我们在销售过程中再细心一点，不就可以避免这样的事情发生吗？另外，一开始店长心里已明白几分，可能是小姐皮肤过敏所致，但是这要有确凿的科学证明，顾客才能消除误会。为了对顾客负责，为了弄清症结所在，当听到李女士投诉时，便当机立断，陪李家母女去医院检查，取得有力的证据。最后，“有理更让人”，店长向李家母女解释清楚误会后，不但没有丝毫责怪李家母，还向李家母女继续赔不是，赢得他们的好感。

当听完顾客的投诉后，如果责任确在我们，我们应毫不犹豫地向顾客表示歉意，并提出补救办法。但是，虽说顾客就是上帝，但“上帝”往往也会搞错。如果是由于顾客的责任而发生的误会，又该如何处置呢?

首先，仍是耐心听取顾客投诉，弄清责任不在我们，而是顾客弄错产生误会后，要婉转解释，但绝对不要正面批评顾客。

当顾客郑重其事向我们投诉时，即使是他产生了某种误会，我们也不能直截了当地对他说:“不，先生，那是您误会了，绝不会有这种事。”或者:“先生，您有没有搞错啊！我们公司怎么能让这样的产品出厂?”这样的话，更会加深误会与不满，扩大顾客的愤怒情绪，甚至引发顾客的对抗心理。所以说，对因误会而投诉的顾客采取“有理更让人”的办法是很具有普遍意义的。

理来自何处呢?让理的尺度是什么呢?来自知道自己对事情的判断是正确的，来自听取对方的倾诉是认真的。打个比方，你是一个商人，若接到顾客的投诉时，该怎么办呢?首先必须站在顾客的立场上，冷静且耐心地倾听，一直等对方把要说的说完。其实，任何一个顾客来投诉，无论开始脾气有多大，只要我们耐心地听，鼓励他把心里的不满发泄出来，那么，他的脾气会越来越小，像个被扎了一个洞的皮球那样，慢慢地“放气”了。只有恢复了理智，才能正确地着手处理面前的问题。而且因情绪激动而失礼的顾客冷静下来以后，必然有些后悔，这比我们迎头批评他们要有效得多。

有一位姓刘的先生在他订的酸牛奶中发现了一小块玻璃碎片，于是前往超市投诉。不用说，他的情绪是愤怒的。一路上他已经打好腹稿，搜肠刮肚想出了许多尖刻的词语。一到总经理办公室，连自我介绍都省略了，把王经理伸出的友谊之手也拨向一旁，“重磅炮弹”铺天盖地地向王经理猛轰:“你们超市，简直是要命！你们都掉进钱眼里去了，为了自己多赚钱，把我们消费者的生死置之度外，你们一点都不像社会主义的企业，是地地道道的资本家的勾当！……”

好在这位王经理经验丰富，面对这么强大的刺激，毫不动怒，仍旧诚恳地对他说:“先生，究竟发生了什么事?请您快点告诉我，好吗?”

刘先生继续激动地说:“你放心，我来这里正是为了告诉你这件事的。”说完，从提袋中拿出一瓶酸奶，重重地往办公桌上一放，说:“你自己看看，你们做了什么样的好事！”

王经理拿起奶瓶仔细一看，什么都明白了。立刻收敛起微笑，有些激动，说:

“这是怎么搞的，人吃下这东西是要命的！特别是老人和孩子若吃到肚里去，后果不堪设想！”

说到这里，王经理一把拉住刘先生的手，急切地问：“请你赶快告诉我，家中是否有人误吞了玻璃片，或被它刺伤口腔。咱们现在马上要车送他们去医院治疗。”说着，抄起电话准备叫车。

这时候刘先生心中怒火已消了十有八九了，告诉王经理说，并没有人受伤。王经理这才转忧为喜，掏出手帕，擦擦额头上渗出的汗珠说：“哎呀！真是谢天谢地。”

接着又对刘先生说：“我代表超市向您表示感谢，因为您为我们指出了工作中的一个巨大的事故隐患。我要将此事立刻向全公司通报，采取措施，今后务必杜绝此类事情发生。还有，您的这瓶牛奶，我们要照价赔偿。”

王经理的这番话，一下子把气氛缓和了。刘先生接过那瓶奶钱的时候，气已经全消了，而且还有点内疚：经理是个这么好的人，我开始真不该给他扣那么多的帽子。

接下来，他便开始向王经理建议，该采取何种措施才能避免此类事故发生。结果越谈越融洽，原来双方都是站在一个立场上。

王经理处理这起顾客投诉，有几点做得很好：第一，当顾客发火时，他很冷静；第二，用询问法鼓励顾客把真正的原因讲出来；第三，当顾客讲清原因后，站在顾客的立场上考虑问题，当即采取措施；第四，对顾客前来投诉表示诚挚的感谢，并就搞好工作的问题，继续听取顾客的意见。

这里，耐心听取对方的倾诉是很重要的。心理学实验表明，在一般情况下，一个人一分钟能听 600 个字，而在一分钟只能讲 120 个字，所以当一方滔滔不绝地说话时，另一方有充裕的时间去考虑问题。总之，绝不要在未听完对方的全部投诉之前就做解释，或急于表态、下结论。

不对顾客恶言相向或批评顾客

当顾客抱怨时，与顾客进行争论甚至于批评顾客，这是最大的失误。不但严重挫伤了顾客的自尊心，让顾客感觉丢了面子，还导致了双方矛盾的产生。

不管顾客的措辞如何偏激，都尽量不要和顾客起争辩，因为争辩不是说服顾客的好方法。不论你和顾客争辩什么，你都得不到好处。如果顾客赢了，他就不会认可你这个人和你的产品；如果你赢了，并且证明顾客是错误的，他会感到自尊心受到了伤害，你就会失去顾客。

所以说，尽可能不要与顾客争辩，不要批评顾客。争辩和批评只能使双方关系更加恶化。

1. 对顾客的感受表示认同

顾客在投诉的时候，可能会表现出很多情感，如烦恼、愤怒、失望、泄气等，这是理所当然的。此时，我们不要把这些表现当做对你个人的不满，你要知道，他的愤怒情感总是要找一个对象发泄的，因此，顾客冲你发怒，也仅是把你当做倾诉对象而已。

无论顾客的观点是否正确，他所发现的产品问题是否是因为他操作不当造成的，但他的情绪与要求都是真实的，所以我们只有在认同顾客的感受的基础上，才能进一步让顾客说出问题，并找到解决方案。如果我们一发现错误是因为顾客造成的，就批评顾客或对顾客横加指责，这样不但不能解决问题，还会让顾客的怒气更大，最终激化矛盾。

2. 尽量克制自己的情绪

科学研究发现，当一个人面对另一个人的攻击时，会本能地做出搏斗或者逃走的反应，这时，他的肾上腺分泌加快，心跳加速。因此，我们应该学会抑制身体的这种反应，学会克制，让它回到安静的状态中去。

当顾客发怒、投诉时，如果我们以同样的态度对待顾客，顾客就会用更大的愤怒反击。但如果我们克制住自己的情绪，以一种礼貌友好的态度对待顾客，就会令顾客的怒火慢慢消除，直至恢复平静，这样问题就容易解决了。

3. 说出顾客的错误时要委婉

当我们听完顾客的投诉后，必须明确顾客投诉的问题所在、责任所在。如果责任在产品或我方，我们就应该毫不犹豫地向顾客道歉，并提出相应的补救办法；如果责任在顾客一方，因为他的使用不当或者操作不当导致了问题的发生，我们应该婉转地指出错误所在，不能正面直接批评顾客。如:“先生，这个问题是因为错误操作造成的，说明书上有详细的操作方法，是我的问题，很抱歉在您购买产品的时候没有详细讲解给您听，我现在讲给您好吗?”

当顾客发现问题在自己，而你又这么委婉时，他就不会对你再有什么恶意，而是在心中充满了感激。

积极回应抱怨，赢得顾客的宽容与信任

在销售过程中，可能会遇到各种各样的顾客抱怨。抱怨主要是指顾客对商品的质量、性能或者服务品质不满意的一种表现。一般来讲，它可大可小，可有可

无，但是却不能忽视。在销售的过程中，如果不能正确地处理顾客的抱怨，那么将会给门店的工作带来极大的负面影响。因为一个心生不满的顾客可能会把他的不满告诉给他身边所有的亲朋好友，而他的亲朋好友也同样会把他的这种遭遇再告诉给自己的亲朋好友。时间长了，产生的破坏力是不可低估的。所以说，要学会积极地回应顾客的抱怨，妥善地解决顾客遇到的问题。

有一天，在某空调销售门店，来了一位顾客。顾客一进门就怒气冲冲地问空调安装的师傅在哪里，销售员忙问有什么事情可以帮忙。顾客说，师傅早上安装的空调质量太差，要求退货。

面对情绪激动的顾客，销售员没有急于询问是什么原因，而是把顾客带到接待室，端来一杯茶水先安慰对方不要着急，有什么问题一定会得到解决，他们绝不会不负责任等。

面对满面笑容的销售员，顾客不好再盛气凌人，态度也渐渐地缓和了许多。原来顾客家早上刚刚安装的空调，中午刚开机不久就停止运转，无论怎么遥控，也无法启动，看来是空调质量不好，因而要求退货。

面对顾客的陈述，销售员没有随意插话，而是与顾客商量，先派师傅随其前往，检查一下空调，如果确实是空调质量有问题，保证给予调换新的空调或者退货。对于这种合乎情理的安排，顾客表示同意。

于是，空调师傅立即前往顾客家，经过检查发现是空调专用的电源开关保险丝容量过小，导致超过负载而熔断。空调师傅重新换上大号的保险丝后，空调运转正常。

面对良好的服务，顾客感到了自身行为的不妥，不仅向空调师傅致谢，还特意打电话到服务中心向销售员表示歉意。销售员深知先安抚顾客情绪的重要性，面对顾客的怒气，没有计较，更没有与之吵闹，而是给予了理解与宽容，一切都在平心静气中得以化解。更可贵的是，销售员懂得从顾客的利益与担心点出发，及时承诺企业应有的责任和服务保证，让对方放心，并及时地提出符合顾客利益和要求的解决方案，这是这位销售员成功的关键。

顾客抱怨是常有的情况，即使产品与服务再好，也时常会受到顾客的抱怨。如果处理不当，就很可能给工作带来不好的影响。要正确处理好顾客的抱怨，就必须站在顾客的立场上看问题，不要草率甚至粗鲁地对待爱抱怨的顾客，而要用真诚的态度与顾客沟通，从而与顾客达成共识，解决问题。

1. 及时了解顾客抱怨的原因

顾客的满意度可以从 3 个方面来体现，即产品和服务的质量、顾客的期望值、店员的服务态度与方式。既然顾客抱怨是对产品不满意的表现，那么，抱怨的原因也可以说是因为这 3 个方面出现了问题。

（1）产品或服务质量出现问题。这一问题是最为直接的，如产品本身存在问题，质量没有达到规定的标准；产品的包装出现问题，导致产品损坏；产品出现小毛病；顾客没有按照说明操作而导致出现故障等。一般来说，这是顾客抱怨的最主要原因。

（2）顾客对于产品或服务的期望值过高。顾客往往会将他们所要的或期望的东西与他们正在购买或享受的东西进行对比，以此评价购买的价值。一般情况下，顾客的期望值越大，购买产品的欲望也就越大。但当顾客的期望值过高时，顾客的满意度就变小，容易对产品产生抱怨。因此，企业应该适度地满足顾客的期望。

（3）店员服务态度和方式问题。当门店工作人中为顾客提供产品和服务时，如果工作人员缺乏正确的推销技巧和工作态度，也会导致顾客的不满，容易使顾客产生抱怨。

2. 如何看待顾客的抱怨

当顾客对产品或服务产生抱怨时，很多店员都采取了积极有效的措施进行处理。那么，如何看待顾客的抱怨呢？怎样处理这些抱怨呢？

对顾客的抱怨，一定要加以重视。顾客抱怨不仅可以增进门店与顾客之间的沟通，而且可以诊断企业内部经营与管理存在的问题。所以，当顾客投诉或抱怨时，不要忽略任何一个问题，因为每个问题都可能有一些深层次的原因，正确对待顾客的投诉与抱怨有可能会帮助你发现需要改进的地方。这一点可以这样理解：顾客的不满中蕴涵着商机，顾客的不满是创新的源泉，顾客的不满可使服务更加完善。

市场营销学家认为，当顾客对企业的产品或服务感到不满意时，通常会有两种表现：一是显性不满，即顾客直接将不满表达出来；二是隐性不满，即顾客不说，但以后可能再也不来消费了。我们对显性不满往往会重视和积极处理，对隐性不满却疏于防范。但据调查显示，隐性不满占到了顾客不满意的70%。因此，我们应该对隐性不满多加注意，感知顾客表情、神态、行为举止，以分析顾客抱怨的原因，做到未雨绸缪。

所以，对于顾客的抱怨应该及时正确地处理。拖延时间只会使顾客的抱怨变得越来越强烈，使顾客感到自己没有受到足够的重视，可能会使小事变大，甚至殃及企业的生存；而处理得当，顾客的不满则会消除，顾客的忠诚度也会得到进一步提升。

此外，对于顾客的抱怨与解决情况，要做好记录，并且定期总结。在处理顾客抱怨时，如果发现顾客不满意的是产品质量问题，应该及时通知制造商；如果顾客不满意的是服务态度与技巧问题，应该向管理部门提出，以加强教育与培训。

3. 处理抱怨的技巧

在处理顾客的抱怨时，除了要依据一般程序外，还要注意与顾客保持沟通，改善与顾客的关系。掌握实用的小技巧，有利于缩小与顾客之间的距离，赢得顾客的谅解与支持。

(1) 心态平和。对于顾客的抱怨要有平常心，顾客抱怨时常常都带有情绪或者比较冲动，这时，应该体谅顾客的心情，以平常心对待顾客的过激行为，不要把个人的情绪变化带到对抱怨的处理之中。

（2）认真倾听。大部分情况下，抱怨的顾客需要忠实的听众，没完没了地解释只会使顾客的情绪更差。面对顾客的抱怨，我们应掌握好聆听的技巧，从顾客的抱怨中找出顾客对于抱怨期望的结果。

（3）转换角色。在处理顾客的抱怨时，应站在顾客的立场思考问题：假设自己遭遇顾客的情形，将会怎样做呢？这样才能体会到顾客的真正感受，找到有效的方法来解决问题。

（4）保持微笑。满怀怨气的顾客在面对春风般温暖的微笑时会不自觉地减少怨气，能够做到友好洽谈，最终达到双方都满意的结果。

（5）积极运用肢体语言。在倾听顾客的抱怨时，工作人员要积极运用肢体语言进行沟通，促进对顾客的了解。比如，用眼神关注顾客，使他感觉到受到重视；在顾客抱怨的过程中，不时点头，表示肯定与支持。这些措施都能鼓励顾客表达自己真实的意愿，并且让顾客感到自己受到了重视。

道歉时诚恳一点，顾客才会接受

顾客投诉有可能是我们的原因，也有可能是顾客的原因，不管什么原因，一定要向顾客当场表示对他的观点认同或部分认同。

道歉时要诚恳，顾客的怨气会因你的真诚而减弱。

在道歉时，决不能口是心非、皮笑肉不笑，或只是任由顾客发泄，自己站在一旁傻笑，让顾客感到被愚弄。因此工作人员在处理抱怨时应该是发自内心的，不论顾客的抱怨合不合理，都应该向顾客表示歉意。

比如："实在对不起，给您带来了麻烦和不愉快。"

"可能我们事先没有沟通好，导致您在使用产品时操作不当，发生了故障。对给您带来的不愉快，公司感到很抱歉。"

在道歉时，尽量不要说"我理解您的心情"之类的话。对方此时正在气头上，听了这些毫无意义的话，可能会感到你根本无法理解他，只是在敷衍了事而已。

在道歉之前，首先要有正确的认知：顾客的不满并不一定是一件坏事，事件若得以妥善的处理，反而会增强顾客对企业的信心，甚至成为企业的好朋友。

有很多人认为难以面对无理取闹的顾客。那么，有真正无理取闹的顾客存在吗？首先需要分析原因在于顾客无理取闹还是自己的错觉。所谓无理取闹的顾客应该是指没有任何购买欲望，却进入门市中贬低商品、浪费时间的人。在实际的销售过程中，这种人非常少见，几乎不存在。需求不被满足的顾客只是心生不满的顾客，绝对不是无理取闹的顾客。如果首先将顾客的需求没有得到满足定位为无理取闹，那么就会采取相应的处理方式来解决问题，就不会以真诚、感恩的态度来面对顾客。因此，在道歉之前，需要端正态度，没有无理取闹的顾客，只有不被满足的顾客，恰当的道歉会增强顾客对企业的信心。

每句话语背后都潜在含义，在道歉之前，首先要明确各种道歉方式背后潜在的含义，才能够正确地道歉。通常，在销售服务现场最常以"对不起"作为开场，却很少考虑"对不起"背后的含义。人们通常在做错事情、内疚和心虚的时候说"对不起"。"对不起"是一句负面的习惯用语。与顾客对话的过程中，一旦对顾客说出"对不起"，在对话的平等方面，就矮了顾客一截，在接下来的处理过程中，就很难再次赢回平等的交谈立场，也就很难与顾客进行沟通。一句"对不起"使得工作人员在沟通中处于劣势，且没有挽救的机会，从而造成无法收拾的局面。而若习惯地运用"对不起"，则会造成很多负面效应。改变"对不起”习惯用语的应用，需要从现在做起，从每一次与顾客的沟通中开始。只有克服坏的习惯，才能够赢回顾客。

“我向你道歉”是一种非常好的道歉表达方式。它表明了工作人员的个人立场以及愿意负责的态度，工作人员在表达“我向你道歉”之后应该跟进，提出问题的解决办法，才能够真正解决顾客的不满。

以“顾客永远是对的”为首要原则

在处理顾客抱怨时，要以“顾客永远是对的”为首要原则，即虚心受理，用心处理，耐心说明。对顾客的抱怨处理不当会产生一系列的后果，比如影响公司信誉和形象等。因此在处理顾客的抱怨时态度好一点、微笑甜一点、耐心多一点，顾客就会多谅解你一点，公司的美誉度就会高一点。

1. 不争辩

不争辩，是处理顾客抱怨的技巧和话术的铁律。因为，你永远不可能通过争辩来说服顾客，也许你能够将顾客说得张口结舌、理屈词穷，但这样你就更加增加顾客的屈辱感，你也更快地失去了这个顾客。当顾客激动地大吵大闹，他的全身都处在紧张的战斗状态，这个时候，你一接话，就进入了战争。

2. 认真听取顾客抱怨

认真倾听顾客的抱怨是处理顾客抱怨的基本态度，同时也是妥善处理抱怨的基本条件。当顾客产生抱怨时，不要一味地向顾客解释或辩白，这样只会浪费时间和令顾客更加反感。一般来说，任何人在情绪发泄后，常常会变得理性。在处理顾客抱怨时，应不断地表示你是在认真听的，不要流露出不耐烦的情绪，也不能打断顾客的倾诉，要冷静，不要为自己辩白，不要急于下结论。首先要虚心接受顾客的抱怨，紧接着应站在顾客的立场上对这种抱怨做深入地分析。

3. 对顾客以诚相待

在处理顾客抱怨时，诚意是打动顾客最基本的条件。处理顾客抱怨的目的是为了获得顾客的理解和再度信任，如果顾客感觉你在处理抱怨时是没有诚意的，是在敷衍，那么，顾客极有可能会对外大肆宣传门店的服务不周。因此，当顾客抱怨时，我们应以真诚的态度对待，让顾客因为自己的真诚而平息心头的怒火。

4. 以顾客的立场来解决问题

顾客一旦产生抱怨，心理上自然会强烈地认为自己是对的。这时要虚心接受顾客的抱怨，站在顾客的立场上替顾客考虑（即换位思考），认同顾客对公司及其他问题的看法。与顾客进行换位思考，设身处地为顾客着想，能敏锐地发现顾客的独特需求，进而采取恰当的销售方式。这种因人制宜的销售能产生强大的亲和力，能够给顾客一次与众不同的销售体验，从而对我们留下良好印象。

5. 对待抱怨需有耐心

在实际处理顾客抱怨中，需耐心地倾听顾客的抱怨，不要轻易打断顾客的叙述，要鼓励顾客倾诉下去。当我们耐心地听完了顾客的抱怨后，顾客得到了发泄，他就能够比较自然地听得进去我们的解释或道歉了。我们如果不能很有耐心地听完顾客的抱怨，不能让顾客发泄心中的不满，就很容易忽略顾客抱怨的真正原因，并造成沟通上的障碍和困难。

重视顾客情绪，巧妙解决纠纷

在处理顾客投诉的过程中，绝不能推卸责任，更不能去教训顾客，与其争辩。在顾客抱怨发生的初期，若能巧妙地运用语言艺术加以缓和，就能把抱怨平息在萌芽状态。

1. 诚恳使用“非常抱歉”来稳定顾客的情绪

在抱怨发生初期，顾客常常都会义愤填膺、情绪非常激动，以至于措辞激烈，甚至伴有恶言恶语。在这种情况下，先要冷静地聆听顾客的全部委屈，全盘了解让他们产生不满的原因，然后再诚恳地向顾客表示歉意，用“非常抱歉”“真是对不起”等话语来平息顾客的情绪。待顾客情绪较稳定时，再商谈投诉之事，问题就容易解决了。

2. 妥善使用“请到贵宾室坐下来谈好吗？”

当抱怨的顾客在一些店面型的销售场所大声吵闹时，会直接破坏销售的气氛，影响到其他顾客的购物情绪。有的顾客在情绪激动时，会说出许多不利于商店形象的话，诸如“你们公司卖的都是假冒伪劣品”“你们这家商店怎么这么不讲信誉”等，甚至对其他顾客说：“千万别买这儿的东西，都是骗人的！”诸如此类，这样对商店的影响将会极其恶劣。

在这种情况下，应该试着邀请顾客到另外一种场合进行交谈，具体方法有：

（1）可对顾客说：“您看，站着讲话多不方便，请到贵宾室坐下来谈，好吗？”

或者说:“这里太热，我们先到办公室喝点茶，再慢慢谈好吗?”

(2) 引导顾客到招待室（办公室）坐下，最好先泡一杯茶或倒一杯果汁招待顾客，让顾客缓和一下他的情绪:“先喝口茶，慢慢谈。”

(3) 当顾客到招待室后，情绪还不能平静时，可以对顾客说:“我们现在正调查事件的原因，请您先休息一下。”或者说:“负责人马上过来，请您稍候。”然后关上门让顾客一个人留在里面，以平息他过于激动的情绪。

对于那些大声吵闹的顾客来说，突然远离争吵现场，独自一人留在招待室里，精神会一下子松弛下来，加之销售方为他提供舒适的场所和茶水以缓解情绪，他会很快地冷静下来。

如果他是自我反省力很强的顾客，甚至还会为刚才的过激行为而暗暗后悔。这虽然是一个解决问题的好方法，但一定要注意让顾客独自等待的时间要适当:如果时间太短，顾客的情绪未完全缓和下来，容易再度发怒；如果时间太长，顾客又会认为没人理他，可能火气更大。所以，一般让顾客等待两三分钟为宜。

3. 不忘使用“这是我的错”的道歉语

如果顾客是由于使用不当而造成商品损坏，从而进行投诉的话，这在一定程度上应归咎于我们在销售时未介绍清楚。因此，在处理这类抱怨时，应诚恳地向顾客进行道歉，坦率承认是由于自己交代不周而给对方带来损失与麻烦。

4. 使用礼貌语:“给您添麻烦了……”“为了表示歉意……”

顾客花了钱，却发现买回去的商品有质量问题，便气冲冲地前来要求退换货。此时，应尽量满足顾客的希望和需要。在办理退换货的手续时，说:“真对不起，还让您多跑一趟。”“给您添麻烦了，为了表示歉意，这瓶香水我给您用包装纸包装一下。”

在向顾客解释或说明时，应把握好以下两点:

第一，说话语气要婉转，不能让顾客感到难堪。

第二，不能老强调自己是正确的。一般人不喜欢承认自己误会了别人，因此，在解释的时候，一定会受到顾客表面上的抵抗。他们很可能会用“我不可能冤枉你”或“我决不会那么糊涂，连这么简单的事情都搞不懂”等话语来为自己辩解，掩饰自己的过错。

在这种情况下，不要反复强调自己是正确的，而应诚恳地告知顾客，你只是想消除他的疑问和不满，这样，对方就比较容易接受你的解释了。

让顾客满意，就不能对顾客这么说

说话人人都会，但有些话在顾客抱怨时却不该说。抱怨中的顾客，充满不满的情绪，我们说话稍有不慎，就会使他们燃起满腔怒火，使抱怨升级。所以，在面对顾客的抱怨时，应该尽量避免使用以下话语：

1. 不可能，绝不可能发生这种事

一般商家对自己的商品或服务都是充满信心的，因此，在顾客提出抱怨时，销售人员常常用这句话来回答。其实，当销售人员说这句话时，顾客已经受到严重的心理伤害了，因为这句话表示店方并不相信顾客的陈述，怀疑他们是在撒谎，因此，必然引起顾客的极大反感。

2. 不知道，不清楚

当顾客提出问题时，我们的问答若是“不知道”“不清楚”，那么就会给顾客留下一种不负责任的印象，从而激化双方之间的矛盾。所以，我们一定要尽一切努力来解答顾客的疑问，即使真的不知道，也一定要请专业人士来解答。

3. 这个问题很简单，连小孩都会

当顾客不了解商品特性或使用方法而向门店询问时，销售人员最容易说这句话。这句话极容易引起顾客反感，因为这句话含有明显的嘲笑成分。

4. 一分钱，一分货

当说这句话时，通常会让顾客感到我们是在小瞧他，认为他买不起高档品，只配用廉价品，会伤害顾客的自尊心。

5. 我从没有说过那种话

在商场上没有“绝对”这个词存在，不管业务人员说与没说，都不应使用这个富有挑战意味的字眼，以免激起顾客的逆反心理。

6. 我不会

“不会”“没办法”“不行”这些否定的词表示的是无法满足顾客的希望与要求，因此，应尽量避免使用。

7. 改天我再和您联系

这是一句极不负责任的话。在顾客提出的要求或问题需要花费一些时间解决的情况下，最好地回答是:“3 天以后一定帮您办好”“某月某日以前我一定和您联系”。

给顾客一个明确的答复，一方面代表我们有信心帮助顾客解决问题，另一方面也不会让顾客感到受愚弄。

8. 总是会有办法的

这一句话通常会惹出更大的麻烦。因为对于急着想要解决问题的顾客来说，这种不负责任的说法只会让他们感到更加失望。

9. 这是本店的规定

“对不起，这是本店的规定”，以这种话来应付顾客抱怨的店员为数不少。其实，公司的规定通常是为了提高工作效率而制定的，制定相应的规定与制度的目的是更好地为顾客服务，而绝不是为了监督顾客的行为和限制顾客的自由。因此，即使顾客不知情而违反了所谓的规定，我们也不可以此做挡箭牌来责怪顾客。

10. 这种问题与我们无关，请去问生产厂家，我们只负责卖货

尽管商品是由厂家生产的，但是由于商品是从门店卖出去的，门店就应当对产品本身的品质、特性有所了解。因此，以这句话来搪塞、敷衍顾客，表明门店不负责任、不讲信誉。

圆满解决顾客的投诉与抱怨

如何处理顾客的投诉与抱怨，是销售工作中一项非常重要的内容。顾客提出抱怨或投诉，表示顾客对销售中的工作不满意，售后服务工作中最棘手的就是处理此类事情。但是，如果能处理好顾客的投诉与抱怨就会收到良好的效果。顾客有投诉与抱怨是表明他们对这笔生意仍有期待，希望能改进服务水平，他们的投诉与抱怨实际上是企业改进销售工作、提高顾客满意度的机会。如果顾客的投诉与抱怨获得圆满的解决，其忠诚度会比从来没有遇到问题的顾客高很多。顾客的投诉与抱怨并不可怕，可怕的是不能有效地化解抱怨，最终导致顾客的流失。

处理问题的过程最关键，处理顾客投诉与抱怨是一项复杂的工作，尤其是需要经验和技巧的支持，妥善处理好此类事情，绝不是一件易事，那么，如何才能处理好顾客的投诉与抱怨呢?

1. 耐心多一点

在实际处理中，要耐心地倾听顾客的抱怨，不要轻易打断顾客的叙述，也不要批评顾客的不足，而是鼓励顾客倾诉，让他们尽情宣泄心中的不满。当你耐心地听完了顾客的倾诉与抱怨后，当他们得到了发泄的满足之后，就能够心平气和地听解释和道歉了。

2. 态度好一点

顾客有抱怨或投诉就是表示顾客对产品及服务不满意。因此，如果在处理过程中态度不友好，会让顾客心理感受及情绪很差，会恶化与顾客之间的关系。反之，若态度诚恳，礼貌热情，就会降低顾客的抵触情绪。

3. 动作快一点

处理投诉和抱怨的动作要快，一来可让顾客感觉受到尊重，二来表示解决问题的诚意，三来可以及时防止顾客的“负面污染”对业务发展造成更大的伤害，四来可以将损失减至最少。一般接到顾客投诉或抱怨的信息，即向顾客打电话或通过传真等方式了解具体内容，然后在内部协商好处理方案，最好当天给顾客答复。

4. 语言得体一点

顾客对产品和服务不满，有可能会言语过激，如果售后服务人员与之针锋相对，势必恶化彼此之间的关系。在解释问题的过程中，措辞要十分注意，要合情合理，得体大方，不要说伤人自尊的话，尽量用婉转的语言与顾客沟通。即使是顾客存在不对的地方，也不要冲动。

5. 补偿多一点

顾客抱怨或投诉，很大程度是因为在使用该产品后，利益受到损害。因此，顾客抱怨或投诉之后，往往希望得到补偿，这种补偿有可能是物质上的（更换产品、退货或赠送礼品等），也可能是精神上的（道歉等）。在补偿时，如果顾客得到额外的收获，他们就会理解售后服务人员的诚意而重建对企业的信心。

6. 层次高一点

顾客提出投诉和抱怨之后都希望自己的问题受到重视，往往处理这些问题的人员的层次会影响顾客的情绪。如果高层次的领导能够亲自处理或过问，就会化解顾客的许多怨气和不满，从而配合售后服务人员处理问题。因此处理投诉和抱怨时，如果条件许可，应尽可能提高处理问题的售后服务人员的级别。

7. 办法多一点

很多企业在售后服务中，处理顾客投诉和抱怨的办法就是安慰、道歉、补偿产品、赠送小礼品等，其实解决问题的办法有许多种。除上所述手段外，还可邀请顾客参观产品生产过程，或邀请他们参加内部讨论会，或者给他们奖励等。

第十四章 顾客退货管理

※※※※※※※※※※※※※※※※※※※※※※※※※※※※※※※※※※

每家门店都会遇到这种情形：有一种顾客，购买完产品后，总会找一个理由要求退换货。这是导购员遇到的难题。自己辛辛苦苦地把产品卖出去，又要面对顾客的退货，压力真的很大。如何解决，是对销售人员的一个考验。

※※※※※※※※※※※※※※※※※※※※※※※※※※※※※※※※※※

顾客因质量问题要求退货

在门店销售过程中，顾客的抱怨和投诉是普遍存在的。若是化解得好，不仅能息事宁人，而且还能赢得顾客的信赖，增加回头客的数量，形成基本顾客群。反之，不仅会使门店形象受到影响，销售情况也会相应下降。

一位顾客购买了一部手机。一个月后发现手机有问题，经常黑屏。经过几次维修，但问题还没有彻底解决。于是顾客到卖场要求退货。

导购员:“对不起，我们只能对产品维修，不能退换。”

顾客:“别提维修的事，你们产品质量不好也就罢了，问题是服务质量也跟不上，每次维修态度都非常差，而且过不了多久又坏了，今天我必须退货。”

错误应对:

(1) 是这样吗？我们的产品从来都没有发生过这样的事啊!

(2) 这种问题我可不知道，我只负责卖货。

(3) 您应该向我们的客服部门反映，他们会帮您解决问题。

在退换货期内，顾客因产品质量问题要求退货或换货是属于合理要求，这也是顾客的权益。在接待这类顾客时，如果处理妥当，不但能够挽回顾客因产品出现质量问题而认定品牌差的不良形象，而且也能够有效地改善、加强顾客对品牌的忠诚度。在接待这类顾客时，首先态度一定要温和，勇于承担责任，最好是将顾客请到人少的地方，切记千万不能与顾客在卖场发生争执，以免激怒顾客，将矛盾扩大，影响其他顾客的消费。然后导购员要分析为什么会出现这种问题，并提出具体的解决方案，如果顾客态度不是很坚决，尽量说服顾客进行换货。

正确应对:

导购员:“真是对不起，给您造成了这样的不便，不过您别生气，如果是我们的责任，我们一定负责到底……请问您购买我们的手机后大概多久才发现有问题的？您是怎样使用的?”(赔礼道歉，耐心倾听)

顾客:“一个月左右。”

导购员:“主要问题就是手机黑屏，是吗？另外还有什么问题?”(弄清情况并做记录)

顾客:“没有了。”

导购员:“真的非常抱歉，因为我们产品的原因给您带来了不便。请您到那边先坐下来，我马上帮您处理（将顾客请到人少的地方再进行处理)。其实，我们的手机全部都是通过质检才能出厂销售的，正常情况下不会出现问题的，不过百密总有一疏，这个就恰好出现了问题。您放心，出了问题我们是一定会负责到底的，我看您挺喜欢这手机的，我给您换台新的，好吧？”（调查分析，明确责任）

应对顾客因质量问题要求退换货的技巧：

（1）首先向顾客道歉，请顾客到人少的地方再进行处理；

（2）向顾客分析会出现这一问题的原因，请求顾客的谅解；

（3）尽量说服顾客换货，并通过赠送礼品或购买折扣给予顾客心理补偿；

（4）对于坚决退货的顾客，按退货程序给顾客退货，并再次表示歉意。

购买产品后，顾客找各种理由要求退货

每家门店都会遇到这种情形：有一种顾客，购买完产品后，总会找一个理由要求退换货。这是导购员遇到的难题。自己辛辛苦苦地把产品卖出去，又要面对顾客的退货，压力真的很大。

错误应对：

（1）对不起，我们店有规定，不可以退货。（拿规定说事，无任何水准可言）

（2）对不起，产品您已经拆开使用了，公司规定不能再换了。（冷淡，不客气地拒绝顾客，顾客的面子受损）

（3）抱歉，已经超过退换期限，不能退。（暗示顾客无理取闹，容易形成争吵）

顾客退货的理由千差万别，有时固然有明确的客观理由，更多的时候连顾客自己也说不清楚具体的原因。因此，这类顾客也多半做好了“吵架”和“打持久

战”的准备。所以，导购过多地向顾客解释门店的规定，反而会给顾客“发飙”的机会，事情越闹越大。因此，面对顾客退货，不管是什么问题，导购员第一点需站在顾客的角度出发，即使这个产品没有任何问题。

正确应对：

顾客：“你看你这个产品，一点效果都没有，不好用，我不要了。”然后将产品放在柜台上。

（1）导购员：“好的，对不起！您不要都没关系。我现在只是想请问您一个问题，不好使用的原因是什么呢？”

（2）导购员：“小姐，您昨天刚买的这洗面奶，今天就要拿回来退，为什么呢？”

两者解决问题的出发点不同，造成的结果也会不同。当我们遇到顾客退货，经常会以借口的方式来告诉顾客，坚持自己的立场是正确的，顾客的就是错误。可实际这样的效果非常不好。顾客退货，我们即使知道产品没有任何问题，即使知道一切原因不在我们身上，但我们要考虑一点的是，不管你怎么去解决也好，必须站在顾客的角度与立场出发，这样将能更好地解决问题。

没有质量问题顾客却要求退货

在退货期内，有些顾客因主观上的原因，认为产品不好要求退货。面对这样的顾客，许多导购员表现得比较急躁、态度也不是很好，或者解释过于简单机械，给顾客的感觉是导购员根本不想解决问题。如果是这样，我们要说服顾客就变得非常困难。

错误应对：

（1）买的时候干吗了，挑了半天又来退。

（2）买的时候为什么不想清楚？

（3）这是您自己看好的，又没有什么问题，退不了。

以上的应对方式是不明智的，只会激化矛盾，给自己造成麻烦。大量的门店投诉表明：导购员此时要表现得镇定。你首先要做的是稳定住顾客的情绪，聆听顾客的想法，只要顾客愿意与你诉说，解决问题的难度就会相应降低，处理就容易得多。

正确应对：

（1）先让顾客把问题说清，然后再加以解释。顾客来要求退货，导购员首先应该安慰顾客并让其感觉到我们乐意帮助解决问题，但不必过早表明自己的态度，一定要先让顾客主动说出事情原委，然后再针对原因有的放矢地加以解释。

导购员：先生，您先不要着急，让我来帮您处理这个问题。请问一下，您觉得什么地方让您不满意了，可以具体说明一下吗？（顾客说出自己想法后）先生，首先非常抱歉让您来来回回地跑了这么多趟。我明白您的意思了，其实这款产品在款式功能上的优点是……之所以如此是因为……所以当您用的时候显得会……（卖点导入）

（2）真诚地承认自己的错误是获得顾客理解的最好途径，然后尽量以换货方式将问题软化解决。如果因顾客误解而导致的退货，则加以委婉真诚的说明，一般都可以得到很好的解决。如果顾客投诉的问题确实存在，只要不影响产品的再次销售，导购应主动承担责任，在让对方知道在本不可退换的情况下，我们可以避重就轻，能换货的尽量不退货。

导购员：先生，这是我的错，都怪我当时没有帮您把好关。这么热的天，让您来来回回跑了这么多趟，真是麻烦您了。这样吧，我们店昨天到了几款新产品，我觉得有几款特别适合您，来，我现在帮您仔细挑几款给您看看，您稍等一下。

请问您喜欢什么样的款式（颜色、材质等）呢？（转化到换货上去处理）

顾客退货是经常发生的现象，在接待要求退货的顾客时，要礼貌、热情，不推脱，不冷落，实事求是地澄清事情的原委，对不能退换的商品，要耐心解释，说明不能退的原因。

“对不起，您这种商品已经使用过了，不属于质量问题，不好再卖给其他顾客了，实在不好给您退换。”

对于执意要退的问题，导购员可以换货的方式处理。“好，我帮您换一下，您看换哪一个好呢？

产品已过退货期，顾客仍要退货

产品已过退货期，顾客仍要求退货的情况也是很常见的。

顾客:“小姐，能不能把这款手机给退了啊？”

导购员:“退，为什么呀？有什么性能故障吗？”

顾客:“不是，我以前也是从你们这儿买的这款手机，使用挺好的。头些天，是我把手机丢在车上了，以为是丢了呢，就又在你们这儿买了一部同样款式的手机。现在，我的手机找到了，能不能给退了啊！”顾客一边说，一边注视着导购员。

错误应对：

(1) 我们不能退，产品已经超过退货期了。

（2）这种情况我也没办法，这是公司规定。

（3）我们不能退。

表面上看，导购员的说法似乎没什么问题，因为事实上这件产品也确实超过了公司规定的退货时限，但我们认为即使导购员确实不能完全满足顾客要求，也要站在顾客角度将心比心地帮顾客解决问题。这种生硬的处理方式会让顾客觉得我们抱着事不关己的态度，拿公司的规定来应付他，导购员的这种做法不利于维护良好的关系。

作为导购员，顾客的这种行为虽然看似与自己无关，也要勇敢地担当起责任，这样才能感动顾客，从而赢得顾客的心。

正确应对：

（1）首先表明立场，随后积极帮助顾客解决问题，让顾客感到我们确实是在主动帮他解决问题，这样即使最后结果不如所愿，顾客接受的概率也会更高。

导购员：小姐，您买的这款产品已经超过了公司规定的退货期，说实话，按照规定是不可以退换的。但您属于特殊情况，而且产品也保持完好，这样吧，我向老板汇报一下才能回答您，您稍等一下，我去去就来。”

导购员向经理汇报情况后同意为顾客退货，顾客非常感动。

（2）主动承担应该承担的责任，让顾客感受到我们的真诚，然后尽量以换货解决问题。

导购员：虽然产品超过了公司规定的退换期限，但考虑到您是我们的老顾客，并且当初我们也没有给您解释清楚，有一定责任，所以我们破例给您换一款。刚好，我们店刚到了一批新货，我觉得有几件都蛮适合您的，请您跟我到这边来。

（3）对于有些产品确实属于顾客责任，我们应该在委婉说明我方观点的情况下，积极表示会尽量想办法为顾客解决。

导购员：出现这样的事情，我也非常遗憾。如果是我们的责任，我们一定会负责到底，只是东西确实已经超过退换期限，所以我们也很为难，这一点还请您包涵。要不这样，小姐，您把东西放这里，我联系厂家看是否可以给您维修，您看这样好吗?

有的导购员在顾客购物时，笑脸相迎，但顾客要求退货时，则苦脸相对。试想，就绝大多数顾客来说，有谁在买了商品之后，不到万不得已，会再跑回来要求退换货呢?只有对购买的商品很不满意的情况下，才会要求退换货。导购员一定要站在顾客的角度想问题，让顾客的要求得到满足，才能为门店的发展注入源源不竭的动力。

不管是买家还是卖家，退换货似乎是大家都遇到过的一个问题。如果坚持不不给顾客退货，或者勉强退货但却教训顾客一顿，令顾客快快而去，那恐怕顾客再也不会光顾本店了，只会到另一家门店去。所以说，当顾客因产品质量问题或其他问题要求退货时，导购员应该对顾客谅解，设身处地为顾客着想，爽快地给予退换货，让顾客高兴。这样顾客定会从内心对该商店产生好感，成为该店的忠实粉丝，并经常上门来光顾购物。

顾客要求退、换货物并不是苛刻，只不过是对商家诚信服务的一次考验。所以，导购员在顾客退换货问题的处理上，要热情对待，要比交易时更热情，以赢得顾客的信任，培养长期的关系。

产品质量有问题，顾客要求赔偿

顾客以产品质量为由要求索赔，不少导购员都有过这样的经历。遇到这样的情况，很多导购员都感到很棘手。

顾客:“我有些问题需要你们处理一下!”

导购员:“先生,有什么可以帮到您的?”

顾客:“我使用你们的笔记本电脑已经快一年了,最近我发现显示器的边框裂开了。因为我知道你们电脑是 3 年保修,所以我想看看你们如何解决?”

导购员:“您是指显示器边框开裂了?”

顾客:“是的。”

导购员:“您有摔过吗?”

顾客:“我的电脑根本没有摔过,没有撞过,是它自动裂开的。”

顾客:“那我的电脑就这样裂开了,谁来赔偿我的损失?”

错误应对:

(1) 导购员:那不可能。我们的电脑都是经过检测的。

顾客:但它确实是自己裂开的,你们怎么能这样对我,我要找你们经理要求赔偿。

(2) 导购员:很对不起,显示器不在 3 年保修范围内的,这一点在购买协议上写得很清楚了,您没看清楚。

(3) 很抱歉,我们不能给您赔偿。请问还有什么需要帮助的吗?

顾客提到赔偿问题,一些导购员惯常的反应就是拒绝、推脱,这种心理可以理解,但是有时未免过于主观,结果也难以使顾客满意,不值得推崇。

正确应对:

顾客:我要投诉!我要投诉!

导购员:您好,发生了什么事情?您快告诉我。

顾客:是这样,我的笔记本电脑使用快一年了,在没碰没撞的情况下,显示屏的边框裂了。我刚才打电话过来,你们的一位同事说没有办法保修,而且态度不好。你们为什么这样对我?

导购员:哎呀,先生,显示屏的边框裂了?裂到什么程度了,现在能不能用?

顾客：裂得不是很大，用还是可以用，只是我得用胶布粘它，以防裂得更大。

导购员：那还好。不过，这对您来讲确实是件不愉快的事，我可以理解您现在的心情，换成我也会不好受。

顾客：你说怎么办？

导购员：先生，我知道您的电脑在没有外力碰撞的情况下，边框裂开。我真的很想帮您。只是在市场上，显示器的类似问题各个企业都不将其放在保修范围内。我想这一点您是理解的，对不对？

顾客：其实坦率来讲我并不是真的想让你们赔偿，我只是希望你们能给我一个说法。没想到你们第一次态度这么不好。

导购员：先生，对于您刚才不愉快的遭遇我感到十分抱歉。请您相信我们，我们是站在顾客的立场为客户解决问题的。让我想想在目前情况下如何处理。对于边框，我有个建议，因为边框是塑料的，现在一些强力胶可以粘的，所以，您可以试试用胶粘一下，效果要比用胶布好。好不好？

顾客：我回去试试。

导购员：您还有什么问题？如有什么问题，请您随时与我们联系，我们会全力为您服务的。谢谢！再见！

顾客愉快地离开。

任何一位导购员都不希望自己卖出的产品牵扯到赔偿问题，使自己已经获得的利益受到损失，前边的工作投入不提，甚至还要搭进更多的精力和财力。因此，对于顾客的这种索赔要求，导购员要尽量在不涉及赔偿的情况下解决，这就需要使用一定的方法。

1. 弄清产品出现的问题

在着手解决事情之前，导购员首先应该弄清楚产品出现问题的原因，然后再根据具体情况予以解决。

2. 及时采取补救措施

如果产品是由于顾客使用不当而造成损坏，导购员需要首先向顾客讲明原委，使他明白并非产品本身存在问题，他自己也存在一定的责任，然后根据具体情况给予补救措施。例如，酌情收取一定的费用为其维修、修复。只要导购员的态度诚恳，顾客一般都会接受。

如果证明产品是由于本身质量出现的问题，导购员就要诚恳地向顾客道歉，然后尽最大能力补救，如免费为其维修、更换产品、额外增加服务项目、办理打折卡、延长免费服务时间等，使顾客享受到更多优待，尽己所能消除顾客的消极情绪。

3. 在合理的范围内给顾客一个交代

如果证明顾客因为产品质量问题在身体、心理、财产等方面受到损害，那么导购员就要勇敢地承担责任，将事件反映给上级，在合理的范围内给顾客一个交代，赔偿顾客的损失，并诚恳地向顾客表示歉意，请求顾客的谅解。这样虽然损失了部分经济利益，但是却能最大限度地挽回导购员以及公司的信誉。

抱怨产品不好，要求退货

在销售过程中，顾客要求退货是非常常见的事情。顾客退货的原因，不一定是产品本身有问题，也可能是顾客主观臆断的结果。因此就有不少导购员表现出强硬的态度，坚决不予退货，致使顾客退货要求更加强烈，于是双方开始了口水大战。

导购员：太太，很高兴再次和您见面，我记得您上周在我这里买下了一款漂亮的挎包，不知道您今天想选购些什么？

顾客：我不是来买东西的。上周在你这里买的挎包太容易脏了，刚用了两天就脏了，我想退货。

导购员：这不是质量问题，再说了，这个颜色是您自己选的，当时您买的时候不是很喜欢吗？这个我们没办法解决，不可能给您退货。

销售工作是以顾客满意为前提的，无论顾客退货的原因是在于产品本身问题还是出于主观因素，导购员都要以良好的态度面对，不能言辞激烈地反驳而激怒顾客。

本案例中，导购员对顾客的抱怨予以反驳，自然难以得到顾客的认同。对于这种退货要求，还是有一套正确的解决方法：

导购员：真是对不起，因为这件事，让您跑来跑去，很辛苦。我明白您的意思，不过，现在像您这样时尚的太太都喜欢用这个颜色的挎包，一来好搭配衣服，二来在夏天里显得干净清爽，您第一眼就选中了它，我也觉得很适合您。其实它的清洗很简单，它的材质和做工非常精细，可以放在洗衣机里清洗……

顾客：你还是给我退了吧。

导购员：是这样，太太，我们的产品卖出后非质量问题一般都是不退不换的。不过您坚持不要这个颜色的包，我们可以考虑给您换货，我们最近又到了一批新款挎包，样式非常漂亮，您可以在这些包中选一款您更喜欢的。

顾客抱怨产品不好一定有原因。即便顾客是出于主观原因要求退货，导购员也要弄清楚他们到底是怎么想的，为什么这么想。所以，导购员要多向顾客提问，并给顾客留下阐述观点和意见的机会，请他们完整地表达他们的意思。在顾客叙述的过程中，导购员要做到认真倾听，即便是顾客的观点不合理，导购员也不要打断顾客的谈话，否则就会给顾客留下不礼貌的印象。待顾客说完缘由后，导购员再根据具体情况做出相应的处理。

有时，顾客认为产品不好可能是因为他的使用方法不当或是对产品认识不正确。这种情况下，导购员只要加以婉转的说明，一般都是可以解决的。例如，顾客认为挎包颜色不好搭配衣服，导购员可以使用一些色彩搭配法则为顾客选出可以与挎包搭配的颜色，通过引导使顾客转变认识，从而消除其对产品的不满。

如果顾客仍然执意要退货，那么在准许的条件下，可以改为换货，并告诉顾客这是底线。如果顾客的情况不能换货，导购员就要向顾客讲明原因，诚恳地向顾客道歉。对于导购员的这种态度，一般通情达理的顾客都不会再继续纠缠不放。

如果顾客要换的产品符合退换货的标准，导购员就要做出让步。

第三篇

成功激励，带出高绩效的团队

第十五章　激发员工的工作热情

※※※※※※※※※※※※※※※※※※※※※※※※※※※※※※※※※※

一个门店要想有一个好的业绩，光靠店长个人是远远不够的，更多的是依赖于店员的努力。员工对自己的工作有了热情和积极性，自然就能给门店招揽来更多的顾客，从而提高了门店的业绩。怎样才能激励员工的积极性呢？

※※※※※※※※※※※※※※※※※※※※※※※※※※※※※※※※※※

一味埋怨下属不能解决问题

下属工作不力，店长怎么办？是声色俱厉、横加呵斥，还是越俎代庖、亲历亲为？不同的人有不同的看法。其实，最明智的做法是深入调查，找准下属工作不力的原因，从而对症下药，帮助下属优质高效地完成工作任务。

下属工作不力，认识不高、态度不端正是原因之一。有的对领导安排的工作不满意，或者与领导之间有矛盾，以致干起活来情绪低落、心不在焉；有的因某种原因，对领导分配的工作的重要性缺乏足够的认识，尽管接受时欣然允诺，但行动起来随随便便、马马虎虎。

下属带着这种情绪和作风上阵，怎能给领导交出满意的答卷？因此，面对这种下属，店长应该头脑冷静，耐心细致地加以引导。一要放下架子，亲近下属，听取意见和呼声，把准思想脉搏，缩短上下级之间的心理距离；二要帮助下属理顺思绪，消除疙瘩，振奋精神；三要帮助下属正确认识自己所承担的工作的重要性，勉励其积极主动地把工作做得又快又好。

胆量不大、能力不强，往往也会使得下属工作不力。对待这样的下属，决不能轻言放弃。因为这些下属并非真正是天生愚钝、懦弱无能之辈，有的还很具潜力，只是缺乏培养锻炼。倘若着意雕琢，他们是完全有可能被改造成才的。况且走马换将，也并不容易。合适的人选短时间内难以找到，即使自认为找到了，动起真格来也未必真行；再者，还可能严重伤害被冷落了的下属的心。所以，对这样的下属宜扶不宜弃。

何谓扶？就是不断创造机会，让其在实践活动中提高素质、增强能力和胆识。具体做法是：领导在分配工作的同时，教给下属一些基本的工作方法和办事程序，使其举一反三，参透其中之道；安排品性好、能力强的下属与之共同承担某项任务，既为其分解工作难度，又为其提供学习榜样，还可以使其在实践中获得成功，找回自信，激发斗志；经过一段时间的培养锻炼，安排其独立承担工作任务，鼓励其消除顾虑，充满信心，大胆工作，争创佳绩。不过在安排其独立完成工作时，难度设计应该循序渐进，逐步增加，切不可急于求成，令其“一口吞下十个包子”；否则，既完不成工作任务，又达不到锻炼目的，还可能打击其追求进步的信心。

有的下属工作不力，完全是因为惰性太强，懒散成性。但这样的人往往脑子好使，行动起来爆发力强。他们之所以不能如期完成工作任务，主要原因是律己不严、自由散漫、工作缺少紧迫感，习惯于到火烧眉毛之时方欲认真“作答”，无奈时间所剩不多，只得糊弄几下，硬着头皮交差。调教这种下属，最有效的办法就是增加压力、加强督促、时常鞭策，一个“逼”字足矣。

怎么“逼”呢？一是从难从重下达任务，使之感到肩上担子沉重，不敢轻视；从高从严制定工作标准，使之不敢草率；从紧从急限定工作时间，使之不敢懈怠。在推进工作的过程中，要经常检查督促。发现进步，及时肯定；发现问题，及时解决。值得注意的是，改造这样的部属，不能寄希望于毕其功于一役。这种人，有的可以在短期内脱胎换骨；有的好过三五日，又可能“旧病复发”。对此，作为领导者必须有充分的心理准备，以应对其可能出现反复。如果真要出现了这种情况，领导者应该以满腔的热情和诚挚的爱心，一如既往地予以关心和帮助。

“干不了就走人”。虽然这并非良策，但有时不得不给那些工作不力的下属调个岗位、换个环境。不过这并不是踢皮球、甩包袱，而是为之寻找更加适合的环境和舞台，使之面对新要求树立新目标，自我反省，自加压力，以适应需要；或者学用对路，一展所长。这尽管是下策，但也不失为理智的抉择。否则，他们即使能力再强，由于长期呆在一个地方，缺少必要的流动，变得不思进取，像根“老油条”；或者学非所用，用非所长，工作起来一塌糊涂。

既然这样，又何必“吊死在一棵树上”呢？换一换环境和岗位，他们也许能重现生机与活力，创造非凡业绩。“流水不腐”讲的就是这个道理。因此，在适当的时候，让下属特别是在某个岗位上工作不力的下属挪动一下，不仅必要，而且可行。只是在交流之前，一定要做好他们的思想工作，说明挪动的原因，征求他们的意见，决不能搞简单的行政命令。否则，既容易伤害其自尊心，又不利于其在新的岗位上重塑自我，展示自我，实现自我。

赞扬是最好的激励方式之一

下属取得了成绩，店长就应及时加以肯定和赞扬，促其再接再厉不断进步。表扬是一种积极的鼓励、促进和引导。一个善用表扬的店长，就不会满足于对个人或集体的优点、长处和成绩作简单地肯定与赞扬，总是善于挖掘表扬的潜力以努力提升表扬的效果。

1. 善于寄希望于表扬之中

经验丰富的店长，面对下属某个方面的不足，一般不会轻易说："希望你……"，而往往是把这句话留在下属因某方面工作做出了成绩受到表扬之后，再话锋一转，提出相应的希望。因为他深知，当一个人因工作上的成绩受到表扬时，就会产生一种成就感、荣誉感和自豪感，这种积极的心理反应不仅会使其感到心情愉快，还能使其自信心大增。

在这种状态下，如果对其提出带有希望性的要求与建议，不仅不会使其感到是在挑刺，而且会使其从中感悟到领导的关心与爱护，这是下属最易接受领导希望的绝妙时机。因此，表扬不能满足于对成绩的肯定，而应注意趁热打铁，在表扬中提出有针对性的希望，给受表扬者以新的目标。如：对工作中成绩一贯突出、积极向上的下属进行表扬时，要不断提出新的希望目标，促使其更加发奋努力，更好地发挥自己的优势，再接再厉争贡献；对受到表扬就沾沾自喜，感到船到码头车到站——该歇歇脚了，甚至居功自傲的下属进行表扬时，要提出带有挑战性的希望，促使其戒骄戒躁，不断攀登新的台阶；对工作中有成绩也有问题的下属进行表扬时，要把其存在的问题作为希望明确地提出来，促使其自觉地发扬成绩，克服缺点，不断地自我完善。

2. 善于授经验于表扬之中

聪明的店长在表扬下属时，绝不会简单地说一句："干得不错"，而总是善于借表扬将成功者的经验与方法传授给众下属，以实现以点带面与资源共享。如："面对某人的当面嘲讽，你能有意岔开话题，保持冷静，不仅表明了你的涵养、大度，这种'难得糊涂'的做法也是很值得大家学习的"，在表扬之中向众人传授了处理类似情况的方法。凡是受到表扬者，或是正常工作比他人更为突出，或是突击任务完成得非常出色，或是突发事件的处理果断有效，或是紧急情况之下能够挺身而出……无论哪一种情况，都说明受表扬者领先一步，高人一筹比别人付出了更多的辛劳与智慧拥有比别人更多的经验和更为有效的方法。

成功者的经验是难得的资源、可贵的财富，是资源就不可浪费，是财富就不能废弃。店长在对受表扬者进行表扬之前，就应进行深入细致地调查分析，归纳总结其成功的经验和有效的方法，以便表扬时能够向众下属详细介绍受表扬者遇到困难是怎么克服的，关键时刻是如何做的。不仅要让众下属受其感悟，更要使大家能从受表扬者的经验与方法中有所得益。

3. 善于寓道理于表扬之中

精明的店长在表扬下属时，绝不会"杨柳水大家洒"，也不会有事没事频繁地作廉价的表扬，因为他懂得：个个都表扬就等于没表扬，而频繁廉价的表扬不仅不能鼓舞士气，往往还会招来其他下属的反感，因为在现实生活中，总有那么一些人，一看到别人在某一方面胜过自己时，心里就堵得慌、不服气。既是表扬，就应注意以事论理、以理服众。

如须公开表扬，一定要在下属取得公认的成绩时再采取这种方式，以免让其他下属感到领导偏心、不公正，从而产生逆反心理。在表扬中要尊重客观事实，尽可能多地引用受表扬者的有关实例与数据，用事实来化解某些人的消极逆反心理；不要就事论事，要善于抓住事情的精神实质，富于哲理，给人以启迪，但切忌任意拔高、故弄玄虚；还可穿插运用名人名言、打比方、讲故事等方法，增添事情的趣味性和生动性，让众人在不知不觉中受到启发与教育。

4. 善于融鞭策于表扬之中

成熟的店长总是善于在表扬中一箭双雕：既鼓励了先进，又鞭策了落后。事实上，对先进的表扬，本身也就意味着对落后者的批评。由于这种批评是婉转的、间接的，是一种引导与鞭策，往往比直接的批评更有说服力，更有利于激发落后者的内在动力。因此，店长在表扬先进的同时，要善于不点名地指出落后者存在的相关问题，启示他们在对比中看到差距，认识自我，明确努力的方向，以求达到不用扬鞭自奋蹄的效果。

恰到好处地运用责任激励艺术

为什么能力相同的人常常会做出不同的成绩，而且能力差的人往往还可能比能力强的人工作得更好？原因在于一个人的工作业绩不仅取决于他的工作能力，还要看他的工作动机被激发的程度。在诸多的激励举措中，责任激励对激发人的工作热情更为有效。因此，店长如果能恰到好处地运用责任激励艺术，往往就会收到意想不到的激励效果。

1. 给下属分配任务要层层都有激励点

有些店长只知道给下属交代任务，要求下属必须怎么样，却很少考虑自己应怎样给下属分配任务，怎样融激励于任务中。

(1) 给下属分配任务，要善于把握时机，把交代任务作为实施责任激励的起点。作为店长，在统筹企业全局的前提下，一个基本的职责就是通过科学合理地分解任务将企业工作目标落实到岗、交代到人。向下属交代任务，不要过于草率、随便，要善于把握时机。

(2) 交代任务内容，要善于鼓舞士气，在明晰责任的过程中鼓足下属的勇气。企业中的每一个工作目标都是具体的，分解到每一个岗位、每一个责任人的任务也都是具体的。作为店长，在给下属分配任务的时候，一定要明晰任务的具体事项，认真交代清楚任务内容。你应把下属分内应做的事尽可能地讲清说细，伴随对具体任务要求的表述，要注意对下属给予相应能力的肯定，以增添责任人履行责任的自信，从而鼓足工作的勇气。同时，你还应向下属交代清楚实现不了工作目标所要承担的责任和追究的形式，给责任人必要的压力，迫使责任人不断增强工作的责任感。

(3) 陈述任务要点，激发责任承担人的上进心。店长是否能够善用责任激励，一个重要的标志就是在交代任务的过程中是否善于运用语言的艺术性。比如，有意识地放慢说话的速度，运用气平声沉的谈话语气来表明任务的重要性，增加谈话的严肃性，使对方感受到你所言之重要，从而认真掂量其所担职责之分量。

2. 检查下属工作要步步都给新激励

作为店长，在分解工作目标，责任到岗到人之后，你的任务不仅是要有步骤、有目的地检查任务的落实情况，还要善于把检查、督促的过程变成“二次激励”的过程。

(1) 提供一个机会，在激励中检查下属的责任计划。在下属进入责任岗位之前，作为店长要善于引导下属围绕工作目标进行全面思考，让下属把准工作目标，明了所负责任的意义，理清工作的思路。可找其进行单独交谈，一方面了解责任人对责任的理解程度、对承担该责任的真实态度以及基本的工作思路，以便及时发现问题，当即做出进一步的激励性引导，使其工作计划更趋完善；另一方面也为你以后检查他的责任落实情况作了进一步的思想准备。

（2）施加一定压力，在鞭策中督促下属的工作进度。要明确告诉责任人，你将组织人员定期对其任务的落实情况和项目的进展情况进行必要的检查。你要注意的是：A. 要按预先所定的时间进行检查，以便责任人将总体目标分解为阶段性目标，并合理安排好阶段性工作。B. 检查工作要注重科学性，要运用定性与定量相结合的检查手段，确保检查结果的说服力。C. 要及时将检查结果与责任人进行沟通，使其对自己的工作做到心中有数，以便进一步安排好下一步工作。

（3）授予一定权限，在关怀中激发下属的责任热情。责任与权力总是相伴而行的。你赋予下属责任的过程，其实也是授予下属权力的过程。一个善于分解责任的领导，也一定是乐于并善于授权的领导者。在这样的领导者旗下，人人都有参与企业各种事务的机会，都有自己的用武之地。对于已经被赋予责任的下属来说，承担责任本身就是一种挑战，尤其是处于如此机会均等的竞争氛围里，担负责任唯有奋发向上，别无其他选择。

3. 追究下属责任要处处都暗留激励

从企业管理的基本要求出发，如果下属在规定的时限内没能如期完成工作目标，不论其原因是什么，店长都应追究其相应责任。既是追究责任，就免不了有种种形式的惩戒，工作稍不注意，下属的积极性就会受挫。这就要求店长在追究下属责任的时候，不能忽略激发员工的积极性这一工作主题，应在分析造成履行职责不力的原因基础上，根据责任的大小，区别情况采用不同的追究形式，并尽可能融暗激励于追究，力求使下属少受一点挫折，多得一分鼓励。

(1) 自揽责任作表率，引导下属自纠其错。不论造成下属履行职责不力的具体原因是什么，只要下属失职，店长作为赋予责任授权者，理应主动承担领导责任。这并不仅仅是一种姿态，事实上，任何下属的失职，在某种意义上都有你用人不当、检查不严或监督不力的因素在内。领导责任自究也要讲究方式方法，要尽可能在公开场合表达自责，尤其不要忘了面对失职的下属亲自说一句:“这里有我的责任”，这是领导者人格完善的一种体现，也是帮助下属“发扬成绩，纠正错误，以利再战”的有效武器。领导责任自究对增强下属承担责任的主动性、引导下属自纠其错无疑会起到极大的激励作用。

(2) 曲径通幽多“私了”。对于有些工作确实尽了努力，但是由于种种难以抗拒的客观因素所致，或受本人的能力所限而履行职责不力的下属，适合采用暗追究的方式，在让本人明白其所造成的工作失职的利害关系的前提下，引导其体面地主动辞职让位，到其他更为适合的岗位上去工作。这样做，会使下属在人前保留一份自尊，也多了许多重新振作的机会。你的这番苦心，足以令其在经受了积极的心理体验后，在今后的工作中有所表现。

(3) 大是大非不含糊，“杀一儆百”警示部属。对于因工作玩忽职守、人为因素造成的履行职责不力的责任人，或虽其他因素所致但造成重大损失的责任人，应在公开场合大张旗鼓地“清算”其失职的责任，宣布惩处的决定。此举的目的与其说是在惩处责任人，倒不如说是在告诫所有部属。你在大是大非面前的这种原则性，对每一个部属都是一种暗激励。

增强下属的荣誉感

西点军校的《荣誉准则》上记录着:“每个学员绝不说谎、欺骗或者偷窃，也绝不容许其他人这样做。”西点赋予士兵的荣誉意识，让士兵在任何一个团队中都大受欢迎。在西点的教育中，荣誉教育始终处于优先的地位。西点将荣誉看得至高无上。在西点，要求每一位学员必须熟记所有的军阶、徽章、肩章、奖章的样式和区别，记住他们所代表的意义和奖励，同时还必须记住皮革等军用物资的定义、西点会议厅有多少盏灯，甚至校园蓄水池的蓄水量有多少升等诸如此类的内容。这样的训练和要求，会在无形中培养学员的荣誉感。这值得企业借鉴，因为一个优秀的员工是不能不对自己的工作、对自己所效力的企业有一个全面清楚的了解的。

如果一个员工对自己的职业有足够的荣誉感，对自己的工作引以为荣，对自己的公司引以为荣，他必定会焕发出无比的工作热情。每一个企业都应该对自己的员工进行荣誉感的教育，每一个员工都应该唤起对自己的岗位和公司的荣誉感。可以说，荣誉感是团队的灵魂。如果一个员工没有荣誉感，即使有千万种规章制度或要求，他可能也不会把自己的工作做到完美，他可能会对某些要求不理解，或认为是多余而觉得厌倦、麻烦。

成绩可以创造荣誉，荣誉可以让你获得更大的成绩。一个没有荣誉感的员工，能成为一个积极进取、奋发向上的员工吗？如果不能认识到荣誉的重要性，不能认识到荣誉对你自己、对你的工作、对你的公司意味着什么，又怎么能指望这样的员工去争取荣誉、创造荣誉呢？每个人都希望在向别人介绍自己职业时，有荣耀的感觉。“我是律师”、“我是记者”、“我是医生”等，都是让人尊敬的行业。不过，许多人的职务和实际担当的工作不相符，例如，秘书兼任许多文书杂务、办事员兼任信差工作等，这样的职务使职员有失落的感觉。

为了使每一位下属对自己的工作有荣誉感，尽量不要让他们兼任几项工作。公司人手不足，最有效的方法是立即征聘人员而不是想什么折中办法、权宜之计。

此外，适当地表扬表现良好的下属，是领导的义务。某外资企业的总经理，一个月里总有一句赞美勤杂工阿祥的话，例如经过阿祥的身旁，互相打招呼后，会说:“我们有效率的工作，你也有一份功劳”、“你很专业”、“你放假一天，这里就要乱了”等，几句适时的赞美，使一位勤杂工感到自己工作的重要性。

遇到没能雇到适当人选接替离职下属的空缺时，宁愿支出一笔费用找临时工，然后慢慢细选面试者，也比胡乱指派一个下属暂代空缺好。将下属的职务调来调去，只会影响下属的工作情绪和效率，会使他缺乏归属感，并且对本身的职务产生怀疑。

想方设法让下属获得成就感

人其实是活在成就感中的，需要不断得到成就感的滋润才能有意义地生活下去，如果隔上一段时间没有成就感，就会觉得生活没有意义。

某户人家养了一只小猫，有一天，小猫忽然走失了。几天后，小猫被人送到流浪动物收容所，收容人员立刻通知了这家人。在主人到来时，收容人员忽然发现这只小猫不但没有欢喜的神情，反而悲伤地流泪。

收容人员相当好奇："你应该高高兴兴的。怎么在流泪呢?"

小猫回答："先生啊，你有所不知，我是离家出走的!"

收容人员吃惊地问道："是你家主人虐待你了吗？为什么要离家出走呢?"

小猫悲伤地说："我在主人家已经待了好多年，从一开始就负责捕捉家里的老鼠，我一直很尽忠职守。当然主人也感觉到了，平时见到我会摸摸我，拍拍我，常会带我出去散散步。那种恪尽职守的成就感，那种受重视、受疼爱的感觉，让我更加提醒自己，好好照顾这一家人。直到有一天……"

"怎么了?"收容人员关心地问道。"有一天家里放上了老鼠药，从此我失业了，捉老鼠不再是我的职责。我开始变得整天无所事事，对家庭一点用都没有，虽然主人还是一样地饲养我，但是我实在受不了这种被冷落的感觉，所以才会离家出走，宁愿过流浪的日子。"

员工同样也需要成就感，作为领导如果不懂得给予下属足够的成就感，他们也会像上述案例中的小猫一样感到备受冷落。

"你为什么要留在微软?"有很多人这样问一位在微软工作很长时间的老员工，这位员工也曾这样自己问过自己。其实他要回答这个问题一点也不难，几乎是不用多考虑的，"因为微软有很多机会让它的员工有成就感"。

当一个人从事着适合自己且非常喜欢的工作时，他就能在工作中发挥他最大的才华、能力和潜质，能够不断地进行自我创造和发展，从而也就满足了自我实现的需要。有自我实现驱动的人，往往会把工作当作是一种创造性的劳动，竭尽全力去做好它。而在自我实现的过程中，他的成就感也将会得到最大限度地满足。可以说，微软公司吸引人才之处正在于他们为员工提供了一个良好的可以获得成就感的平台。

同样，对一个店长来说，也应该倾力去为下属创造这样一个平台，即要想方设法让下属从工作中获得成就感，并在必要的时候主动将成就拿出与下属分享，而非一人独占所有成就。

员工对成就感的渴望可以说是与生俱来的，这甚至可以看作是一项基本“生理需求”，作为店长，一定要懂得如何去满足下属的这种需求，要懂得如何给予下属以成就感。

给员工一个坚定的信心

员工的心是从众的，是趋利避害的。在一个团队中，当出现危险、灾难的时候，大部分人是保持不了坚定信心，大家是恐慌的，是沉不住气的，是忧虑的，这是人性。

作为一名店长，一定要懂这个人性，一定要懂自己，其实这些都不可怕，很正常，但是这团队中的1/5甚至1/10的人是不能动摇的，这是团队的主心骨。所以当危险降临到一个团队时，就给团队中的每个人两种选择，这是一个选择题，你愿意当这个1/10，还是愿意当一个普普通通的9/10？当这个1/10很不容易，因为大家都看不到希望了，大家都迷失方向了，只有这些人坚定地、义无反顾地往前走。

有一个类似心理测试的娱乐节目，一共是10个人参赛，共有A、B两个答案。同意A答案的站到A球底下，同意B答案的站在B球底下。10人中有1个专业人士，算是权威的，他一开始认为B答案绝对正确的，但当他看到9个人都站到A答案那边去了，结果他犹豫了，他就不由自主地、犹犹豫豫地也站到A答案那里了。等答案公布的时候，他错了，“哗”洒了一头灰。这一头灰专门洒在他的头上是怎么回事？原来那9个人不懂无所谓，因为他们是非专业人士，是普通人，可他是专家，在团队中就是干部，应该是团队的核心，团队的核心就应该发挥自己的特长，保持冷静的头脑，在纷纷扰扰、迷迷茫茫中能有一双慧眼，就应该跟别人不一样，就应该比别人更坚定，更耐得住寂寞。这也是为什么有些人能够成为领导、团队的核心、班组的骨干、项目的带头人，他们的威信就是在大家犹豫不决中奠定的。

如果员工从不相信、从不期待成功，那么摆在员工面前的永远都只会是一连串的“不可能”。店长要对自己充满信心，始终坚定自己的意志，这是获取成功的前提条件。无论一个人受教育的程度有多高，也不论他的智商有多高，一个没有信心的店长，永远都不可能获得成功。团队也一样，只有对团队有极强的自信心，团队才可以发展壮大。所以，店长必须要给员工一个坚定的信心。

安排适合员工的工作

有些店长喜欢在工作上大包大揽，希望每件事情都要经过自己的努力才能获得圆满成功，从而得到下属的认可。这种事事求全的愿望虽然是好的，但常常收不到好的效果。

首先，你的精力不允许你这样做。因为一个人的精力、时间、能力是有限的，就算你每天拼死拼活地去努力，店内大大小小各个方面总会有照顾不到的地方。何况，如果你总是这样，天天如此，你的生理能力一旦达到极限，便会被累垮。

其次，巴掌再大遮不住天。你下面还有许许多多不同等级的人员，你把所有的事情都做了，那么他们又去做什么呢？

而且，许多人会对你的这种做法滋生意见和产生不良情绪。他们会感到自己在店内形同虚设，无所作为，毫无意义；他们对你的专断独裁会耿耿于怀，认为你是个权欲熏心、死抓着权力不放的人。迟早有一天，他们会弃你而去，因为在你手下，他们根本找不到施展才能的机会，而且碌碌无为、无所事事是最让人受不了的。

更会有一些松垮成性的下属，会因为凡事都有你过问或代劳，而养成懒惰、工作消极的毛病。更为重要的是，长期的懈怠会使他们疏于思考，遇到稍微困难的问题就无法解决。部门整体的活力和创造力降低了，失去了生机，极不利于门店的发展。

安排适合每个员工的工作。这样，一级一级依此类推，每个员工都将获得相对满意的工作，谁都不会再发牢骚，闹情绪，整个门店上下都在努力地工作。这岂不是一种既省心又省力的方法吗？

少做一点儿得不偿失的事情，花一些力气摸摸情况，了解每个下级的特点，根据每个人的实际能力，安排适合他们的工作，调动他们的积极性，这样就能人尽其才。

下面是调动下属积极性的八大技巧。

1. 使员工时刻清晰自己应承担的职责

领导要让下属明确他们的工作内容和职责，以确保他们能按照正确的方法做事情，而不是按照他们的习惯做事情。帮助他们进入“做正确的事情——得到正确的成果——得到积极的反馈——更加乐于做正确的事情”的良性循环，员工的积极性随之而起。另外，工作内容和工作职责其实是不一样的。大多数的领导只喜欢向下属明确工作内容，而不明确工作职责。当一个员工只明确工作内容，他们会认为自己仅仅是一个执行者，没有什么成就感；而通过沟通和促动让他们能为自己的工作职责努力，那么他们会认识到自己工作的价值，进而能从工作价值中获得激励。

2. 让下属写工作报告

事实上，针对自己的工作写出书面报告，能帮助下属理清自己的工作状态，能凸现问题，也能让他找到自己改善的方向，再加上销售经理的促动，工作就比较容易开展。另外，每个人在写自己工作报告的时候，也是了解自己价值的时候。

3. 让下属参与到一些重要的讨论中来

这种做法能激励他们，并且表明你很在乎他们的想法。发动下属参与到讨论中来，能让他们感受到尊重，确认自己的价值。一意孤行的领导者往往会众叛亲离，而在众叛亲离之前，就是跟随者们低迷、消极的时期。所以，当员工积极性不高的时候，一定是与上级存在某种沟通上的障碍。通过讨论消除障碍，提高员工积极性，不失为一种双赢的做法。

4. 让下属明白做事的好处

当你和下属交流时，不要只是告诉他们怎么做，而应该用你的说服力使他们想做你需要他们做的事。这就需要你指出他们这么做能得到的好处。

员工来工作，自然希望得到自己想要的东西。这些东西可能是物质的回报，也可能是能力的提升、价值的体现、发展的空间。当一个人被要求做自己不喜欢做的事情时，他们往往兴致索然，无法调动自己的主观能动性。为什么孩子们玩要的时候会如此的积极、投入，是因为他们从中获得了乐趣，得到了好处。

5. 每隔一段时间对下属的工作做出正式或非正式的评估

上级的及时的评价，对于员工来讲就像学生不断地得到考试成绩的回馈一样。无论是认可、表扬，还是警醒、批评，都能对下属形成有效的激励。全部是女性从业者组成的著名直销公司玫琳凯，美容顾问们没有任何工资，但是她们会因为内部不断的认可而感到骄傲，会为了穿上一件红色、粉色的上衣（象征不同职级）而充满热情地奋斗。这就是工作中反馈的重要性。

6. 在说出你的评价之前，先问问他们是怎样评价自己的

自己对自己的评价，就是一种价值的澄清。员工往往能从澄清自己价值的过程中获得警示或者激励。一个合格的学生，那是老师教育的成果，但是一个优秀的学生，则主要是他自己对成绩的渴望带来的。动机是一个人不断向前工作的燃料，而每次自我的评价都是重新加油激励的过程。

7. 规划未来的远景

未来在哪里，是每个人时刻思考的问题。马云能在自己家里和那些员工们苦苦坚持，积极应对各种困境，是因为马云为他们规划了一个未来的远景。当人们为了一个属于自己的远景奋斗时，他们能忍受眼前逆境，而始终怀着积极的心态。

8. 让每一位下属明白：工作就是老板

只有努力工作才能为自己带来想要的一切。调动员工的积极性，最终让员工能自我激励，这就是管理者应做的。

认可是对下属最大的肯定

杰克·韦奇说："我的经营理论是要让每个人都能感觉到自己的贡献，这种贡献看得见，摸得着，还能数得清。"当员工完成了某项工作时，最需要得到的是领导对其工作的肯定。店长的认可就是对其工作成绩的最大肯定。店长的认可是一个秘密武器，但认可的时效性最为关键。如果用得太频繁，价值将会减少；如果只在某些特殊场合和少有的成就时使用，价值就会增加。采用的方法可以诸如发一封邮件给员工，或是打一个私人电话祝贺员工取得的成绩，或在公众面前跟他握手并表达对下属的赏识。

企管顾问史密斯指出，每名员工再小的好表现，若能得到认可，都能产生激励的作用。拍拍员工的肩膀、写张简短的感谢纸条，这类非正式的小小表彰，比公司一年一度召开的盛大的模范员工表扬大会，效果可能更好。

有一个员工出色地完成任务，兴高采烈地对主管说："我有一个好消息，我跟了两个月的那个顾客今天终于同意签约了，而且订单金额会比我们预期得多 20%，这将是我们这个季度价值最大的订单。"但是这位主管对那名员工的优秀业绩的反应却很冷淡："是吗？你今天上班怎么迟到了？"员工说："二环路上堵车了。"此时主管严厉地说："迟到还找理由，都像你这样公司的业务还怎么做！"员工垂头丧气地回答："那我今后注意。"员工一脸沮丧地离开了主管办公室。

通过上面的例子，可以看出，该员工寻求店长激励时，不仅没有得到主管的任何表扬，反而只因该员工偶尔迟到之事，就主观、武断地严加训斥这名本该受到表扬的职工，结果致使这名员工的积极情绪受到了很大的挫伤。

实际上，店长进行激励并非是一件难事。对员工进行话语的认可，或通过表情的传递都可以满足员工的被重视、被认可的需求，从而起到激励的效果。

第十六章　科学指导下属工作

※※※※※※※※※※※※※※※※※※※※※※※※※※※※※※※※※※※

帮助员工提高执行力，对下属进行工作指导，贯穿于店长工作的全过程。指导的质量如何，取决于店长指导方法的科学性和艺术性。不同的指导方法会产生不同的工作结果，领导应在自己的工作实践中不断总结、归纳，根据不同的工作内容、工作环境、工作对象，形成自己独特的指导工作的方法，以期取得较好的指导效果。

※※※※※※※※※※※※※※※※※※※※※※※※※※※※※※※※※※※

以身作则，当好领头羊

美国行政管理学家切克·威尔逊提出：如果部下得知有一位领导在场负责解决困难时，他们会因此信心倍增。因此说：身教重于言教。日本本田技研工业公司的创始人和总经理本田宗一郎以对人粗暴而闻名。他一看见员工做得不对，拳头立刻就会飞过去。虽没有做错但只是照葫芦画瓢、没有一点创新的人和做错事闯大祸的人一样，同样会遭一顿好打。有的人挨打后还不知道是怎么回事，认为老板大概是发疯了，但事后本田宗一郎还是会告诉员工挨打的原因。由于一般都是下意识动手的，所以事后本田宗一郎会马上反省，但也只是在脸上稍有点对不起的表情。尽管如此，年轻人并不讨厌他，反而更加佩服他的表率作用。总之，本田宗一郎一直都是自己率先去干棘手的事、艰苦的活儿，亲自做示范，无声地告诉人们，你们也要这样干。

很多时候，管理者的力量不是靠言语表达出来，而是通过自己的亲身行为来体现。现在有很多领导者嘴上总挂着这句口头禅："照我说的做。"这是领导的下下之策。领导的上上之策是——照我做的做。

行胜于言，店长要想让下属做好，首先就要让自己做好。

我们常常将店长比喻为"领头羊"，而店长也确实需要具备"领头羊"的精神与行为。下属就是一个"羊群"，他们的眼光都紧盯着"领头羊"，"领头羊"走到哪里，"羊群"就走到哪里；"领头羊"怎样走，"羊群"就会跟着怎样走。这就是"领头羊"的力量。因此，店长要记住自己"领头羊"的身份，时时刻刻用高标准来要求自己，这样才能给下属做好行为示范，将员工引领到最佳的工作状态中去。那么，成功的店长该如何做到以身作则呢？

敬业爱业——对待工作要做到勤勤恳恳、尽职尽责。

忠于目标——如忠于一项事业、一件产品、一个组织、一个团队等。

亲和得体——对待下属和同事要做到温文尔雅，克制自己的情绪化表现。

公平公正——在做出判断时要依据客观条件，摒弃个人主观因素。

诚实守信——做事情要言而有信，承诺必果。

事实上，不仅在规范下属行为方面需要主管以身作则，在业务方面，如果主管能够率先垂范，以自己的实际工作和行为去指导下属，那么最终得到的效果一定会胜过千言万语。

“他不但是个工作狂，而且要求严格。员工认为办不到的事，他会拿回去自己做，并且能迅速且准确地做到几乎完美的地步，让所有人佩服得没话可说。在他手底下做事，如果没有点真本事还真难。”

这是微软的一位员工对比尔·盖茨的评价。正所谓“强将手下无弱兵”，比尔·盖茨是真正意义上的“强将”，正是他在业绩和专业上所起到的表率作用，才使得员工能够视他为榜样，像他那样去充实自己并努力工作。领导能够率先垂范，这不可不说是微软成功的因素之一。

在这一点上，玫琳凯拥有着与比尔·盖茨同样的见解，她曾经举例说明：“所有美容顾问都必须对自己的产品线了如指掌，而这对他们来说并不复杂，只是一个投入时间和精力的过程。但是，一个销售主管如果对商品并不了解，那么他就不可能说服下属的美容顾问成为商品专家。试想，一个不熟悉商品知识的销售主管怎么能够开好销售会议呢？他们只会要求下属‘照我说的去做’而不是‘照我做的那样去做’。”

店长只有拥有工作的热情和专业的业务素质，才能为部门营造一种积极的工作氛围，下属在店长的带领下，能够产生一种在自己的工作领域做出一番成绩的激情，并渴望领先于他人，这也正是很多一流门店能够充分发挥下属最大才能的奥秘所在。

明确下属的工作标准

众所周知，言传身教的方式是最直接、最快速的指导方式，这种指导方式在各个团队组织中都发挥着不容忽视的作用。

店长可以采用与下属面对面沟通的方式，将自己的经验传授给下属，并对下属提出的疑问给予解答；或在执行任务的过程中，店长亲自加入其中，通过实际行动将经验传授给下属。店长通过经验表述或亲身示范的方式，在达成工作目标的同时，更在很大程度上提升了下属的业务能力。

其实，店长在运用指导术时，言传身教的方式固然重要，但这远远不够。除了言传身教，我们还要制定明确、优化的行为标准。

著名实战型管理教育家余世维曾经特别提出："一个企业要有两本书，一本是红皮书，是公司的策略，即作战指导纲领；另一本是蓝皮书，即 SOP，标准作业程序，而且这个标准作业程序一定要做到细化和量化。"

何为 SOP？SOP 的精髓就是将细节量化，用更通俗的话来说，SOP 就是对某一程序中的关键控制点进行细化和量化，最终形成实实在在的、具体可操作的实践作业标准。

SOP 虽然只是一份看似简单的操作规程，但在企业中所发挥的作用却意义非凡。很多企业在日常工作中都有两个基本特征：一是岗位的人员经常性地发生变动，二是部分工作的作业程序和细节规定相对比较稳定。SOP 这种"对岗不对人”的指导方式，恰恰满足了企业工作的基本特点，不但可以让下属遵照规定更清晰、更规范地做事，还可以在很大程度上节省时间，提高工作效率。

比如说，我们往往会对一些直接面对顾客的销售人员及客服人员等提出“微笑服务”的要求，其中“微笑”就是一个泛泛而笼统的概念。有人认为嘴角上扬就算微笑，有人认为眼睛眯起就算微笑，如此等，每个人的理解都会有所不同。此时，我们完全可以在 SOP 中作出关于“微笑”的细节规定，对“微笑”进行量化，比如说“露出上排 6 颗牙齿”。这样，一个笼统的概念即刻变得细致和规范了，下属容易遵循，主管更容易依此对其进行指导和管理。

当然，上述只是简单的例子，我们在制定 SOP 时，一定要从实际工作需要出发，依据具体操作程序和专业技术知识，用心地将工作步骤进行量化和细化，制定出对岗位指导有实际意义的标准作业程序。

SOP 内容及格式：

页眉：注明“标准操作规程”字样。

单位：即制定该份 SOP 单位的全称。

页码：反映该份 SOP 属性的编码、页数及总页码。

题目：准确概括该项目 SOP 业务的具体题目。

关键词：足以概括该份 SOP 主题及内容的关键词，以便进行计算机检索。

前言：简述该份 SOP 的目的意义、背景知识及原理等。

内容：具体内容要简洁明确，具有很强的操作性，力求使具备专业知识和受过培训的工作人员理解和掌握。

参考：列明制定该份 SOP 的主要参考资料。

签名：该份 SOP 的负责者、制定者、审定者、批准者的签名。

日期：包括该份 SOP 的签署日期和生效日期。

以榜样激发员工的干劲

榜样的力量是无穷的。为员工树立榜样，让员工感到自己有了竞争对手，这样对店长而言，就会收到事半功倍的效果。

在德国的一家企业里，部门经理赫斯管理自己的职员成功地使用了竞争的方法。有一次，他对一个一向很努力的熟练工人说："米勒，为什么我叫你做的一件工作这么慢才做出来呢？你为什么不能像赫尔那样快呢？"

他对赫尔却这样说："赫尔，你为什么不能以米勒为榜样，像他那样做事很快呢？"

过了不久，赫尔因为公事外出旅行刚回来，赫斯便留下一张纸条叫他做好一个铸件，马上送到铁道开关及信号制造厂去。

这张条子是星期六写的，但是星期日的早上，赫尔便把这件事情办好了。星期日的早晨，赫斯在制造厂里看见了赫尔便问道："赫尔，你看见我留下的纸条了吗？"

"看见了。"赫尔回答道。

"你何时去铸呢？"赫斯又问道。

"已经铸了。"赫尔说。

"啊，什么时候可以铸好呢？"赫斯问道。

"已经铸好了。"赫尔回答。

“真的吗？现在在哪里呢？”赫斯又问道。

“已经送到制造厂里去了。”赫尔干脆利落地回答说。

赫斯听了后无话可讲。他看到这种用竞争的方法激励员工赶快做事的效果如此之好，实在感到很惊奇。而对赫尔来说，他看见上司赫斯那种嘉许的态度，自己也感觉到非常快乐。

作为店长，如果让下属被动地服从命令和执行任务，其结果可能是低效，甚至无效、负效的。只有想方设法地激励他们主动地去干，才能够充分地发挥人的主动性和创造性，获得高效益。所以，我们身为店长，要帮助下属找到一个榜样，让下属去学习榜样、模仿榜样，最终成就自己。

1. 帮下属找到适合的榜样

我们非常欣赏甚至崇拜某位成功人士，那么就可以督促下属将这位人士作为榜样吗？不，这种观点是不正确的。尽管我们非常了解这位榜样人物，甚至能将他的优点和成功事例一一道来，但这并不意味着下属也这样认为。

在最初甄选榜样时，我们就要尽量为下属选择对方了解的人。只要能够达到这点要求，就可以确定榜样的甄选范围。

2. 选择精神榜样

很多下属在自身发展的道路上连连受挫，从而很容易产生沮丧心理，并丧失对工作的热情和信心。基于此，我们可以帮助下属寻找到一位精神榜样，促使下属学习他们遭遇挫折时的良好心态，并用精神榜样的成功激励下属去克服困难和挫折。

3. 选择业务榜样

当下属在业绩上停滞不前的时候，我们有必要为下属寻找一位业务上的楷模，他可以是行业内的精英，也可以是公司内部的业绩佼佼者。只有这样拥有丰富行业经验的榜样，才能对下属的具体工作有指导作用。

调动了激情就调动了一切

店长很重要的一项工作就是凝聚人心。店长有激情，才能带动下属的激情，带动队伍的激情。

作为一名店长，你是不是很有激情？当你的员工有一个非常好的创意的时候，你是不是感到非常振奋？你是不是可以承认他的创意，你能不能祝贺他们想法的成功？作为一个店长，必须有激情。没有激情的人，不能成为好店长。

有这样一个发生在 20 世纪 90 年代的故事。在某汽车制造企业召开的一次会议上，一位负责搞市场调研和销售的同志，给“一把手”提出建议:“根据市场调研和市场预测，我们需要加快研究和生产载重量 9 吨以上车的步伐。A 汽车企业已经开始这方面的工作。如果我们再不重视，在 9 吨车上我们将落在别人后边。”

这本是一个关系企业生存、产品竞争的重要信息，应该予以充分重视。但这个“一把手”丝毫没有激情，甚至没有表情。他批评提建议的同志是“相信传说”，并宣称“在 9 吨车的技术方面谁也比不上我们”。事情后来的发展证明，9 吨以上的车型很快成为市场的抢手车型。而这个自认为在 9 吨车技术上领先的汽车企业，在这种吨位的市场上所占份额几乎等于零。

领导者要想有激情，首先需要责任感和事业心，你不要奢望一个不负责任、“当一天和尚撞一天钟”的人有什么激情。其次，要想有激情，还需要有对部属及员工的尊重。一个高高在上、自以为是的领导也不会有什么激情。再次，要想有激情，还需要领导者思维敏捷和博学多才。一个孤陋寡闻、不善交往的人也不会有什么激情。

仅仅领导者有激情还远远不够。韦尔奇先生讲：公司的成功需要集思广益，需要所有人都有激情。他总结了四条 CEO 应具备的能力和特征：精力旺盛、可以调动别人内心的激情、有做决策的勇气和实施决策的能力。他把可以调动别人激情的能力放在了极其重要的位置。他清楚，一个人的能力是有限的，一个人的激情也不是无边无际的。然而，必须牢记：一个没有激情的人是不可能调动他人激情的！

激情，绝不是张扬。激情是人品、敏捷、尊重和责任感的综合反映，是一种对员工激情的关注；而张扬则是某种不纯动机的肆意炒作。激情，绝不是不成熟。不成熟所表现出来的是鲁莽和无知。激情，也不是狂热。狂热是离开科学态度和务实精神的个人宣泄。激情，更不是歇斯底里。歇斯底里是病态，它与激情风马牛不相及，有如曲直之别、是非之分。

店长要有激情。有了激情才能以情感人、以情动人、以情促人。激情型店长要做的不单单是自己有激情，更重要的是要把他的激情传递给他的团队，激发出团队自发性。

然而，让传递给团队的激情落实到行动上去，变得实用，是很多店长很难解决的问题。事实上，在这个问题上，店长考虑最多的是结合企业的机制与远景。一种通行的做法是，根据企业的实际需要，店长必须要有远见，并要不断为团队指出方向，在这条路上团队成员尽可以发挥。团队激情变为实干精神，是激情型店长企盼的。对他们来讲，其实最重要的莫过于将传递给团队的激情，转化为团队成员的内在驱动力，并获得最大量的释放。

给下属一点发挥的空间

下属在工作中遇到困难时，店长要给予及时的卓有成效的帮助，以弥补其能力、经验的不足。适度帮助下属，给下属一定发挥潜力的空间，帮助下属建立成功的信心与决心，这样的店长才是聪明的。

有人认为反正已将工作交给了下属，能否圆满完成都是下属的责任，这种态度不是身为领导者应有的负责任的态度。一味斥责下属，不利于问题的解决。诚然，用压担子的方法向下属交待一些经过努力可以完成的工作，有利于激发下属的潜能。可是，如果不问青红皂白给下属安排一些难以胜任的工作，那么所造成的危害将会更大。

下属难以完成工作，就会处处被动，会彻底动摇下属的勇气和信心。所以，你要适当对下属进行指导。当然，施以援手时也要注意因人而异。比如，对 A、B、C 三人，你给他们定下的工作目标均为 100，而三个人的自身能力却分别为 60、40 和 80。在这里，A 的差距为 40，从理论上讲你就应给予 40 的指导，如果当真如此那就大错而特错了。最好此时来自你的帮助是 30 左右，余下部分正是为 A 在实际工作中充分发挥其潜能留下的余地。为什么呢？因为如果你全部给予帮助，A 就等于只是在做自己现有能力能够胜任的事。长此以往，他的能力就只能停留在现有水平上，而不会得到迅速的提高。更坏的后果是，如果你经常不遗余力地去弥补某个人的工作差距，那么，就会让他产生依赖性。在他遇到困难时，他就会想，没事，还有我的领导呢。

作为技术人员出身的公司领导李，一直都在不经意中做着大量的管理工作。说不经意，是因为领导李一直都以顺其自然和跟着自己感觉走的方式在管理下属的工作。不经意中，领导李有时事无巨细，甚至对下属判断问题的速度不满意就直接发挥自己的判断能力，快速将下属遇到的问题进行判断，并将解法强行安排给下属；有时，领导李又一个月不过问下属项目的事情，不是简单地放手让下属去做，而是彻底心里没有了下属所做的项目。

每每事无巨细后，领导李就发现下属不敢自己去想问题和解决问题了，总是依赖领导李的脑子，领导李就指责他们为什么不动脑子；每每彻底不管不顾，领导李就发现下属逐渐没有了心气，也懒惰了，也感觉做得没有意思，项目还可能出现严重问题。

下属这种依赖感产生的原因就在于：一个人要是吃太饱了就容易犯困，就容易失去警惕性，而在半饥饿状态时，各种机能反应才最为灵敏。所以，你在对下属施以援手时必须给对方留出发挥潜能的空间。人们总是在不断发挥其潜能的过程中不断增长才干的，过分地为下属考虑一切，甚至忘记了下属还有一个能思考的大脑，实行不折不扣的包办代替，只能造就一味依赖他人、无一点创造精神的下属。按照这种观点去做，对能力为 40 的 B，只须给 50 的帮助，对能力为 80 的 C 则可以不予帮助，任其发挥。对于能否正确地根据工作情况和下属的能力，给予适当的帮助，你可千万不能等闲视之。

帮助是必不可少的，过分放手，不管不问，一味让下属“自立”，也是不可取的。正确的方法是一旦把工作布置下去，就要仔细进行跟踪观察。发现下属遇到困难，及时给予恰到好处的指导，既不妨碍下属发挥潜能，又不能大包大揽或完全放手。可见，管理需要给下属一个适当的空间，就像放风筝，不能总拿着风筝而不是去拉线，这样风筝是飞不起来的；也不能松开线，松开风筝就飞走了。

其实就是一根线足以让风筝飞舞得美轮美奂，留出适当的空间，就可以让下属的发展和进步与公司比翼齐飞。

不多对下属指手画脚

鲁国有个人叫阳虎，他经常说："君主如果圣明，当臣子的就会尽心效忠，不敢有二心；君主若是昏庸，臣子就敷衍应酬，甚至心怀鬼胎，表面上唯唯诺诺，却在暗中欺君而谋私利。"

阳虎这番话触怒了鲁王，阳虎因此被驱逐出境。他跑到齐国，齐王对他不感兴趣，他又逃到赵国，赵王十分赏识他的才能，拜他为相。

近臣向赵王劝谏说："听说阳虎私心颇重，怎能用这种人料理朝政？"

赵王答道："阳虎或许会寻机谋私，但我会小心监视，防止他这样做，只要我拥有不至于被臣子篡权的力量，他岂能得遂所愿？"

赵王在一定程度上控制着阳虎，终使赵国威震四方，称霸于诸侯。

"下属在工作中愈感到自己有能力和有效率，则在完成工作时就愈不想要命令和指挥。"美国历史学家J.M.伯恩斯如是说。伯恩斯定律解析的是能力、工作效率与独立性之间的关系，也是被管理的下属和管理者之间的辩证关系。

最成功的店长恰恰是不过多对下属指手画脚的领导；而最出色的下属也正是不想要命令和指挥的下属，这是现代企业一种高级的上下级之间的关系。在这种没有过多命令的上下级关系中，很多工作和事情都是靠默示、默契和自觉、主动来完成的。

如何衡量一个优秀的店长呢？除了自身的水平外，一半是看他所带领的下属是否具备较好的独立性，恰如伯恩斯定律所说的“下属在工作中愈感到自己有能力和有效率，则在完成工作时就愈不想要命令和指挥。”具有独立性的下属，在完成工作时，是不需要领导多费口舌的。他们自信，有着很高的工作效率，更重要的是他们有着自觉、主动完成各种工作的能力。

当体育比赛进入白热化的决赛阶段时，众目睽睽之下，谁胜谁负都让观众捏把汗，也让双方的教练十分紧张。关键时刻，教练往往会请求一次暂停，给自己的运动员打气并且及时灌输些战略战术，点拨一些临场发挥的窍门技巧。遗憾的是，如果运动员综合素质差，灌输往往照样无效，教练再怎么指点，比赛到最后还是以败北告终。与此相反，不少运动员在决一雌雄的关键时刻并不需要教练的暂停赐教，他们凭着一股自信和坚韧，做着最后的冲刺，总能化险为夷扭转局势，最后获得比赛的胜利。我们可以想见：运动员的自信和独立性在体育比赛中是多么的重要，而紧急时刻要教练来指挥的运动员并不是都可以扭转局势取胜的。要人指点，虽不违规，恰恰证明了其能力存在缺陷。同样，作为销售人员，遇到一些困难时，一旦需要领导来指挥和命令的时候，也是表明自己是不够优秀的，而且是令人担忧的。

有道是：愈是善于使用自己手脚的人，愈不喜欢别人对他指手画脚。学生时代，人们的确需要老师的教育和帮助。走上社会成为一名合格的企业人或者员工，就应该脱离师长的呵护，自己展翅飞翔。倘若还要人跟着身后看护和指挥，显然是不成熟的，没有达到毕业的标准。

一般说，下属是要服从领导管理和指导的，并以服从领导命令为最高的神圣天职，但这不等于说处处都要领导手把手教你，实际上领导也不可能事无巨细、事必躬亲地指挥你。伯恩斯定律较好地揭示了一个企业人的独立性与工作能力之间的反比关系：需要领导指挥越少的下属，其能力则越高。

给下属挑大梁的机会

有些企业存在着这样一种情况，管理者喜欢挑大梁，无论大事小事都要亲自过问，这就导致管理者在时大家忙忙碌碌，管理者不在时大家无事可做、精神懒散，什么工作都停滞不前的现象出现。为了防止这种情况的发生，管理者必须懂得发挥下属的作用，让他们思考和操作，给他们一个挑大梁的机会。

善于让下属勇挑重担，是管理者考验其能力的手段，也是管理者用权的策略。如果是千斤重担一人挑，只能说这个管理者的权力欲过于膨胀，而不是什么值得称道的工作方法。如果不能够让员工感觉到自己在为企业挑着一个重担，就容易让他们觉得自己的工作没有价值。管理者要坚持“尊重人就得委以重任”的用人原则。有十分之才，交给十二分的重担。

东芝集团便一向奉行重担子主义，也就是说，员工的工作情况必须在工作能力之上。比如说，这个人可以拿起100公斤的东西，那么实际上就应该交给他120公斤重的东西才行。如果不委以重任，那便是一种罪过。如果要做到尊重人，那么就应该给他重任，这样才可以激发他的创造能力。

三星集团的董事长李秉哲就是一个善于给下属重担的人。三星集团的一个社长在回忆他的一段往事时说:“还是在我担任第一毛织总务部长的时候，有一天，我突然接到一个任职令，让我到新世界百货店去当经理，实际上，那时候我还是个连在新世界百货店卖东西的经验都没有、刚从乡下来不久的人，而且又是在百货店处于经营状况不好、经营出现赤字和发生事故的时候。”

而这恰恰是李秉哲的高明之处。他深知，当一个人担任某项重要的职务时，往往会干出意想不到的成就来，关键是要发现这样的人才。前面提到的那位社长的经历就说明了这一点，他原来只是个无技术、无经验的来自乡下的普通社员，但是，由于他能力很强，被李秉哲发现并重用，入厂两年多就当上了第一毛织厂的厂长，不久又被接连提拔为总务部长、新世界百货店经理、社长等。

从创业时期起，李秉哲就认为，信任可以换来忠诚，信任可以激发员工的潜能。他以各种形式传达对员工的信任和关怀，并对确实有能力的员工委以重任，为其提供施展才华的舞台，三星也因此成为了世界知名企业。

为了让下属可以挑起重担，要做到以下几点：

1. 让下属了解其工作的重要性

当你为下属分配工作的时候，不仅要做到把任务交代清楚，还要对下属讲明这项工作的重要意义、与该工作密不可分的其他方面、最后将获得的效益以及如果该项工作出现失误将会给整个企业带来的损失等，让下属感到自己所从事的是一项很有意义的工作，而且责任重大，这样，他们自然而然地会对工作产生兴趣，并会充满热情和干劲地投入进去。

2. 分配工作务必要因人而异

对于刚刚走出校门、步入社会的年轻人，应大胆地放手让他们去干，把具有一定难度的工作交给他们去独立完成。当然，在完成的过程中出现问题是很自然的，作为管理者，千万不能责怪他们，否则就会大大挫伤他们工作的积极性和自信心。

对于那些有一定工作经验的中级员工来说，轻易即可完成的工作或是反复做以前的工作对他们来说是没有什么吸引力的。应该将难度适应其现在能力的工作交给他们，最好是只提供任务，而不涉及细节，这样一来，他们就会感到身上有压力，就会开动脑筋，想方设法地去钻研，努力去完成。而一旦获得成功，这将给他们带来更大的喜悦和成就感。

3. 一些需要把握的细节

建议你在公开场合，有意制造最隆重的气氛，将最困难、最光荣的工作交给下属，使他觉得这是管理者对他的最大信任，是“看得起他”。

在听到别人对下属的非议时，当即旗帜鲜明地予以驳斥，并且一如既往地重用下属。

在下属出现了某些工作失误，特意赶来向你解释时，给他一点不过分的安抚和照顾，暗示他继续大胆干，不要为此而背上思想包袱。

当下属确实因为某些客观原因而遭到挫折和失败时，管理者应敢于承担责任，绝不可将责任全部都推到下属身上，让下属当替罪羊。

倘若采用了这些步骤，无论多单纯的工作，也能令下属体会到工作的重要性，并全身心投入到工作中。

及时检查下属的工作状况

德鲁克大师的目标管理在全球普及甚广，但实施中却有很多企业走形变样，其中一个痼疾就是工作追踪很差，如果没有工作追踪，目标管理也就只剩下了美丽的目标这个外壳。

根据管理大师德鲁克的观点，目标管理所要达到的两个核心目的，一个是激励，一个是控制。通过设定目标对整个组织的行为进行控制，从这个意义上讲，那就不光是设定目标，而是要使整个组织把各种资源调动起来，围绕目标向前走，这就需要不断对工作进行追踪。如果发生了偏离，通过工作追踪及时对偏离的情况进行评估，然后把这个信息进行反馈，并采取一定的措施，保证我们能够实现设定的目标。

那么，如何进行工作追踪呢？领导者可以根据工作追踪方法，进行下面的工作：

（1）衡量工作进度及其结果。

（2）评估结果，并与工作目标进行比较。

（3）对下属的工作进行指导。

（4）如果在追踪的过程中，发现严重的偏差，就要找出和分析原因。

（5）采取必要的纠正措施，或者变更计划。

有的经理认为工作追踪应以下属的工作表现为主，每天都能保证不迟到、不早退，在领导视野所及的范围内勤奋工作的就是好员工，问他们这样做的理由，他们会说“我就看到某某工作认真了，所以他就是好员工，某某人我从来没看见他干什么。”

实际上，因为经理的精力有限，不可能对所有下属的工作表现都能凭着主观感觉到。一方面造成工作追踪的片面性，另一方面，很可能伤害到其他员工的感情，从而起不到工作追踪、进行阶段性工作评价的作用，导致没有人再去重视这个过程。因此，工作追踪应当着重客观性的标准——工作成果，同时也要兼顾主观性的标准——工作方法和个人品质。

工作追踪是在给人充分授权的情况下，让下属在按照自己的想法做事情的基础之上所进行的追踪。而且，工作追踪不是干涉，不是说你来替下属做决定、给下属支招，而是对下属的工作做出一个目标完成情况的评价。

目标管理要想起到激励下属的作用，关键就是你让下属按照自己的想法做事情。如果决策都让你一个人做了，那就不叫工作追踪了，更不是目标管理了。

工作追踪第一步：搜集信息。

搜集信息主要有这样几种途径和方式：

(1) 建立定期的报告、报表制度。很多公司销售部门、生产部门的定期报告制度要好一些，甚至连值班日志都已经很规范了，但其他大多数部门可能就是以口头汇报为主，这是不行的，一定要制订严格的报告、报表制度。

(2) 定期的会议。

(3) 现场的检查和跟踪。

这些工作就方法而言，并不复杂，但关键是要能细致并且坚持下去。

工作追踪第二步：给予评价。

在进行工作追踪进行评价时要注意以下 4 个要点。

(1) 要定期追踪。管理者有时候工作一忙，就顾不上去了解下属的工作情况，而一旦形成三天打鱼、两天晒网的习惯，下属的工作就有可能渐渐松懈。对下属工作追踪要养成定期的习惯，同时让下属也意识到主管有定期检查的习惯，这是非常重要的。

(2) 分清楚工作的主次。管理者的事务很多，不可能事事追踪，因此一定要分清事情的主次，对重要的事一定要定期检查，而次要的事则不定期抽查。

(3) 对工作进行评价。工作评价的一个重点是看目标是否偏离，有时候是与目标有差距；有时候是具体的方法的差异；有时候看上去业绩实现了但目标实际上是偏离了。如果评价发现目标有偏离，就要及时把他拉回来。

(4) 避免只做机械式的业绩和目标的比较，应当发掘发生偏差的原因。在分析偏差时，必须首先分清哪些是下属无法控制的因素引起的。比如分配去做市场调研，但是经费迟迟无法到位，下属无法找到足够的调研员，从而延误了时间。其次还应分清哪些因素归因于下属本人，比如由于下属工作不得力造成销售额没有完成。正确地分清这两类原因，就可以有针对性地采取相应的措施。

工作追踪第三步：及时反馈。

经理必须定期将工作追踪的情况反馈给下属，以便下属：

（1）知道自己表现的优劣所在。

（2）寻求改善自己缺点的方法。

（3）使自己习惯于自我工作追踪及管理。

如果发现下属目标达成不理想，那么可以提建议。有的下属，当你指出他的工作偏离了目标，他能够很快地意识到这一点，根据主管的建议去进行调整。另一种方式就是强行把目标拉回来。

不论是采用哪种方式，都必须做到及时反馈，这样坚持得时间长了，大家就会发现，凡是偏离公司目标的事情是绝对不允许的，这就在公司内形成了一个基本的职业原则。既激励大家去完成目标，又威慑那些有可能故意偏离目标的人。

第十七章 有效授权，高效管理

※※※※※※※※※※※※※※※※※※※※※※※※※※※※※※※※※※※

优秀的店长在用人上必须懂得用人不疑。是否能出色地完成工作取决于是否信任下属，是否放权。为什么授权这么重要？因为通过授权，你可以提高自己的工作效率；你可以专注于更重要的工作，而不是陷入费时费力的大事小情不能自拔；与此同时，你还可以培养下属，让他们成为更有价值的工作者。

※※※※※※※※※※※※※※※※※※※※※※※※※※※※※※※※※※※

有敢于授权的气度

人才是成就一番事业的关键，无论什么时候，人才都是立业之本，这道理知易而行难。有了人，善用人，企业就会有一切；没有人，不善用人，企业就会失去一切。

国内外众多企业领导人都把用人当做企业人力资源管理极为重要的内容。毛泽东曾说:“我仅做两件事情，一个是出主意，一个是用好人。”

在进军世界500强的征程中，海尔总裁张瑞敏始终保持清醒认识：有竞争力的产品是有竞争力的人干出来，国际化的名牌是国际化的人创造出来的。张瑞敏曾说:“我管理海尔，就是用好人和拿主意。”为此，他在海尔勇敢地推出了一系列改革。

早在1998年9月8日，海尔就开始实施了流程再造，即推行“SBU管理机制”。SBU是策略事业单位的意思。张瑞敏认为，如果不仅每个事业部而且每个人都是一个SBU，那么海尔总的战略就会落实到每一个员工身上，而每一个员工的策略创新又会保证集团战略的实现。

在传统的金字塔式的组织结构中，企业的部门和部门之间，员工和员工之间存在着明显的职能壁垒。海尔实施流程再造后，上下级关系变了，原来是职能关系，上级对下级下达指令和控制，现在是市场关系，上级为下级提供平台和资源。如进行流程再造前，海尔各产品事业部要维修设备须层层上报，从事业部长开始层层批准，逐级分解，而且维修人员修得越多，工作效果就越好。再造后，设备事业部与生产车间之间变为市场关系，目标是零停机，设备事业部必须提前维护设备，预防问题的发生。否则，生产车间按设备停机的时间向设备事业部索赔。

海尔双动力洗衣机的设计者许升说:“流程再造后，我从一个开发人员变成型号经理，这不仅仅是名称的变化，更重要的是我的市场目标发生了本质的变化。过去领导要求开发什么产品我就开发什么产品，销售与我无关，现在则要按用户需求决定开发什么产品，市场好了，我的报酬才会多。”

海尔推行SBU机制的真正意图，就是让海尔的员工不再甘心成为其庞大企业机器里的螺丝钉，“因为这种螺丝钉精神和海尔目前的目标——让企业整个系统贴近顾客、迎合市场，存在矛盾。螺丝钉的本位意识是诱发身躯僵硬、行动迟缓的'大企业病'的原因所在。"

把大企业做小，就是提高企业在扩大规模的前提下，对官僚主义病毒具有免疫力，让大企业具有小企业的内在活力，对市场更敏感。用IBM前CEO郭士纳的话来说就是，如何让大象也能跳舞。

张瑞敏说："企业不是看外表多么大，关键是看它的细胞有没有活力。搞企业的最大问题，就是如何使每个企业的细胞都是活的，而不在于活一天还是活五天，应该保持细胞的活力，如果有死掉的，再有新的出来。"为未来创造价值，为未来活着是海尔永葆活力的关键所在。可以说，海尔能够得到迅猛的发展，与他们充分发挥下属员工积极性有直接关系。

但现实中，也有一些店长干劲很足，精力充沛，处事明快，每天忙得不亦乐乎，但他们总是大事小事一把抓，事必躬亲，即使让下属自己做一些小事，也是不放心，处处过问。这只能说明领导对下属极不信任，不敢放手让下属自己做事。这样的话，不仅抑制了下属的能动性，自己也孤掌难鸣，事倍功半，不会有好的成绩。

把一些重要的事情交给下属去做，体现他们的能力和重要性，这一举动恰恰体现你对下属的信任，其他任何的方式，都不如这种方式来得直接、有效。而且领导人也能有精力和时间去处理更重要的事，何乐而不为呢？

与下属推心置腹，千万不能只把这句话放在口头上，而不是放到行动中。要把这句话牢记于心，并时时处处体现于行动之中，这才是一个领导者难得的英明之举。否则，口头上对下属如何信任，而实际上却对他们百般猜疑，那样只能是"搬起石头砸自己的脚"。

作为一个有责任心的领导，用人一定要有一贯性，即使在下属出现失误时，也要敢于用人不疑，放手让他们自己干。

有的领导者在下属出错时，表面一套，背后一套，明着去同情下属、帮助下属，表现出他如何仁义、大度，暗地里却怀疑下属，出卖下属，这种领导虽能欺骗一时，但最终必会被下属识破，露出自己卑鄙的嘴脸。朋友之间相处，讲究“患难朋友才是真正的朋友”。领导与下属相处，一个重要的原则也是这样，赞美下属的忠诚，在他处于逆境时尤其要敢于信任他，把援救之手伸向他。只有这样，才能体现出领导者的高明之处。

放些权力下去，才能收得人心

权力是一种管理力量，权力的运用是有法度的，而不能仅仅依随店长个人欲望的膨胀。因此，一个高明的店长首先要明白一点：自己的工作是管理，而不是专制，也就是说，店长不是监工，因为监工即是专权的化身。把自己当做监工，往往大权独揽，把所有的下属都看成是为自己服务的，这样的店长永远成不了好管理者，或者说，监工式的管理一时有用，但不可能时时生效。

放些权力给下属，会对企业管理的用人方式带来益处，至少不会遭致下属的心理抗拒，也容易使双方形成平等、融洽的人际关系，从而创造一种良好的工作气氛。

从表面上看，授权与用人是上级对下级的一种权力运用。但是如果简单地这样理解，那就错了，因为授权与用人不是权力专制的表现，而是权力调控的表现。

尽管知道某下属的能力较高，可以授权他做更多事项，但是不能从已经接手进行工作的下属手中，把事项移交到他身上。除非店长认为后者已无能力将事情办好，但是要有证据方能服人，以免吃力不讨好，影响两者的工作情绪。

企业计划、开会以至进行一项工作，店长当然有责任和权力去参与。然而，过分的干扰会造成下属的依赖心理，无法突出个人表现。

店长给予下属过多的指导，不能使下属独立处理整体工作，对下属及店长本身，均会造成长远的损害。在下属方面，未有适当的磨练，会埋没了潜质和才华；在店长方面而言，工作量太大，精神和体力均感疲乏；况且以一个人的能力，没有集思广益的好处，终会比其他同行落后。

不管什么时候，与下属一起研究工作，指派授权了某些下属后，就放心让他去处理。在适当的时候，询问下属一些问题，防止他偏离目标，但不等于干扰。例如问他是否要协助、工作进展如何、是否遇到困难等。

店长主观的判断会影响下属的工作情绪，使他们不敢放手去做。因此，店长应站在客观的立场，看下属的工作进度。“我认为这样不好”的说法，改为“你认为这样会较好吗？为什么?”下属听了较易接受，以及帮助他更了解工作，方便工作的进行。

再强调一下：放些权力下去，才能收得人心上来。其实这是一个很简单的道理，也是一种等价的交换。

对一个店长而言，彻底改变监工身份，有时候并不是简单地说说而已，这种观念的转变要靠自己的实际工作来体现，真正做到由专权到放权的角色转换，切忌误以为专权就是大权，放权就是失权；相反，放权能够赢得下属的信赖，会使下属更加尊重你的权力，使你的权力从本质上起效应。而专权只能是迫使下属表面服帖，却赢不了人心。

现代企业管理主张“把监工赶出权力层”，是对专权与放权关系的精辟概括。每一位有志于从事企业管理工作的人，都应当切记这种说法。

明白哪些权可以授，哪些不可以授

店长要分清授权的范围，明白哪些可以授，哪些不可以授。

1. 可以授权的工作

标记出你要放弃和你必须自己做的工作之后，余下的工作内容就可考虑作为可能授权的对象了。但是该如何确定哪些工作可以授权呢？

对于决定哪些工作可以授权而言，很少有放之四海而皆准的方法。因为每个企业经理所处的境况可能千差万别。然而，下面的这些指导方针和例子将帮助你在分析自己的具体情况时做出决定。

（1）授权那些日常的和必须要做的事情。这些工作你已经做了一遍又一遍，并且是公司例行规定的必要工作。你对它们非常了解，你知道这些工作所存在的问题、所具有的特性以及具体操作的细节。它们也是你容易授权的工作。因为你如此熟悉它们，所以你可以很容易地解释清楚，然后把它们委托给他人去做。

（2）授权专业性强的事情。你会给家人做手术吗？不大可能，除非碰巧你是个医生。

你会在法庭上做自己的辩护人吗？不大可能，除非碰巧你是个律师。

这就需要你寻找这个领域中最专业的人来做。在公司里也是同样的道理，你必须发挥员工的专长。如果你负责选择一个新的文字处理系统，你可以自己研究，也可以把初期的研究工作授权给办公室的电脑程序员。如果你的办公室有个数学能手，你可以让他负责仔细检查所有报告中数字方面的问题。要小心“超人综合症”，注意有些时候你需要将一些日常工作交给像律师、会计、税务经理等专业人士或其他临时性的“超负荷”员工。要让你的需要与员工的技能相适应，利用他们的才华，而将你的时间用在其他事情上。

（3）授权“职业爱好”。有些工作没有给别人是因为它们对授权者来说太富有趣味性了。当然自己保留一两个也可以，但是至少要意识到它们的特征：简单，有趣。但如果有其他人比你更胜任这份工作，就要交给下属去做。把自己最感兴趣的工作分配给其他人的做法可能看起来是荒谬的，然而正是这些工作让你流连忘返却不足以体现出你所付出的时间和精力的价值，它们往往与你的专业领域和以前在公司担任的职位有着千丝万缕的关联。

（4）授权发展机会。作为领导者，你最首要的职责是让你的团队成员有发展的机会，达到这一目标的好方法是将恰当的任务分配给恰当的人。你了解自己工作的职责，你也了解某些任务在帮助团队成员发展时的价值。经过有选择地授权，你能够给予特定的人发展的机会。

2. 不可以授权的工作

尽管大多数企业经理都错在授权不足，但还是有个别的企业经理授权过多，而有些工作是完全不能授权的。下面是确定哪些工作不能授权的基本原则：

（1）不要授权人事或机密的事务。人事方面的决定（评估、晋升或者开除）一般来说很敏感，而且往往难以作决定。一旦有需要保守秘密的人事工作，那么这份工作和职责就应该是你自己的。

（2）不要授权关于制定政策的事务。你可以在政策制定的一定范围内授权，但绝不要授权他人关于实质性的政策制定工作。政策会限制相关的决策制定。在规定的、有限的范围内，你可以授权他人承担一些制定政策的任务。信贷经理制定总信贷政策，销售人员往往也有权在一定的金额范围内为特定的一些客户提供信贷额度。

（3）不要授权解决危机问题。危机会不可避免地发生。如果真的发生了，企业经理必须肩挑这个重担，找到解决方案。这不是你该授权的时候。当处于危机的时候，要保证自己在现场起到带头作用。

（4）不要授权直接向你负责的员工的培养工作。作为一名企业经理，你的一个主要职责就是培养直接向你负责的员工。更准确地说，你的职责是去创造条件，使你的员工在和你共事时能使他们自己得到发展。你的员工应该在他们的成长和发展过程中得到你的帮助。他们依赖于你的经验、你的判断、你对组织和它的需求的了解来辨别对他们成长有帮助的工作。这不是你该授权的工作，尽管你可以从他人那里得到一些帮助，但这是你的职责。

（5）不要授权管理者分配给你亲自做的事情。你的管理者叫你亲自做一件事情，可能会有他特殊的理由。如果你坚定地认为将它授权给你的一个员工去做是正确的话，应先和你的管理者商量一下，弄清楚他是要你做还是叫你给别人做。错误的理解可能会使你和管理者之间的关系变得紧张，所以一定要弄清楚他的要求。

记住，这些关于什么该授权、什么不该授权的建议只是基本原则，不是一成不变的定律。它们对你决定一项任务是否该授权应该有帮助，但是你必须根据自己的情况来做决定。根据这个基本原则，有些任务你应当授权，但有时个别的或特殊的事情可能会让你自己去完成。

例如，你可能有一项常规性任务非常适合授权，但是明天就得完成，你没有时间去培训别人，只有自己去做。不要太过于小心翼翼，如果利弊似乎相当，那就大胆地授权，并监控其发展进程。如果你有些担心，你就自己多参与一点，但是不要停止授权。随着经验增多，你会更有技巧。所以，多寻求授权的机会，不要让困难阻碍了你。

正确的授权是有原则的

杰克·韦尔奇说:“过去，我们的管理人员习惯于对员工指手画脚，指示他们做这做那。‘听话’的员工们按时按量地完成任务，但也不会自觉自愿地多做些什么。自从给他们授权之后，情况是如此不同。我们常常惊讶于员工主动完成任务的积极性。有那么多的事情，管理层甚至没有想到，但是员工不仅替我们想到了，而且还默默地做完了，实现了。”

店长要使每个员工都感到自己受重视、被信任，进而使他们的责任心和参与感迸发出来。这样整个团队就能同心合作，人人都能发挥专长，组织才有新鲜的活力，事业方能蒸蒸日上。店长要掌握以下基本的授权方式和技巧。

1. 授权时要明确下属的责任

店长要明确地将权力与责任同时授予下属，既可以促使下属完成工作，又可以堵塞有权不负责或滥用权力的漏洞。首先应交代权限的范围。这样做的目的是为了让下级正确行使自己的职权，更好地实现授权目的。店长带责授权时，要注意不授出最终权力和责任。作为店长当然要明确自己的职责范围，凡是属于自己职权范围的事，涉及组织的全局性问题，比如管理全局的集中指挥权、总的经济预算审批、决定组织的目标、任务和发展方向等，绝不可轻易授权，也就是松下幸之助所说的:“大事和小事由我处理。不大不小的事可以安排让别人做。”

另外，如要把同一方面或系统的工作，向两个或两个以上人员授权，记住，责任要落在其中一个人身上，让其中领受较高权力的那个人承担责任。这样可使下属各司其职，各守其位，各负其责，避免发生争功诿过和扯皮。

2. 授权要适当

店长对下属的授权既不能太轻，也不能太重。太轻，就无法充分调动下属积极性；太重，又会形成大权旁落的现象，局面难以收拾。下属的权力一旦超出了合理范围，制度法规就无法顺利贯彻执行。

店长要根据下属的承受能力授权。授权者应该向被授权者明确所授事项的目标、任务、职责和范围。所授的工作量不要超过被授权者的能力、体力所能承受的范围。授权如果没有明确的目标职责，被授权者在工作中就会找不到方向，无所适从，整个组织就会失去战斗力，甚至出现混乱。有的权力尽管很轻，但也不能把许许多多权力一股脑儿全部下放，弄得下属顾此失彼，手足无措。适当授权，还要视组织大小、任务轻重、业务性质而定。单位大、任务重、工作距离远、专业性强的多授权；反之，则少授权。

3. 保留控制权

授权既要适当，又要可控。权力管理的核心之一正是控制。正确的授权，不是放任不管，而是保留某种控制权。通过这种控制权，把领导与下属有机地联系起来。缺乏可控性的授权是弃权。可控性表现在两个方面：一方面，店长有主动性、灵活性，授权的范围、时间由店长灵活掌握；另一方面，虽然授权应相对稳定，但也可根据实际需要随时调整，做到能放能收，能扩大也能缩小。

美国通用电气公司在不同的时期，采用过不同的权力管理方式。1971 年，他们在原有的事业部内设立了战略事业单位。这种战略事业单位是一个独立的组织部门，拥有较大的权力。在事业部内它可以挑选某些产品进行单独管理，可以制定有关产品销售、设备和组织的战略计划。它既可以与集团组织平起平坐，又可以拥有相当于分部的权力。7 年后，公司又实行执行部制，在原先事业部的基础

上又加了一级管理，等于又收回了一些权力。在这里，公司最高领导层牢牢把握着控制权。

4. 坚持信任原则

授权前，店长先全面了解和考察将被授权的下属，看他是否适合担负这一职权。考察的方式多种多样，如可以让他当助理或其他代理职务，试用一段时间，以便观察了解。然后再决定是否可以授权，避免出现授权后不合适的情况，造成不必要的损失。经考察认为可以信任者，则确认可以授权。一旦信任下属，就不要零零碎碎地授权，可以一次授予的权力，就一次授下去。

干部特别是知识分子，大多有较强的自信心和自尊心，有成就感和荣誉感，有通过自己的努力去完成某项工作或某种事业的心情和愿望。店长应充分信任他们。授权之后放手让他们在职权范围内独立地处理问题，使他们有职有权，创造性地做好工作。对他们的工作除了进行必要的领导和检查，不要随意干涉。

信任人、尊重人可以给人以巨大的精神鼓舞，激发其事业心和责任感，而且只有上级信任下级，下级才会信任上级，并产生一种向心力，使领导和被领导者和谐一致地工作。相反，当一个人的自尊心受到伤害时，他就会本能地产生一种离心力和强烈的情绪冲动，影响工作和与同事之间的关系。

授权与信任密切相关。一个领导者如果不相信下属，那么就很难授权于下属，即使授权了，也形同虚设。有的领导者一方面授权于下属，一方面又不放心，一怕他不能胜任，二怕他以后犯错误，对有才干的人还怕他不服管。具体表现为越俎代庖，包办下属的工作；越权指挥，给中层领导造成被动；不懂某方面的专业知识，却干涉下属的具体业务；甚至听信谗言，公开怀疑下属等。凡此种种，都会挫伤下属的积极性，不利于下属进行创造性的工作。

5. 集中指挥权

授权的目的是为了让下属分担更多的责任。授权后，店长尽力发挥自身的综合才能，协调各方面力量，保证各部分的发展更好地服从于全局目标。店长要把最大限度地向下属授权与保证指挥全局的权力统一起来，严禁把有关全局的最后决策权、管理全局的集中指挥权、主要部门的人事任免权和财务权随意下放。否则，店长就会对整个组织系统失去控制，导致另一种失责。高明的管理者能做到“大权独揽，小权分散。当断则断，不离原则”。处理大权与小权、集权与分权的关系，可以显示出领导者授权水平的高低。

6. 定期考核

店长在权力授出后，还要留心定期对下属进行考核，对下属的用权情况做出实事求是、恰如其分的评价，并与下属的各种利益紧密联系起来。考核不能急于求成，也不能求全责备。要看工作的质量，是否扎扎实实、认真细致，是否有实效。考核既要看到近期的业绩，又要看远期的业绩；既要看整体，还要看局部。不能肯定近期得实惠、长远招灾祸的工作，这是短期的行为。工作有失误，只要不是下属故意为之，就要耐心帮助下属纠正改过。

授权后要定期予以检查和监督

有一家公司是某民营集团公司下属的一家玩具生产企业，由于集团公司业务经营规模的扩大，集团公司老板决定将这家公司的经营管理交由企业聘请的总经理及其经营管理层全权负责。其间，公司老板基本上不过问玩具企业的日常经营事务，同时，既没有要求玩具企业的经营管理层定期向集团公司汇报经营情况，也没有对经营管理层的经营目标作任何明确要求，只是非正式承诺如果企业盈利了，将给企业的经营管理层奖励，至于具体的奖励金额和奖励办法也不明了。而且，企业没有制定完善的规章制度，采购、生产和销售甚至财务全部由玩具企业的总经理负责。经过两年的经营，问题出现了。

公司老板发现，玩具企业的生产管理一片混乱，账务不清，在生产中经常出现用错料、装错模、次品率过高、员工生产纪律松散等现象，甚至出现个别业务员在采购中私拿回扣、收取外企业委托，加工费不入账等问题。同时，因为账务不清，老板和企业经营管理层之间对企业是否盈利也各执一词，老板认为这两年公司投入了几千万元，而没有得到回报，属于企业经营管理不善；而企业经营管理层则认为这两年企业已经减亏增盈了，老板失信于企业的经营管理层，没有兑现其给予企业经营管理层奖励的承诺。

面对企业管理中存在的问题，老板决定将企业的经营管理权全部收回，重新由自己亲自负责。于是企业原有的经营管理层一下觉得大权旁落，认为老板对自己不信任，情绪低落，在员工中有意无意散布一些对企业不利的消息，使得企业人心涣散，经营陷入困境。

授权是管理者最重要的能力之一，授权不仅是一门科学，也是一种艺术。授权得当与否体现了一个企业管理者和领导者的管理才能。正如韩非子所说“下君尽己之能，中君尽人之力，上君尽人之智。”敢于授权并善于授权，既是一个管理者成熟的表现，又是一个管理者取得成就的基础和条件。如果一个企业领导者能够运用好授权艺术，发挥授权的效用，不仅有利于与下属建立良好的信任关系，激发员工的工作积极性，提升团队的战斗力；而且，正确的授权可以使企业领导者从繁杂的事务中解脱出来，博采众长，集思广益，决策更加科学化，使集体的力量得到充分发挥，推动高绩效团队的形成。但是，如果授权管理运用失当，也可能会使下属的权力膨胀，失去控制，轻则使企业的利益受损，重则可能使企业陷入绝境，甚至导致企业破产。也就是说，授权在给企业带来利益的同时，也存在巨大的风险。

本案例中，集团公司的老板本意是想通过授权使自己能够从企业日常经营管理活动中解脱出来，将员工特别是经营管理层的积极性调动起来，但是，事与愿违，不但没有达到预期的效果，反而使企业经营管理陷入困境。究其原因，主要是该集团公司的老板没有正确运用好授权管理的艺术。走入了两个极端，一个极端是在前两年，把授权当做是放任不管，在实施授权管理的前提条件不完全具备的情况下，对企业经营管理层的授权过度，导致企业管理混乱，在企业经营管理的一些重要环节出现权力真空；另一个极端是在两年之后，公司老板发现企业经营管理中存在的问题后，又将企业的经营管理权全部收回，“授权不到位”，束缚了企业经营管理层的手脚，挫伤了企业员工的工作积极性。

其实，正确的授权不是放任不管，也不是将权力绝对地无原则地下放，更不是弃权。正确的授权应该是相对的、有原则的，是在有效监控之下的授权。

1. 授权的前提是有效监控

“没有监控的权力必然滋生腐败。”对于授权者来说，在授权时既没有建立有效的监控机制，也没有采取相应的监控措施，就等于弃权，实际上是放任或助长被授权者滥用职权，至少给被授权者滥用职权提供了方便。在授权管理中，为了保证被授权者不至于滥用职权或偏离原定的目标取向，必须先建立起有效的监控机制，然后才能实施授权行为。

我们必须在思想上消除“监控就是对授权的否定”的错误认识。要知道，有效监控与授权管理中提倡的“用人不疑，疑人不用”并不矛盾。事实上，有效监控就是为了保证授权管理的顺利进行，既使授权者安心放心，又使被授权者专心尽心。

2. 授权必须与制度化和规范化相配套

只有在制度化和规范化的条件下，各职能部门和岗位的职、权、利分明，授权才可能是有章可循、有规可依，才可能减少授权中的盲目性和随意性，做到目标明确、职责分明，使授权者清楚其手中的权力和职责，哪些是可以转移出去的，那些是不可以转移出去的。

3. 授权要与考核和激励相结合

授权也需要考核和激励，以真正发挥授权的激励效应，使被授权者的人力资本得到最大限度地发掘和运用。考核本身就是对被授权者行为的一种有效监控方式之一。

4. 授权需要沟通

授权中的沟通，并不是希望被授权者得到授权后，在工作中仍然是“事事请示，件件汇报”，相反，沟通毕竟只是一个桥梁和纽带，是在沟通中明了自己的授权后，被授权者能够在授权范围内充分发挥自己的主观能动性，尽自己所能做好职权范围内的事情。

一手放一手抓，两手都要硬

信任下属不是一句空话，必须付之于行动，才能看见效果。有人说，最好的企业领导者是在下属中有充分信任感的人；同样，最好的下属是在企业中能得到领导者和同事充分信任的人。这说明，只有双方信任，领导者才愿意用你，你才愿意被用。

从某个方面讲，信任是领导者对下属品质、能力的充分肯定，让他按照既定的原则自己行事，但是这绝不意味着让那些不具备良好品质和突出能力的下属任意所为，以至于破坏企业形象。因此，信任是一种理解和依赖，放任则是一种散漫和纵容，作为企业领导者应当记住这一点，切忌混淆了两者的关系。因此，信任下属是必要的，但不要过分，走上另一个极端：放任！

信任不是放任，信任能把事情做好，放任能把事情毁坏。作为店长这一点一定要明白。否则，你只能面对责任和良心，失去管理者的形象。为了让部属执行值得信赖的工作，店长该采取什么样的方式呢？主要有：

1. 切忌不管不问

要部属执行值得信赖的工作，其基本方针是指导，所以要经常留意部属工作的状态，反复给予必要的指导。

2. 防止疏漏工作环节

要做到这一点必须严格执行对工作的指示，例如工作的截止日期、领导者所要求报告的形式与次数等，要巨细无遗地指示部属完成工作的重点与应注意的事项。即使相信他会遵守领导者的指示，但如果指示本身不明确或有疏漏，被信赖的部属出于好意，勉强执行，结果却未必会与领导者的想法百分之百吻合。因此，领导者的指示必须要明确。只要指示能明确地表达，就可以相信对方能执行指示。

3. 力戒死搬教条

认真地接受报告情况，以变应变，调查一下完成工作的实际情况。但是工作的状况经常会变动，足以妨碍部属的工作效率。虽然领导者相信部属一定能巧妙地应付那些变化，但有时变化会超出部属的权限，但与其让部属竭尽心力，不如领导者要凭着本身的观察，以及认真接受工作或部门状况的报告来判断，指点迷津。

4. 不要静以待之

领导者应当要能掌握先机，实行与关系部门协调或支援等必要措施，及时解决出现的问题。

经由上述努力，领导与下属之间才能形成良好的信任关系，才能使工作完成得有章有法。这样的放权，才可以说是真正地信任部属。

最后，提醒诸位店长注意以下两点：其一，必须日积月累地努力建立与部属之间的信赖关系。得之不易而失之易，所以要努力维持信赖关系。其二，信任部属与放任是两回事。不可怠于工作管理的努力。

许多店长常常会将信任与放任混为一谈。放任下属的后果是：不但把放权的成绩冲得一干二净，还会殃及整个企业，身为领导者不可不防！

对放任进行预防的最好办法就是监督。一个领导，即使他有再大的精力和才干，也不可能把公司所有的职权紧抓不放而事必躬亲，他总是需要把部分职权交给部属，让大家来共同承担责任。有的店长每次向部下交待任务时总是说："这项工作就全拜托你了，一切都由你做主，不必向我请示，只要在月底前告诉我一声就可以了。"这种授权法会让部属们感到：无论我怎么处理，老板都无所谓，可见对这项工作并不重视。就算是最后做好了，也没什么意思。老板把这样的任务交给我，不是分明小看我吧？

不负责任地下放职权，不仅不会激发部属的积极性和创造性，反而会适得其反，引起他们的不满。高明的授权法是既要下放一定的权力给部下，又不能给他们以不受重视的感觉；既要检查督促部属的工作，又不能使部属感到有责无权。若想成为一名优秀的领导人，就必须深谙此道。

一手软，一手硬，一手放权，一手监督，只有这样，店长才算深谙放权之道。要做到防止放任所带来的弊害，店长用人原则应当力戒没有信任的委任，力戒没有责任的委任。

因此，唯有信任的委任，才能切实可行。

收放自如，防止被“钻口袋”

授权后并非高枕无忧，对下属的授权要做到收放自如。把握控制权首先要对下属选得准，选人得当才能委托权力；其次是要把握调整权，当发现下属素质差、经常越权，或发现下属已背离工作目标、原则，给企业带来了损失时，虽不能做到立即免职，也要立即指出，严肃批评，并削弱其权力，调整其授权，做到能放权能收权；再次是要严格控制授权范围，除特殊情况外，一般不准越权，不准“先斩后奏”，更不允许有“斩也不奏”的行为。

店长要十分注重把握监督环节。防止权力失控的关键在于监督。监督可防止“钻口袋”，被下属牵着鼻子走。权力授出后，店长的具体事务减少了，但指导、检查、督促的使命却相对增加了。店长要密切关注下属的工作动向、状况及信息，及时地发现问题、解决问题，克服情况不明等官僚主义倾向；但不能到处指手画脚。下属也有责任和义务向领导汇报工作情况，不能把上级的监督、管理视为干预。因为多一个人的智慧就多一分力量，何况上级领导把握全局，心中有各种典型经验，而这些经验对下属的指导作用往往是举足轻重的。

领导授权不能失衡。就是说，在自己领导的组织系统内，对多个下属授权，权力要分布得合理，不能畸轻畸重。如果对某个下属授权较多，则必须考虑他的威望及能力，是否为其他下属所接受。无根据地偏重授权，以个人感情搞亲疏性授权，是万万不可取的。此外，授权还要遵守以下几个原则：

1. 要当众授权

应使被授权者有关的部门和个人清楚，领导授予了谁什么权、权力大小和权力范围等，从而避免在今后处理授权范围内的事时出现程序混乱及其他部门和个人“不买账”的现象。当众授权还可以使被授权者感觉到领导对他的重视，感觉到肩上的担子，从而使他在今后的工作中更加积极、更加主动、更有成效。

2. 授权要有根据

授权时要有根据，因此最好采取书面授权的方式。书面授权有备忘录、授权书、委托书等形式。采用书面授权，具有三大好处：一是当有人不服时，可借此为证；二是明确了其授权范围后，既可以限制下属做超越权限的事，又可避免下属的“反授权”行为；三是可以避免领导将授权之事置于脑后，又去处理那些熟悉但并不重要的事。

3. 授权后要保持一段时间的稳定，不要稍有偏差就要将权收回

如果今天授了权，明天就立即变更，会产生三种不良后果：一是这样做，等于向众人宣布自己在授权上有失误，需要纠正；二是权力收回后，自己负责处理此事效果更差，更会产生副作用；三是容易使下属产生领导放权又不放心的感觉，觉得自己并不受信任，有一种被欺骗的感觉。更有甚者，下属会对领导怀恨在心，伺机报复，从而成为领导前进道路上的绊脚石。因此，在授权后一段时间，对下属可能犯错误应有心理准备，即使被授权者表现欠佳，也应通过适当的指导或创造有利条件让其以功补过，而不要马上收权。另外，领导在授权以后，要着重看下属的工作成效，不要斤斤计较其执行工作的手段，不要因为下属的工作方法与你的不一样就轻易动摇授权。

4. 留心有意或无意地收回授权

有意或无意地收回授权，这种现象并不少见。当你已明确授权某人做某事后，而在某一天，当你在走向办公室的路上碰见他时，漫不经心地问了一句：“你的计划向某某谈过了吗?”你会发现他像一个泄了气的皮球，仅仅因为你的那句话，就等于从他那里把一切授权都拿了回来。也许你是无意的，但客观的效果是，不管他愿不愿意，他都会照你说的去同某人讨论那个计划，那么真正的授权也就结束了。真正的授权应该越过一条把在心理上的所有权交给受托人的想象的线，任何暗示都无异于公开的收权。